中国语言文学
一流学科建设文库

"马克思主义文学批评的中国形态研究"系列丛书

主 编：胡亚敏

国家出版基金项目
NATIONAL PUBLICATION FOUNDATION

马克思主义文学批评中国形态的当代建构

MAKESIZHUYI WENXUE PIPING
ZHONGGUO XINGTAI DE DANGDAI JIANGOU

胡亚敏 著

人 民 出 版 社

责任编辑：韦玉莲
封面设计：周方亚

图书在版编目（CIP）数据

马克思主义文学批评中国形态的当代建构 / 胡亚敏 著 . — 北京：人民出版社，
　2020.5
（"马克思主义文学批评的中国形态研究"系列丛书 / 胡亚敏主编）
ISBN 978－7－01－021959－2

I. ①马…　II. ①胡…　III. ①马克思主义－文学评论－研究 ②中国文学－
　当代文学－文学评论　IV. ① A811.691 ② I206.7

中国版本图书馆 CIP 数据核字（2020）第 041368 号

马克思主义文学批评中国形态的当代建构

MAKESIZHUYI WENXUE PIPING ZHONGGUO XINGTAI DE DANGDAI JIANGOU

胡亚敏　著

人民出版社 出版发行
（100706　北京市东城区隆福寺街 99 号）

中煤（北京）印务有限公司印刷　新华书店经销

2020 年 5 月第 1 版　2020 年 5 月北京第 1 次印刷
开本：710 毫米 ×1000 毫米 1/16　印张：16.25
字数：258 千字

ISBN 978－7－01－021959－2　定价：79.80 元

邮购地址 100706　北京市东城区隆福寺街 99 号
人民东方图书销售中心　电话（010）65250042　65289539

总　序

　　"马克思主义文学批评的中国形态研究"丛书从 2011 年国家社会科学基金重大项目立项到 2019 年交付人民出版社，历时八年，若从 2009 年提出这一构想算起，则有十年之久，时间或许还更早。之所以提出建构马克思主义文学批评的中国形态（以下简称"中国形态"），是因为处于转型期的当代中国在文学和文化建设上有不少问题需要研究，这些问题不可能完全从经典马克思主义那里找到现成答案，也不可能仅靠异域的西方马克思主义文学批评来应对。中国马克思主义文学批评必须建构自己的话语体系，才能有效地面对和研究中国当代的文学现象，也才可能在与西方马克思主义文学批评家的对话中具有话语权。立项以来，课题组主持召开了以"马克思主义文学批评的中国形态研究"为主题的两次国际学术研讨会和一次国内学术研讨会，以及若干小型专题研讨会，发表了 77 篇学术论文。2018 年 5 月，"马克思主义文学批评的中国形态研究"重大项目顺利结项。2019 年 2 月，"马克思主义文学批评的中国形态研究"系列丛书获 2019 年度国家出版基金资助。

一

　　建构一种既有鲜明特色又具有普遍意义的中国形态是一项十分艰巨的任务。作为首席专家，我在申报这一重大项目时，与课题组成员商议，初步确定从四个方向入手，即探讨经典马克思主义文学批评范式，梳理和辨析马克思主义文学批评中国形态的历史进程，考察中国马克思主义文学批评在西方的传播和对西方学者的影响，探究和提炼马克思主义文学批评中国形态的理论特质。这四个方向既有各自的研究领域和重点，又以中国形态为聚焦点，构成一个相对完整的有机整体。经过这些年的艰苦努力，这一构想基本得以实现。呈现在读者面前的这套丛书共6部，分别为《马克思主义文学批评范式研究》（孙文宪著）、《走向资本批判视域的经典马克思主义文学批评》（万娜著）、《马克思主义文学批评中国形态的历史进程》（黄念然著）、《中国早期马克思主义文学批评形态研究》（魏天无著）、《"毛泽东主义"与阿尔都塞》（颜芳著）、《马克思主义文学批评中国形态的当代建构》（胡亚敏著）。

经典马克思主义文学批评范式研究旨在为中国形态提供理论根据。这一研究方向完成了两部著作。孙文宪的《马克思主义文学批评范式研究》从马克思恩格斯的文学批评与其哲学、政治经济学之间的互文关系以及围绕"艺术生产"所形成的话语特点等，阐述马克思主义文学批评作为一种自成系统的、有别于其他批评理论的文学研究范式所具有的性质、特点与功能。万娜的《走向资本批判视域的经典马克思主义文学批评》则通过细读马克思的四部与政治经济学密切相关的著作，从政治经济学这一特殊视域来研究马克思的一些新的理论或概念的发展脉络，以及这些变化与马克思主义文学批评的内在联系。

中国形态的历史研究重在考察和总结中国形态的历史经验。黄念然的《马克思主义文学批评中国形态的历史进程》和魏天无的《中国早期马克思主义文学批评形态研究》分别从史论结合和个案分析两方面展开。前者将中国形态的发展分为三个阶段，即中国形态的发生和毛泽东文艺思想的形成（近现代之交至新中国成立）、中国形态的发展与变异（1949年至"文革"结束）和新时期以来中国形态的建构实践，总结了中国形态在不同阶段的基本特征及得失。该书既纵向梳理了中国形态的历史风貌，又横向对马克思主义文学批评中国化的复杂态势作了整合，从历史和逻辑两方面对中国形态的发展史作了比较全面的描述。后者是对早期中国马克思主义文学批评家的个案研究，该书选择了七位有代表性的批评家，从文学批评形态入手，深度解读了这些批评家的批评理念和批评实践，通过这些鲜活的个案展示中国马克思主义文学批评萌芽阶段的状况以及形成具有中国特色文学批评形态的过程。

中国形态与西方关系这一方向的成果为颜芳的《"毛泽东主义"与阿尔都塞》，该书采用比较文学流变研究视野，探讨以毛泽东同志为主要代表的中国共产党人的哲学、文化和文艺思想对西方思想家的影响。她将研究对象集中在毛泽东思想与阿尔都塞的理论建构之间的关系上，厘清毛泽东的辩证法和意识形态思想如何通过跨文化的"理论旅行"参与生成了阿尔都塞的相关理论的过程，并逐一辨析阿尔都塞的辩证法和意识形态中的相关术语、范畴和理论对毛泽东思想的阐释、误读及创造性转化，为理解中国形态的理论特征提供了来自西方批评家的视角与参照。

中国形态的理论成果为胡亚敏的《马克思主义文学批评中国形态的当代建构》。该书致力于建构中国形态的理论特质，提炼和阐发了人民、民族、政治、实践等多个标志性的核心概念，并对当代社会出现的一些亟待解决的时代课题如文学与高科技、文学与资本、文学批评的价值判断等作了深入探讨，提出了一些有价值的观点和策略。这些具有中国特色的范畴和打上时代印记的问题各有侧重又互相交织，构成中国形态区别于其他形态的显著特征。

本套丛书的作者全部为华中师范大学文艺学教研室教师。华中师范大学有研究马克思主义文学批评的传统。1978年12月，华中师范大学与中国社会科学院、中国人民大学联合率先成立"全国马列文论研究会"，华中师范大学为驻会单位。经过几十年的建设和几代人的努力，马克思主义文学批评已成为华中师范大学文艺学学科的主攻方向，并逐步形成了一支富于开拓和协作精神的学术团队。教研室的老师们虽有各自的研究方向和理论兴趣，但整个团队有长期合作的经验，大家能够齐心协力地投入到马克思主义文学批评的研究和教学中。这种投入起初也许出于承诺和责任，如今则成为一种理论自觉，因为老师们在研究中逐步认识到马克思主义文学批评具有其他文学批评所不具备的优势。马克思主义的历史视野和辩证精神为全面考察文学的产生、存在和发展提供了先进的理论指南，使文学研究真正成为一门科学；并且马克思主义是从超越资本主义生产方式的高度研究资本主义的，它所具有的革命性和批判性在当今世界仍具有阐释的有效性和现实的针对性；特别是马克思恩格斯所揭示的历史发展的必然规律和人类社会远景，成为激励大家前行的精神力量。

二

本套丛书对马克思主义文学批评的中国形态作了富有开拓性的总结和建构，在研究范式、研究方法和研究思路上有新的探索，产生了一批具有理论深度和现实针对性的研究成果，彰显了中国马克思主义文学批评的特色和理论贡献。本套丛书不仅是对中国形态的概括总结，而且是对世界马克思主义文学批评的丰富。

提出建构中国形态是本书的开拓性尝试。这里"形态"不是模式，不是一种固定或可以套用的样式，而是一种具有整体性和创造性的开放类型。"马克思主义文学批评的中国形态"作为一个特有的概念，之所以不同于俄苏或西方马克思主义文学批评，也就在于"中国形态"本身是一种具有区别性特征的整体性构架。这种整体性表现为即使研究某一个或两个问题，都直接影响或关联到整个形态系统。也就是说，中国形态的建构既不是孤立的分门别类研究，又不是形态内部各部分的相加，而是以整体性的面貌出现的。这种整体性又与差异性相关，中国形态的整体性是一种具有原创性的差异研究。在这一点上，"中国形态"的研究特色与阿尔都塞提出的"问题域"比较接近。阿尔都塞曾说，马克思与黑格尔、费尔巴哈的区别不是继承或扬弃的问题，而是由于"问题域"不同而形成的整体的差异性。并且，中国形态是生成性的或者说是建构性的，它始终处于不断发现和不断实践的过程中。将中国形态作为新的问题意识和研究对象，是这套丛书的重要特色之一。

本套丛书在研究视野和研究方法上也有一些新的开拓。经典马克思主义文学批评具有鲜明的意识形态性和多学科性。在研究中，《马克思主义文学批评范式研究》一书努力摆脱用现有的或西方的文学理论来解读马克思主义文学批评的思路，另辟蹊径，强调经典马克思主义文学批评具有自身的文学观念、理论基础和研究对象，并且主张文学活动与社会政治、经济体制的关系应成为文学批评关注的重要内容。该书在经典马克思主义研究上还作了跨学科的尝试，即将经典马克思主义文学批评纳入哲学、美学、政治经济学、社会学等知识背景中，为经典马克思主义文学批评的理论阐释搭建了一个视野开阔的知识平台。当然，这种探索仅仅是起步，在研究后期我们越来越强烈地意识到，还需要进一步加强对经典马克思主义文学批评与其他学科相关性和有机性的研究。《走向资本批判视域的经典马克思主义文学批评》一书力图避免以往在引用马克思恩格斯观点时忽视其思想是发展的这一事实，将经典马克思主义文学批评还原为一个动态的、历史建构性的、逐步成熟的过程。该书在文本细读的基础上，重新阐释了经典马克思主义文学批评与马克思政治经济学中的"劳动""生产""分工"等概念的关系。例如，书中具体分析了"劳动"这一概念的内涵在马克思政治经济学语境中的发展脉络，以及这些变化对马克思主义文学批评性质的影响。把握经典马克思主义的思想发展也是今后我们在经典马克思主义研究中需要注意的又一重要方面。

中国形态作为一个正在形成的批评模式，有责任向世界推出一批有自身理论特色的概念和话题。《马克思主义文学批评中国形态的当代建构》一书承担了这一任务，提炼和阐发了一些具有中国特色的批评概念。"人民"就是一个被中国形态注入了新质的概念。人民作为中国革命和建设中的阶级集合体，不是一个抽象的同质符号，而是由千千万万真实的个人组成的历史主体，"以人民为中心"成为中国形态的鲜明特点。该书对"民族"概念作了重新阐释：英语 Chinese Nation 对应的是统一的多民族的"中华民族"；中国形态的"民族"是一个历史范畴，民族的核心是文化，民族认同和民族精神是民族维度的核心尺度。该书还将"政治"概念从阶级延伸到作为人的解放的"政治"，并在政治与审美的关系上作了超越批评的外在和内在疆域的探索。"实践"作为唯物史观的核心范畴，在中国形态中被置于十分重要的位置，中国形态的实践观更注重从主体方面去把握实践，理想的实践活动是主体的超越性和历史的规定性的矛盾统一。该书还对当今文化和文学建设中出现的问题作了创造性的思考。在文学与科技的关系上，该书指出了高科技对文学创作的革命性影响和科技的意识形态建构功能；对市场经济条件下文学的性质进行重新定位，指出文学不仅具有审美属性和意识形态性，而且具有商品属性，文学的精神品格在艺术生产中具有优先权；针对当今文学创作和批评的价值判断缺失或失范问题，该书以马克思的社会理想为基础重建价值体系，提出考察作品应以是否有利于人的全面发展作为价值判断的根本准绳。

本套丛书在史料发掘、清理和辨析上也有新的特点和收获，具体包括两个方面：一是对马克思主义文学批评在中国的传播、论争、著作出版等史实作了梳理、辨析和拓展；二是有关毛泽东哲学、文化和文艺思想对西方思想界的影响的资料收集。《马克思主义文学批评中国形态的历史进程》对马克思主义文学批评在中国早期的传播与译介、对现代文学社团关于马克思主义文艺理论的著述、对文艺民族形式论争和延安时期文学社团成立等事件的梳理和总结，均为中国马克思主义文学批评研究提供了有价值的史料参考。《中国早期马克思主义文学批评形态研究》通过研读批评文本，辨析、澄清马克思主义批评家与其他批评家在历次文艺论争中立场、观点的分歧，探讨文艺与政治、文艺与现实、文艺与阶级性、文艺与大众、文艺的内容与形式等马克思主义批评中的重大理论问题，为当代中国马克思主义文学批评的创新发展提供了历史镜鉴。有关毛泽东思想对西方影响的史料收集是丛书的又一个亮点。《毛泽东思想与阿尔都塞》通过收集阿尔都塞历年公开出版物中涉及毛泽东著作的史实，证明阿尔都塞对毛泽东及其著作的关注和接受不是个别作品和个别时期的现象，而是纵贯其三十多年学术写作生涯，是一种持续的、密切的和深度的关注和接受。该书还尝试厘清阿尔都塞在重建辩证唯物主义和历史唯物主义的若干范畴时对毛泽东思想所作的吸收和转化等。

三

中国形态的建设既是一项具有学术开创意义的研究，又是一个不断建构的过程，或者说是一个不断探讨和发展的领域。提出一个新的研究领域和范式固然不容易，而真正作出有重要学术价值的思想成果更是需要付出异常艰苦的努力。今后我们将在研究思路和方法上作进一步调整，从经典文本再出发，探讨经典马克思主义与当代中国文学批评之间的内在联系，并逐步形成对西方马克思主义文学批评的超越。

从整体的和发展的观点研究经典作家的文本，是我们正在做并且准备继续做的工作。我们将会重返经典文本，将马克思主义文学批评置于马克思的整个理论体系中，以求更为完整准确地把握经典马克思主义文学批评的特质和内涵。马克思首先是一位革命家，他对文艺的关注是与他对无产阶级革命的思考紧密联系在一起的，他的文学批评是其革命活动的一个组成部分。马克思恩格斯关于文学艺术的论述多夹杂在有关社会问题的评述中，与他们所从事的哲学、政治经济学、历史学等学科的研究交织在一起，并且马克思恩格斯的批评理论和实践多散见于不同文稿、笔记或书信中。因此，只有回到经典文本的初始语境，以跨学科的视野作综合研究，才能避免对经典马克思主义文学批评理解上的片面和疏漏。同时，整体研究又需要与经典作家的理论发展联系起来。我们面对的是一个在崎岖山路上不断攀登和探索的马克思，他的理论兴趣在不同阶段随着研究的需要不断转移，其思想观念也有所改变和发展。马克思关于文学批评的观念也经历了一个发展的过程，其中既有范式的转换，又有认识的深化。并且有关马克思的著述也处于不断发现、更新和变动之中，《马克思恩格斯全集》第二版的编辑和出版就充分说明了这一点。因此，我们需要在马克思的整个知识语境和思想发展历程中把握马克思主义经典文本群的丰富内涵和思维轨迹。

经典文本语境的研究还需要扩展到文本产生的写作环境和文化传统中。深入了解经典作家写作的那个时代的社会性质和特点，包括当时的现实状况和工人阶级运动、马克思的个人际遇以及马克思与同时代人的关系等，将会更加深切地体会和理解经典作家提出问题的缘由和针对性。不仅如此，经典马克思主义植根于西方文化传统之中，马克思的博士论文《德谟克利特的自然哲学和伊壁鸠鲁的自然哲学的差别》研究的就是德谟克利特和伊壁鸠鲁这两位著名的古希腊学者。我们在考察经典马克思主义的理论来源时，应该从19世纪德国古典哲学、英国古典政治经济学和法国空想社会主义的基础上延伸，把马克思主义文学批评的思想来源与"两希"（古希伯来文明与古希腊文明）以来的西方文化传统联系起来，辨析整个西方文化传统对马克思的浸润和马克思对这些思想文化的批判和吸收。简言之，只有把马克思的思想置于西方文化和历史的长河中考察，才有助于更加全面地把握经典马克思主义文学批评深邃的理论内涵。

关于中国形态与经典马克思主义的关系问题，是下一步有待认真思考的又一问题。21世纪的今天不同于20世纪，更不同于19世纪，由于文化传统和时代的差异，中国马克思主义文学批评不可能完全复制19世纪的经典马克思主义，但也绝不是像西方有些学者所说的那样，毛泽东的理论是对马克思主义的一种"偏离"（Divergence）①。一方面，中国形态始终保持着与经典马克思主义在精神上和血脉上的内在联系；另一方面，又不能把马克思主义视为一种固定的体系，正如詹姆逊所说，那些将马克思主义作为永恒不变的观念系统的看法是对马克思主义的误解，"在它凝固为体系的那一刻便歪曲了它"②。

理论的发展和突破需要反思。马克思本人就是在对黑格尔、费尔巴哈、欧文、亚当·斯密等人的理论的吸收和反思基础上形成和提出自己的观点的，并且马克思也有对自身理论的反思。马克思主义诞生一百多年来，西方马克思主义的诸多理论观点也多是在反思经典马克思主义的过程中展开的，如他们反对照搬第二国际、第三国际的一些理论，根据西方社会的发展和需要提出一些独树一帜的观点，包括总体性理论、意识形态理论、文化工业理论、交往理论、异化理论、新感性和晚期资本主义等。尽管西方马克思主义的有些观点有偏颇之处，但这些学者针对西方社会问题提出的理论和对策，无疑延续并强化了马克思主义的生命力。中国形态同样需要有一种反思的态度，根据中国国情对经典马克思主义文学批评的一些观念或概念有所调整和发展，同时也需要从中国立场反思西方马克思主义文学批评，辨析和批判西方马克思主义对经典马克思主义的重构和遮蔽，并在对西方马克思主义的反思中逐步彰显中国特色。

理论的价值在于在场，批评应该对现实发言。中国形态将在反思的基础上，努力运用马克思主义的立场方法研究当代社会和文化中的新问题，并作出引领时代的新阐发，形成具有自身理论特质的体系和观点。卢卡奇在《历史与阶级意识》一书中明确表示，马克思主义不是一个现成的能够应用于一切场合的公式，而是方法。即使现代的研究完全驳倒了马克思的全部命题，"每个严肃的'正统'马克思主义者仍然可以毫无保留地接受所有这种新结

---

① Catherine Lynch, "Chinese Marxism", *Encyclopedia of Modern Political Thought* (Volume 1), Gregory Claeys (ed.), Los Angeles & London: CQ Press, 2013, p.130.
② [美] 弗雷德里克·詹姆逊：《语言的牢笼　马克思主义与形式》，钱佼汝、李自修译，百花洲文艺出版社 2010 年版，第 306 页。

论，放弃马克思的所有全部论点，而无须片刻放弃他的马克思主义正统"①。"正统"绝不是坚持马克思所得出的每一个个别结论，而在于方法。在新的历史条件下，中国形态将随着社会的发展和时代的变化不断调整和产生新的理论、新的范畴，以回应时代之问。而这种对马克思主义的发展才是对马克思主义的最好坚持。

最后想说的是，一路走来，要感谢的人很多。感谢全国社科规划办和评审专家的信任，感谢鉴定会上九位学者的肯定和鞭策，感谢人民出版社和国家出版基金规划管理办公室的大力支持。所有这一切我们都铭记在心，唯有以在马克思主义文学批评研究的道路上继续前行，来表达我们的谢意和敬意！

胡亚敏

2019 年 6 月 6 日于华大家园

2019 年 6 月 30 日（二稿）

---

① ［匈］卢卡奇：《历史与阶级意识》，杜章智等译，商务印书馆 2009 年版，第 47—48 页。

9

目　录

导　论

　　在当代中国，提出建构马克思主义文学批评的中国形态，将其视为继经典马克思主义文学批评之后不同于俄苏和西方马克思主义文学批评的又一种批评形态，这在我国马克思主义文学批评研究中是一项具有开拓性的尝试。是否存在中国形态？如何建构中国形态？中国形态有哪些特质或者说对世界文坛有哪些贡献？这些具有重大的理论价值和实践意义的问题需要中国马克思主义文学批评在研究中寻找答案。

一、中国形态存在的合理性

　　在世界范围内，以"形态"或"范式"阐释马克思主义文学批评的特质已成为研究马克思主义的重要途径之一。英国马克思主义者伊格尔顿（Terry Eagleton）曾对马克思主义文学批评形态作了分类，指出："马克思主义批评大致可分四种，每一种都与马克思主义理论内部的一定'区域'相对应，因而也与特定的(非常笼统地讲)历史时期相对应。它们是人类学的、政治的、意识形态的以及经济的——模式，这些模式之间的种种细微的嬗变和移置构成了本书所讲的马克思主义批评的主要内容。"[①]具体说来，第一种是人类学的马克思主义，以普列汉诺夫（Георгий Валентинович Плеханов）为代表；第二种是政治的，以卢卡奇（György Lukács）为代表；第三种是意识形

---

① ［英］特里·伊格尔顿：《历史中的政治、哲学、爱欲》，马海良译，中国社会科学出版社1999 年版，第 109—110 页。

1

态的，以阿尔都塞（Louis Pierre Althusser）为代表；第四种是经济文化的，以威廉斯（Raymond Williams）以及英国的文化研究为代表。美国马克思主义文学批评家马尔赫恩（Francis Mulhern）也强调马克思主义文学批评具有"范式"的特点，不过，与伊格尔顿对马克思主义文学批评的形态作横向的、块状的划割不同，他是从纵向区分出马克思主义文学批评发展的三个阶段。马尔赫恩指出："关于马克思主义文论发端与发展的历史，一般可以分出三种不同的相位"，"一种古典主义的或科学社会主义的相位，这一相位由马克思和恩格斯创立，一直强劲地持续到 19 世纪后半期和 20 世纪前半期；一种具有自我风格的批判相位，这一相位从本世纪 20 年代兴起，在随后的 30 年中成熟和趋于多样化，然后在 60 年代确立一种'非正统的规范'；一种新的相位，这一相位起初效忠于 60 年代早期的批判古典主义，在其后的 10 年间得到广泛传播，然后又在'唯物主义'和'反人文主义'之类含义宽泛的名目下迅速多样地发展、演变，这个发展演变的过程今天仍在继续"①。马尔赫恩的这个选本对后两个相位的描述主要侧重于英美国家，如今我们要建构的则属于马克思主义文学批评"范式"或"相位"中的另一种，即有别于上述诸种形态的马克思主义文学批评的中国形态。

（一）是否存在中国形态

关于是否存在中国形态，学界存有两种不同的声音。一种观点认为，马克思主义文学批评已在中国文坛长期存在，是既成事实。另一种观点则对是否存在中国形态表示怀疑，认为经典马克思主义文学批评不过就是一些"断简残篇"，中国的马克思主义文学批评还能够成为"形态"吗？② 因此，要着手建构中国形态，首先需要对这些观点作出辩答。

针对第一种观点，我们不妨追问：既然中国的马克思主义文学批评是一种不言自明的存在，那么中国马克思主义文学批评产生了哪些有价值的成果？中国马克思主义文学批评与一般的文学批评究竟有哪些实质性的不同？

---

① ［英］弗朗西斯·马尔赫恩编：《当代马克思主义文学批评》，刘象愚等译，北京大学出版社 2002 年版，"引言"第 3 页。

② 20 世纪 80 年代中国学者曾就马克思主义文学批评是否具有体系性展开过论争。（参见陆梅林：《回顾与反思——记十年来若干文艺理论论争》，《文艺理论与批评》1991 年第 3 期。）

显然，人们很难作出清晰的回答。在中国，对马克思主义文学批评的研究较之哲学、政治学、经济学等其他学科的相关研究相对滞后，还未形成鲜明的问题意识，既缺乏对中国马克思主义文学批评的整体观照，又未深入研究和明确提出其理论特质，在有些情况下甚至将经典马克思主义文学批评与中国马克思主义文学批评等同起来。这种不确定性直接影响了马克思主义文学批评在中国的发展，也限制了中国马克思主义文学批评在世界的传播。因此，提出建构中国形态，将有助于明确中国马克思主义文学批评的整体特征，有助于凸显中国马克思主义文学批评的当代价值。

对于第二种声音，需要作出更为具体的辨析。就经典马克思主义文学批评是否有体系的问题，国内外学者曾有过探讨。西方马克思主义代表人物卢卡奇在1945年发表的《马克思、恩格斯美学论文集引言》中，一开始就讨论了马克思恩格斯文艺论文存在的"特别的形式"问题，指出尽管马克思恩格斯从来没有关于美学或文学艺术问题的专著，但这绝不是说他们没有一个关于文学艺术或美学的"有机的、系统的思想体系"[①]。持新批评立场的韦勒克（René Wellek）也认为："马克思和恩格斯的主要文学言论零零散散，随口道出，远谈不上定论。它们并不等于一套文学理论甚或探究文学与社会关系的理论。但是这些言论并未由此而显得互不连贯。它们是由其总的历史哲学贯通起来的，而且显露出可以理解的演变。"[②]韦勒克强调的是马克思在研究文艺问题时所创立并坚持的唯物史观。我国学者也得出了相似的结论，李中一的专著《马克思恩格斯文艺学体系》就是其中的代表。他从马克思关于人类掌握世界的不同方式入手，揭示了马克思主义经典作家文艺思想的特点、规律和体系。[③]

（二）中国形态与中国化的区别

中国形态与中国化是一组既有联系又有区别的范畴。应该说，马克思主义文学批评的中国化（以下简称"中国化"）是中国形态形成的基础和历史

---

① [匈]卢卡奇：《卢卡奇文学论文集》，中国社会科学出版社1980年版，第273页。

② [美]雷纳·韦勒克：《近代文学批评史》第3卷，杨自伍译，上海译文出版社1997年版，第288页。

③ 参见李中一：《马克思恩格斯文艺学体系》，华中师范大学出版社1994年版。

语境，正是在中国化的过程中，中国形态才得以提出和建构。但中国形态作为理论构架，在诸多方面与中国化又有着明显的区别。

在主体的性质上，中国形态与中国化存在差异。如果说中国化更多的是以接受主体的面目出现的话，那么中国形态的主体则体现了一种主动性。前者作为接受的一方，侧重对经典马克思主义的吸收、消化和实践，它与经典马克思主义的关系是一种影响与被影响的关系，并且在接受过程中更多的是将马克思主义理论运用于中国社会现实和文学实践，当然，在这个过程中会有所变异和创造，但其基本立场是接受和运用。而后者作为建构的一方，则是在承继马克思主义原理的基础上，对中国社会和文学活动的历史和现实作出创造性的阐释，形成并提出富有自身特色的理论观点和主张。后者与经典马克思主义的关系是创造性的变异和发展的关系，其主体具有建设性的姿态。

从研究的类型看，中国化主要是在历史进程中展开的，人们关于中国化的研究多集中在对其发展过程的梳理、分析和总结上，其研究轨迹主要呈线性特征，展示的是不同时期的阶段性成果。而中国形态则是一种理论建构，它是作为一种整体性特质来呈现的，有其特定的学理基础、问题意识和理论范畴，主要是在逻辑层面完成，具有建构性的特征，体现为理论探索和理论创造，并且这种理论形态不是固定的，而是始终处于各种关系的动态调整中。

二、中国形态的建构路径

虽然国内外学者看到了经典马克思主义文学批评的内在联系，并作出了肯定性的结论，但是，指出经典马克思主义文学批评具有相对完整的思想体系是一回事，从理论上阐述马克思主义文学批评的"形态"或"范式"则是另一回事。特别是如今研究的对象已不仅仅是经典马克思主义文学批评，而是在中国走过百年并经历了种种考验的马克思主义文学批评的中国形态，这一任务就更具挑战性。

要建构既展现中国的特点又具有一定普适性的中国形态，需要更新研究观念，呼唤演绎式建构，并且应该拓展研究视野，即在全球化语境下比较马克思主义文学批评诸种形态的异同。由此，研究路径和方法的选择就成为研究中国形态的起点。

（一）对历史描述和归纳整理的质疑

在探索中国形态的过程中，有必要对以往的研究观念和方法加以审视。回顾我国马克思主义文学批评研究，人们大多采用文学社会学的研究模式，主要通过历史描述和归纳整理的方式，对具体对象的发展历程加以梳理、分析和提炼，这种方法固然具有历史的明晰性，并占有充分的材料，但多局限于经验层面，是一种追寻式的总结，随波逐流，不知所往。在查阅资料的过程中，我们强烈地感觉到，仅从时间上描述中国马克思主义文学批评的发展过程是无法把握其整体风貌的，须更新研究马克思主义文学批评的方法，即超越经验描述，将中国形态置于当代马克思主义的知识语境中，以核心范畴为基石，在理论层面作整体的系统研究。只有这样，才有可能把握中国形态的性质和特征，形成具有区别于其他形态的整体差异性。也只有经过理论建构的中国形态，才能提炼出具有普遍性的理论观念，才有与世界对话的可能性和可行性。并且理论研究的价值还在于既可以检视过去，又可以指导现在并规划未来。

当然，提出研究方法的理论抽象并不是说中国文论界从未对马克思主义文学批评作过梳理和建构。早在 1958 年，周扬就提出"建构中国自己的马克思主义的文艺理论和批评体系"的命题，表达了把中国马克思主义文艺学体系化的愿望，但由于苏联马克思主义文论长期在中国理论界占据权威地位，周扬提出的这个命题被遮蔽了。20 世纪 80 年代以后，我国学者开始从不同的逻辑起点和切入角度（如反映论、实践论、艺术生产论、人学等）出发，对中国马克思主义文学批评的体系建设提出了多种理论构想。[①] 我国学者所设想的这些理论框架为中国形态的建构提供了颇有价值的参照。

---

① 著作类可参见陆贵山：《宏观文艺学论纲》，辽宁大学出版社 2000 年版；董学文：《走向当代形态的文艺学》，高等教育出版社 1989 年版。论文类可参见陆梅林：《马克思主义文艺学论纲》，《文学评论》1994 年第 4 期；童庆炳：《马克思主义文学理论的基石》，《东疆学刊》2004 年第 4 期；赖大仁：《关于马克思主义文学批评的当代形态》，《中国人民大学学报》1999 年第 4 期；等等。

(二)中国形态与差异性研究

中国形态不可能在封闭空间中产生,它需要在世界范围内通过比较和区别来建构。坚持差异性研究就成为中国形态的最好选择。当然,无论中外,马克思主义的基本原理和知识系统对马克思主义文学批评具有根本的制约性。这种通约性正是差异性研究得以展开的共同基础。人们之所以把一些不同形态的文学批评称为"马克思主义文学批评",就是因为它们都不同程度地承继了马克思主义文学批评的传统,都以马克思主义的基本原理、知识系统作为研讨文学问题的学理基础,都运用了马克思主义的理论观点和方法阐释文学活动。同时,又由于所处的社会历史条件不同,为适应社会实践和文学活动的现实要求,人们在理解和运用马克思主义时必然会有所选择、有所侧重,故形成了具有区别性特征的马克思主义文学批评的不同形态。

1. 中国形态与经典马克思主义文学批评

就中国形态与经典马克思主义文学批评的关系而言,两者既有联系又有区别。一方面,中国形态继承了马克思主义的基本原理和研究方法,特别是经典马克思主义关于人的解放的思想构成了中国形态的核心和灵魂;另一方面,中国形态毕竟不是 19 世纪的马克思主义了,当今中国与马克思所处时代的环境和面对的问题已大不一样,文学活动产生的方式也发生了改变。

中国形态是在中国特殊的历史语境中产生的,承载的是中国人的生存体验,应对的是中国的现实问题,而当今的社会与文学活动远非现实主义和典型等理论所能囊括。中国形态需要结合中国的文学和文化现状,重新思考经典马克思主义已有定论或没有来得及解决甚至尚未触及的问题,作出新的开拓。例如,关于上层建筑与经济基础的关系,马克思认为:"随着经济基础的变更,全部庞大的上层建筑也或慢或快地发生变革。"[①]而在今天,上层建筑包括意识形态可能还会走在社会变革的前面。另外,经济基础和上层建筑的分界在今天不再是泾渭分明的,科学技术就可以同时具有双重功能,既作为生产力又具有意识形态性。又如,在当今市场经济条件下,文学尤其是纳

---

① 马克思:《〈政治经济学批判〉序言》,载《马克思恩格斯文集》第 2 卷,人民出版社 2009年版,第 592 页。

入文化工业轨道的文学活动大都有资本为后盾或有赖于资本的支撑，中国形态在重新阐释文学性质时，须正视文学与资本的关系。如今的文学活动作为一种生产，不仅具有审美属性，也带有商品属性，而资本的控制力和逐利性又往往与艺术的批判性、超越性形成矛盾和冲突。这就需要在充分考虑市场因素和了解市场运行机制的情况下，保持对资本霸权的警惕，追求审美价值、社会效益和经济效益三者的矛盾统一。如此等等，时空的差异不仅使中国形态所面临的具体问题发生了变化，而且问题之间的关系也发生了变化，并由此带来了整体结构的不同。可以说，没有区别于经典马克思主义文学批评的整体的特殊性就没有中国形态。

2. 中国形态与西方马克思主义文学批评

中国形态与西方马克思主义文学批评也具有整体的差异性。虽然在全球化时代，中西方都会面临相似的问题，西方马克思主义文学批评所研究的问题对中国有一定的启示作用，但由于社会制度和历史条件、文化状况等因素的不同，中西方马克思主义文学批评中也有着明显的差异。

西方马克思主义产生和发展于西方资本主义社会，它们对马克思主义的继承和修正构成了与经典马克思主义的某种"断裂"①。西方马克思主义将研究重心从阶级、革命转向了文化、技术等方面，其中文化批判是其核心概念。西方马克思主义文学批评家对西方社会意识形态和文化现象作了深入的审视和剖析，其理论观点常有深刻和独到之处，促使人们警醒，对当代西方社会保持一定的警惕性。并且西方马克思主义的这种批判充满救赎意识，有些西方马克思主义还有着浓厚的乌托邦情结，这种救赎意识和乌托邦情结又构成他们与后现代主义理论家的重要区别。在西方马克思主义那里，文学批评成为动摇"现有制度永世长存的幻想"的思想武器。

中国马克思主义与西方马克思主义虽然处于同一时代，但中国特定的历史传统和社会形态远不是西方马克思主义文学批评家能够体会和把握的。中国形态要关注和解决的是中国大地上出现的新问题。若完全按照西方马克思主义批评的观点和话题来研究中国当代社会的文化发展，不免有削足适履之

---

① 这里的"断裂"不是完全断开，而是指研究的焦点发生了变化。正是由于有了"断裂"，才能形成不同形态。

嫌，一些具有本土特色和独创性的文化或文学活动可能因不符合西方的理论准则而被排除在外。与西方马克思主义文学批评相比，中国形态更具有主体性和包容性。在中国，马克思主义作为主流意识形态的主导话语，在社会、政治和文化活动中起统领作用。同时，中国马克思主义在吸收不同话语体系和知识谱系中总能敞开怀抱，通过与异质理论话语的对话与交流丰富和完善自身。还有，中国马克思主义对社会问题持一种建设性的态度，往往用一种积极的态度去对待和解决面临的问题。但需要警惕的是，马克思主义的主流意识形态地位在某种情况下也可能使中国马克思主义文学批评失去应有的洞察力和对社会现象的敏感性以及尖锐的批判力度，导致马克思主义文学批评与一些社会现象、文学现象之间难以形成一定的张力。

三、中国形态的"问题域"和整体特征

在中国马克思主义批评史上，学界对马克思主义文学批评的理论表述存在比较大的差异，不仅不同阶段有着不尽相同的认识，而且对同一概念、范畴也存在不同的理解和阐释。要在这些不同理论表述的基础上提炼和建构中国形态的理论特质实属不易。如何建立起中国形态的整体的内在的联系，把握所研究的对象和问题，还需要进一步寻找恰当的研究入口和结构方式。

（一）"问题域"的提出

为了强化中国形态的内在联系，我们借用了"问题域"（Problématique）①这个概念，通过赋予该词以新的阐释来探寻结构上的有机统一。

---

① 在我国，关于 Problématique 的翻译并不统一，顾良在《保卫马克思》（商务印书馆 2010 年版）中译为"总问题"，其他译法有"理论构架"（徐崇温）、"问题构架"（俞吾金）、"问题设定"（杜章智）、"问题结构"（[日]今村仁司）、"问题式"（张一兵）、"疑难"（唐小兵）等。笔者认为，译为"总问题"容易引起误解，使人联想到各种问题的集合；译为"理论构架"虽然突出了理论但缺少了关键词"问题"；而译为"问题构架"或"问题结构"则易于将人的注意力引向形式而忽视内涵。故建议把 Problématique 译为"问题域"，理由有二：一是突出的是"问题"而不是其他；二是强调了问题产生的特定环境和生成机制。

　　"问题域"① 一词主要是用来表述"理论形态的特殊统一性以及这种特殊差异性的位置"②。中国形态对问题域的借用在方法论上突出了三个性质：第一，问题域具有整体的特殊性，它是一种系统地向世界提问的方式。在问题域中，若干问题构成相互关联的问题群落，每个问题都在问题域这个整体中被思考。并且，问题域对特定的理论形态具有规范、制约的作用，"一切都取决于问题域的性质"③。这种整体的差异性正是建构中国形态的内在有机性所追求的。第二，问题域是一种运动中的形式，它强调问题与历史进程的复杂联系，不排斥对问题产生的特定环境和生成机制的研究。也就是说，问题域不限于在抽象的层面展开，也立足于历史语境之中，问题的产生是文学的外部因素和内部因素合力的结果。这一点又将中国形态的问题域概念与仅强调内部和共时研究的形式主义、结构主义区别开来。第三，在问题域中，构成不同理论形态的区别性特征具有原创性，这种原创性研究正是建构中国形态的价值所在。因此，问题域的提出为中国形态内部各问题之间建立了关联性，以问题域为抓手，不仅在思维方式和研究方法上可以获得一种整体感，而且对研究对象的理论特质和结构特征也将会获得明确的认识。同时，问题域的引入为区分马克思主义文学批评的不同形态提供了言说的工具，有助于更为清楚地理解不同形态的整体特色。

（二）中国形态的整体特征

　　在后面的研究中，我们将提出一系列有中国特色的理论命题，如人民、民族、政治、实践，以及与当今现实相关的科技、资本和价值等。这些基本范畴和现实问题彼此呼应又相互制约，如人民是中国形态的出发点和归宿，民族、政治、实践均与人民相关，民族与人民同构，最大的政治就是满足广大人民群众的物质和精神文化需要，而对作家、作品和创作倾向的评价也都是以维护人民大众的根本利益为价值尺度的。所有这些问题互相关联和互相

---

① "问题域"概念取自阿尔都塞《保卫马克思》一书，而这个概念又是阿尔都塞从他已故的朋友雅克·马丁那里借来的，用于对马克思思想的分析研究。（参见 [法] 路易·阿尔都塞：《保卫马克思》，顾良译，商务印书馆 2010 年版，第 15 页。）

② [法] 路易·阿尔都塞：《保卫马克思》，顾良译，商务印书馆 2010 年版，第 15 页。

③ [法] 路易·阿尔都塞：《保卫马克思》，顾良译，商务印书馆 2010 年版，第 55 页。

指涉，民族与政治、政治与实践、实践与科技、科技与资本等均存在着错综复杂的关系。这些概念和问题以问题群落的方式共存于中国形态内，围绕如何实现人民的幸福和民族的振兴这一目标构成中国形态的问题域，并显示出中国形态的整体的理论特质。

中国形态的整体特征还应包括它所具有的实践品格和辩证精神。这里的实践不是着眼于哲学层面，而是强调其执行力。中国形态不是书斋里的学问，也不仅仅是一种学术话语，它在中国社会变革大潮中产生，并接受着社会实践的检验。中国形态的实践性还表现为它在文学活动、审美活动乃至整个精神生产中所具有的指导和引领功能。同时，中国形态将整体性和二律背反引入文学批评，它不仅承继传统的圆融精神，将文学活动的相关角度、方法与观念纳入问题域中，而且以一种辩证理性的思维方式看待事物的对立统一，尤其强调对立面的相互转化，由此形成了观照文学的总体化视野和开放性的批评态势。

中国形态的建构具有未完成性的特征。毋庸讳言，在历史和现在的发展过程中，中国形态会出现这样或那样的问题和错误，而纠错能力同样体现了中国形态的智慧和勇气。此外，未完成性还体现在对中国文学批评的未来的探究上。中国形态正是立足于中国大地又面向未来，它将随着社会的发展和时代的变化而不断调整和产生新的理论、新的范畴。

最后，要强调的是，中国形态应是普遍性与特殊性相统一的形态，其理论建树既展现出自身的特色又体现普适性，因为没有普遍性的特殊性是没有意义的。在世界文坛，中国形态不会唯我独尊，而是与世界各国其他马克思主义文学批评形态相容相存。当今世界的马克思主义文学批评研究鱼龙混杂，中国学者更有责任向世界展示中国形态的实绩，并通过对中国形态的建构参与世界文坛对话，在马克思主义文学批评的重大理论问题上给出东方学者的回答。若用更高的目标来要求的话，中国形态应该为世界马克思主义文学批评提供更为合理的批评模式。为此，我们将不懈努力。

第一章 人民——中国形态的出发点和归宿

在中国形态的理论建构中，首要的概念自然是人民。综观马克思主义文学批评史，人民虽然不是中国形态独有的概念，却是中国文学批评中运用频率最高的词汇之一。在中国马克思主义文学批评体系中，人民是中国形态的出发点和归宿，是最能体现中国形态理论特色的一个核心概念，可视为中国形态对世界文学批评的贡献。

什么是"人民"？这是一个看起来很明白但深究下去相当复杂的概念。这样一个重要概念在马克思主义理论研究中一直未得到系统整理，也许是因为马克思主义经典作家更注重阶级和意识形态的缘故。然而，要建构中国形态，就有必要对"人民"概念作一番梳理，以了解和把握"人民"这个概念在马克思主义发展史上丰富而具体的内涵。

第一节 经典马克思主义的人民观

马克思恩格斯在其革命生涯中尽管对人民这个概念论述不多，但并不意味着马克思恩格斯没有涉及这个问题。事实上，马克思恩格斯在其著述中多次提到人民。1843 年，年轻的马克思在《〈黑格尔法哲学批判〉导言》中就谈道："为了激起人民的勇气，必须使他们对自己大吃一惊。这样才能实现德国人民的不可抗拒的要求，而各国人民的要求本身则是能使这些要求得到满足的决定性原因。"①这一段话中三次提到人民，并将唤醒人民作为实现其现实要求的决定性力量。其后，马克思恩格斯在同时期分别对人民的内涵作了不同层面的界说和解释。

一、马克思恩格斯论人民

就西方传统而言，古希腊的柏拉图、亚里士多德，以及古罗马的西塞罗等人的著作中都使用过人民的概念，西塞罗还提出了一个著名的口号——"人民的幸福是至高无上的法"②。不过他们所指的人民主要指奴隶主和自由民，不包括奴隶。现代意义上的人民的概念产生于欧洲17—18世纪，英国的弥尔顿、法国的卢梭、德国浪漫主义理论家以及俄国的无政府主义者等都使用过人民这个概念。弥尔顿曾用《为英国人民声辩》一书驳斥克劳底斯·撒尔美夏斯的《为英王声辩》："如果在暴君的势力压倒人民的地方可以说是上帝把人民送去受奴役，那么在人民势力压倒暴君的地方，为什么就不能说上帝使人们获得了自由呢？如果昏君的暴政是由上帝那里得来的，那么，我们的自由为什么就不能说也是由上帝那里来的呢？"③他肯定了英国人民争取自由的权利。卢梭等人对人民的看法持双重态度，一方面主张一切权力来自人民、属于人民，另一方面又看到普通民众身上存在的盲目、无知或意志薄弱问题。

（一）马克思恩格斯的人民内涵

18世纪后，人民的含义发生了变化，欧洲一些政治家开始注意到人民在历史发展中的作用和力量。在马克思恩格斯那里，人民概念被赋予新的内容，他们从不同层面和范围对人民的内涵作了限定和解释。1847年，恩格斯在《共产主义者和卡尔·海因岑》一文中曾明确点出了人民的构成："人民即

① 马克思：《〈黑格尔法哲学批判〉导言》，载《马克思恩格斯选集》第1卷，人民出版社2012年版，第5页。
② 参见［古罗马］西塞罗《国家篇 法律篇》（商务印书馆2009年版，第229页）第三卷第三部分，原句为"Ollis salus populi suprema lex esto"，沈叔平、苏力译为"民族安全是他们的最高法律"。
③ ［英］约翰·弥尔顿：《为英国人民声辩》，何宁译，商务印书馆2009年版，第80页。

无产者、小农和小资产者。"①这表明恩格斯已经看到人民包含了多个阶级。

1871年，马克思在《法兰西内战》中高度肯定了巴黎人民的壮举："巴黎全体人民——男人、妇女和儿童——在凡尔赛军队开进城内以后还战斗了一个星期的那种自我牺牲的英雄气概，反映出他们事业的伟大。"②这里的人民是指与旧的统治者相对立的革命群众，他们不仅属于社会的大多数，而且是革命的主体，他们正在从事推翻旧世界创造新世界的伟大事业。马克思在该文中多次提到人民这个概念："革命以人民群众的名义，并且是公开为着人民群众即生产者群众的利益而进行，这是这次革命和以前历次革命相同之点。这次革命的新的特点在于人民在首次起义之后没有解除自己的武装，没有把他们的权力拱手交给统治阶级的共和主义骗子们；这次革命的新的特点还在于人民组织了公社，从而把他们这次革命的真正领导权握在自己手中，同时找到了在革命胜利时把这一权力保持在人民自己手中的办法，即用他们自己的政府机器去代替统治阶级的国家机器、政府机器。"③1884年，恩格斯在《家庭、私有制和国家的起源》中回顾了古希腊氏族部落的"人民大会"组织形式。他说："当议事会开会时，人民——男男女女都站在周围，有秩序地参加讨论，这样来影响它的决定。"④这里的人民则指社会全体以及他们所拥有的权利。中国马克思主义者对于人民这一概念的阐释十分接近恩格斯在《共产主义者和卡尔·海因岑》中关于人民是一个阶级集合体的解释。恩格斯还在此文中结合各国革命的历史对人民中各阶级的状况作了区分和分析，小农是"在目前最不能发挥革命首倡精神的阶级。……城市工业无产阶级成了现代一切民主运动的核心；小资产者，尤其是农民，总是跟在他们后面"⑤。恩格斯肯定的是无产阶级，而农民和小资

---

① 恩格斯：《共产主义者和卡尔·海因岑》，载《马克思恩格斯选集》第1卷，人民出版社2012年版，第280页。

② 马克思：《法兰西内战》，载《马克思恩格斯文集》第3卷，人民出版社2009年版，第174页。

③ 马克思：《〈法兰西内战〉初稿》，载《马克思恩格斯文集》第3卷，人民出版社2009年版，第207页。

④ 恩格斯：《家庭、私有制和国家的起源》，载《马克思恩格斯选集》第4卷，人民出版社2012年版，第118页。

⑤ 恩格斯：《共产主义者和卡尔·海因岑》，载《马克思恩格斯选集》第1卷，人民出版社2012年版，第280页。

产者只不过是革命的同路人。综上所述，马克思恩格斯阐述了人民的三个层面：一是阶级集合体，二是与统治阶级有别的广大劳动者，三是社会的所有人。此外，马克思恩格斯也偶尔将人民大众等同于无产阶级，如在《德意志意识形态》中就提到"对于人民大众即无产阶级来说"①。

随着阶级阵营日益明朗化，人民这个概念逐渐被革命的主力——无产阶级代替了。马克思认为："人民，或者（如果用个更确切的概念来代替这个过于一般的含混的概念）无产阶级……他们已成为一种公认的力量。"②马克思之所以用无产阶级代替人民这个"过于一般的含混的概念"，有其特殊的历史背景。马克思当时所处的那个时代阶级阵营很分明："我们的时代，资产阶级时代，却有一个特点：它使阶级对立简单化了。整个社会日益分裂为两大敌对的阵营，分裂为两大相互直接对立的阶级：资产阶级和无产阶级。"③"在当前同资产阶级对立的一切阶级中，只有无产阶级是真正革命的阶级。"④若用"人民"这个概念就会抹煞阶级界限，模糊工人阶级的领导地位。⑤美国著名马克思主义批评家詹姆逊曾对马克思恩格斯之所以更强调无产阶级的地位作过分析。詹姆逊说，马克思那个时代是"一个社会冲突更尖锐而更加一目了然的世界，不论在单个的民族国家之内还是在国际舞台上，都投射出各个阶级相互对立的一种明确的模式"⑥。另外，也与当时农民在争取权力的斗争中的表现有关。恩格斯在《德国农民战争》中曾深入分析过德国农民起义失败的原因以及农民中不同阶层经济状况。他得出的结论是："农村居民由于分散于广大地区，难以达到大多数人的意见一致，所以

---

① 马克思、恩格斯：《德意志意识形态》，载《马克思恩格斯文集》第1卷，人民出版社2009年版，第547页。

② 马克思：《"莱茵观察家"的共产主义》，载《马克思恩格斯全集》第4卷，人民出版社1958年版，第210页。

③ 马克思、恩格斯：《共产党宣言》，载《马克思恩格斯选集》第1卷，人民出版社2012年版，第401页。

④ 马克思：《哥达纲领批判》，载《马克思恩格斯选集》第3卷，人民出版社2012年版，第366页。

⑤ 参见马克思：《哥达纲领批判》，载《马克思恩格斯选集》第3卷，人民出版社2012年版，第373—374页。

⑥ ［美］弗雷德里克·詹姆逊：《语言的牢笼　马克思主义与形式》，钱佼汝、李自修译，百花洲文艺出版社2010年版，"序言"第8页。

他们永远不能胜利地从事独立的运动。他们需要更集中、更开化、更活跃的城市居民的富有首创精神的推动。"① 此外，马克思之所以不太同意用人民这个概念，是因为人民这个概念经常被用于政客的说辞。"德国国王把人民称为自己的人民，正像他把马叫做自己的马一样。国王宣布人民是他的私有财产，只不过表明私有者就是国王。"② 马克思尖锐地揭露了统治阶级假借人民的名义而实际上把人民当作私有财产的行径。这里的人民沦为了臣民，成为统治者的财产或工具，就像国王的马一样。

马克思恩格斯虽然强调无产阶级是革命的主力军，但他们又指出无产阶级代表的是绝大多数人的利益。在《共产党宣言》中，马克思恩格斯宣称："过去的一切运动都是少数人的，或者为少数人谋利益的运动。无产阶级的运动是绝大多数人的，为绝大多数人谋利益的独立的运动。"③ 马克思恩格斯强调了无产阶级与绝大多数人的关系，并把为绝大多数人谋利益作为无产阶级奋斗的纲领。由于当时无产阶级并没有掌握政权，因此马克思恩格斯还不可能深入思考并实践有关执政党与人民的关系问题。

诚然，与阶级理论相比，马克思主义经典作家关于人民的论述要少得多，但经典作家所坚守的唯物史观为中国形态的人民概念提供了理论基础。马克思恩格斯指出，历史是由人民群众创造的，"历史活动是群众的活动，随着历史活动的深入，必将是群众队伍的扩大"④。并且，他们在对历史事件和文学作品的评价上所持的鲜明的人民尺度也对后世文学批评产生了深刻影响。

（二）马克思恩格斯文学批评中的人民尺度

马克思恩格斯的革命活动正是从关注人民的切身利益开始的。1842 年，第六届莱茵省议会为了林木所有者的利益，立法把贫民捡枯树枝的行为也作

---

① 恩格斯：《德国的革命和反革命》，载《马克思恩格斯选集》第 1 卷，人民出版社 2012 年版，第 572 页。

② 马克思：《〈黑格尔法哲学批判〉导言》，载《马克思恩格斯选集》第 1 卷，人民出版社 2012 年版，第 16 页。

③ 马克思、恩格斯：《共产党宣言》，载《马克思恩格斯选集》第 1 卷，人民出版社 2012 年版，第 411 页。

④ 马克思、恩格斯：《神圣家族，或对批判的批判所做的批判》，载《马克思恩格斯文集》第 1 卷，人民出版社 2009 年版，第 287 页。

为盗窃林木的行为。针对这一事件，马克思在《莱茵报》上以"莱茵省一居民"的名义为贫苦人民辩护。他首先对捡拾枯树枝的行为和盗窃林木的行为作了区分。然后指出，法律本应体现人民的普遍利益，而普鲁士国家及其议会则把法律当作少数统治阶级统治和掠夺人民的工具，用来袒护自己的私人利益。马克思点出问题的实质是法律保护的是林木所有者，也就是封建贵族、特权阶级的特殊利益。"你们的基本原则是什么呢？就是要确保林木所有者的利益，即使法和自由的世界会因此而毁灭也在所不惜。"① 马克思坚定地站在贫穷的人民一边，表达了对"最底层的、一无所有的人"所拥有的权利的支持。

基于历史唯物主义的立场，马克思恩格斯认为，文艺作品应该表现一定历史时代人民的思想感情和愿望，并强调人民是历史的具体的人民。青年黑格尔派之所以受到经典作家的指责，是因为他们未能洞见人民范畴的历史性，把人民看成一个不变的群体。"16 世纪群众的'一开始'和 19 世纪群众的'一开始'，就像这两个世纪的群众本身一样，是没有什么差别的。"② 文学创作应该认识和真实表现特定历史情境中人民的生活和精神状况。

在考察当时的文学现象时，马克思主义经典作家主张要重视人民群众在文学活动中的地位。在给拉萨尔的信中，马克思就建议他应该重点表现普通农民和城市革命分子："革命中的这些贵族代表——在他们的统一和自由的口号后面一直还隐藏着旧日的皇权和强权的梦想——不应当像在你的剧本中那样占去全部注意力，农民和城市革命分子的代表（特别是农民的代表）倒是应当构成十分重要的积极的背景。"③ 恩格斯称赞当时英法小说写作的风格"发生了一场彻底的革命；先前这类故事的主人公都是国王和王子，现在却是穷人、被歧视的阶级，而构成小说主题的，则是这些人的遭遇和命运、欢乐和痛苦……这一类新的小说著作家，如乔治·桑、欧仁·苏和博兹，确实

---

① 马克思：《第六届莱茵省议会的辩论（第三篇论文）》，载《马克思恩格斯全集》第 1 卷，人民出版社 1995 年版，第 282 页。

② 马克思、恩格斯：《神圣家族，或对批判所做的批判》，载《马克思恩格斯文集》第 1 卷，人民出版社 2009 年版，第 285 页。

③ 马克思：《马克思致斐迪南·拉萨尔（1859 年 4 月 19 日）》，载《马克思恩格斯选集》第 4 卷，人民出版社 2012 年版，第 437 页。

是时代的标志"①。看到"穷人、被歧视的阶级"成为作品的主角，恩格斯高兴地称这是"一场彻底的革命"。

在文学作品中，普通民众不仅应该成为主角，而且应该表现出人民的力量和人民的反抗。基于这一观念，马克思认为欧仁·苏的小说《巴黎的秘密》虽然以同情的立场来描写底层民众，但误把宗教和道德拯救视作社会变革的良方，忽视了人民群众自身就应该作为革命的力量。在给哈克奈斯的信中，恩格斯也表达了相似的观点："在《城市姑娘》里，工人阶级是以消极群众的形象出现的，他们无力自助，甚至没有试图作出自助的努力。……在1887年，在一个有幸参加了战斗无产阶级的大部分斗争差不多50年之久的人看来，就不可能是恰如其分的了。工人阶级对压迫他们的周围环境所进行的叛逆的反抗，他们为恢复自己做人的地位所作的令人震撼的努力，不管是半自觉的或是自觉的，都属于历史，因而也应当在现实主义领域内占有一席之地。"②19世纪后期的工人阶级已不再是自在的阶级，而是自为的阶级，文学作品不能写成"想使他们摆脱其贫困而麻木的处境的一切企图都来自外面，来自上面"③，而应当表现出这是工人阶级的自觉要求。

对于作家的成就和作品的优劣，马克思认为也应以人民的评判为依据："人民历来就是什么样的作者'够资格'和什么样的作者'不够资格'的唯一判断者。"④只有经受住人民检验又给予人民美的享受和深刻启迪的作品才是优秀之作。恩格斯用具体的批评实践为人民这个评判尺度的运用提供了范例。在评价《德国民间故事书》时，恩格斯从"诗的价值"和"大众化价值"两个方面着手，衡量这些民间故事书"对人民有什么用"，是否"值得在人民中间流传""宜于介绍给大众"等。在评论中，恩格斯之所以赞扬《刀枪不入的齐格弗里特》，在于它"充满了优美的诗意，时而是天真无邪，时而

① 恩格斯：《大陆上的运动》，载《马克思恩格斯全集》第3卷，人民出版社2002年版，第556页。
② 恩格斯：《恩格斯致玛格丽特·哈克奈斯（1888年4月初）》，载《马克思恩格斯选集》第4卷，人民出版社2012年版，第590页。
③ 恩格斯：《恩格斯致玛格丽特·哈克奈斯（1888年4月初）》，载《马克思恩格斯选集》第4卷，人民出版社2012年版，第683页。
④ 马克思：《第六届莱茵省议会的辩论（第一篇论文）》，载《马克思恩格斯全集》第1卷，人民出版社1995年版，第195—196页。

是绝妙的幽默"，并且"刻画了一个无所顾忌、具有青春朝气的形象"，成为"任何一个漫游四方的手工业帮工效法的榜样"，因此"人民对这本书也是表示感激的"。并认为民间故事书要在人民中间流传，"应当恢复传说的古老语言，应当增添其他真正的民间传说来充实一本书，然后把它送到民间去，这样，传说才能保持它的诗意"。恩格斯还尖锐地批评了混杂在民间通俗文艺中的庸俗低级、宗教迷信、荒诞无稽等各种有害人民身心健康的作品。批评《浮士德的传说》和《永世流浪的犹太人的传说》："它们根本未被当作自由幻想的作品来理解，不是的，而是被理解成了奴隶式迷信的产物"；它们"不仅不能使人得到诗的享受"，反而"会使旧的迷信死灰复燃、变本加厉"，"如果是从大众的利益而不是从诗歌的角度来评价这种文学，我的上述几点意见就已经表明这种文学是多么不能令人满意"。①

二、列宁论人民

人民概念到了列宁这里，成为一个更为明确的政治概念，人民不仅作为区分敌我的重要概念，而且成为无产阶级革命的重要依靠力量。列宁关于人民的论述直接启发了后来中国马克思主义的人民观。

（一）列宁的人民概念

列宁在著述中经常提到人民，不过他更多的是把人民作为区分敌我的重要概念，并通过这种区分寻找革命的支持者和拥护者。列宁认同马克思的基本观点，即人民的"主要组成部分就是无产阶级和农民"②，"布尔什维克一向都是讲由人民群众，由无产阶级和农民夺取政权，而绝不是由什么'觉悟的少数'夺取政权"③。除主体是"无产阶级和农民"外，列宁还把人民的范

---

① 以上均参见恩格斯：《德国民间故事书》，载《马克思恩格斯全集》第2卷，人民出版社2005年版，第88—92页。

② 列宁：《社会民主党在民主革命中的两种策略》，载《列宁全集》第11卷，人民出版社2017年版，第119页。

③ 列宁：《关于俄国社会民主工党统一代表大会的报告》，载《列宁全集》第13卷，人民出版社2017年版，第53页。

围扩大到资产阶级、小资产阶级和士兵，即在特定的历史时期所有推动历史发展进步的一切力量。不过，列宁对这类人又作了具体的历史解释。他认为资产阶级、小资产阶级和士兵是否属于人民阵营取决于他们对旧政权的态度，如果他们支持旧政权或与旧政权妥协，就走向了人民的对立面。这里，人民已经不是一个身份的问题，而是一个政治立场的问题，与对新旧政权的态度有关。

在对人民的态度上，列宁热情歌颂人民在俄国革命中的伟大贡献："俄国现在仅存的一点自由正是由这些'群氓'，由人民争取来的，他们奋不顾身地走上街头，在斗争中付出了无数的牺牲，用自己的行动支持了'不自由，毋宁死'这个伟大的口号。人民的所有这些行动正是'群氓'的行动。俄国的整个新纪元正是靠人民的热情赢得并且支持下来的。"① 也是基于对人民的态度，列宁揭露了资产阶级政党的摇摆性："立宪民主党人不是无数次地证明了，他们既希望依靠人民，又力求遏止人民革命的高涨吗？"② 并且，与马克思一样，列宁特别指出要警惕那些资产阶级政党以"人民"的崇高名义实则背离人民利益所表现的欺骗性，并对那些唯上是从的人作了尖锐讽刺。列宁说："如果我们是人民的代表，我们就应该表达人民的意愿和人民的要求，而不是看上面或者别的什么'政治条件'喜欢什么才说什么。如果我们是官吏，那我就愿意接受这个道理：'上司'暗示我们不喜欢什么，我们就事先宣布什么'不能实现'。"③ 这里，列宁提出了一个当今仍然存在的问题，人民的代表是真正代表人民的利益还是服从权力的来源。

此外，列宁也看到人民本身存在的问题。"在俄国，人民由于愚昧无知、因循守旧，由于习惯于忍受棍棒，由于传统，把政权让给了资产阶级。"④ 这表明，并不是所有的人民先天就具有革命性，即使是处于被剥削被压迫的地

---

① 列宁：《杜马和人民》，载《列宁全集》第13卷，人民出版社2017年版，第81页。

② 列宁：《关于俄国社会民主工党统一代表大会的报告》，载《列宁全集》第13卷，人民出版社2017年版，第41页。

③ 列宁：《在第二届国家杜马中关于土地问题的发言稿》，载《列宁全集》第15卷，人民出版社2017年版，第139页。

④ 列宁：《俄国社会民主工党（布）彼得格勒市代表会议文献》，载《列宁全集》第29卷，人民出版社2017年版，第239页。

位的人民，也需要宣传和教育。列宁提出的人民身上存在的一些问题在今天仍具有警示意义。

（二）列宁论文艺与人民的关系

在文艺与人民的关系上，列宁继承和弘扬了俄国革命民主主义优秀的文学传统。别林斯基认为："文学是人民的意识，它象镜子一般反映出人民的精神和生活；在文学中，象在事实中一样，可以看到人民的使命，它在人类大家庭中所占的地位，以及从它的存在所表现出来的人类精神历史发展的契机。"[①] 杜勃罗留波夫进一步提出文学要反映的不是一般的生活，而是要"表现人民的生活，人民的愿望"[②]。列宁对文学与人民的关系作了更明确的阐述，在1905年发表的《党的组织和党的出版物》中，第一次响亮地提出了文学事业要"为千千万万劳动人民服务"的口号，自由的写作"不是为饱食终日的贵妇人服务，不是为百无聊赖、胖得发愁的'一万个上层分子'服务，而是为千千万万劳动人民"。[③]

十月革命胜利以后，列宁根据新的历史条件，进一步阐释"艺术属于人民"的思想："艺术属于人民。它必须深深地扎根于广大劳动群众中间。它必须为群众所了解和爱好。它必须从群众的感情、思想和愿望方面把他们团结起来并使他们得到提高。它必须唤醒群众中的艺术家并使之发展。"[④] 这是在世界艺术史上第一次明确指出了艺术的归属关系。列宁还根据当时俄国的情况，主张文学艺术首先需要做的是普及工作。列宁说："难道当工农大众还缺少黑面包的时候，我们要把精制的甜饼干送给少数人吗？……我们必须经常把工人和农民放在眼前。"[⑤]

列宁的人民概念和他关于文艺与人民的关系的理论对中国马克思主义

---

① ［俄］别林斯基：《别林斯基论文学》，梁真译，新文艺出版社1958年版，第74页。

② ［俄］杜勃罗留波夫：《俄国文学发展中人民性渗透的程度》，载《杜勃罗留波夫选集》第2卷，辛未艾译，上海译文出版社1983年版，第187页。

③ 列宁：《党的组织和党的出版物》，载《列宁全集》第12卷，人民出版社2017年版，第97页。

④ 蔡特金：《列宁印象记（摘录）》，载中国社会科学院文学研究所文艺理论研究室编：《列宁论文学与艺术》，人民文学出版社1983年版，第435页。

⑤ 蔡特金：《列宁印象记（摘录）》，载中国社会科学院文学研究所文艺理论研究室编：《列宁论文学与艺术》，人民文学出版社1983年版，第435页。

者有着直接影响。毛泽东在《在延安文艺座谈会上的讲话》中曾多次引证列宁的论述，他特别援引列宁关于文艺应当"为千千万万劳动人民服务"的论述，强调为工农兵服务的重要性。又如，谈到文艺与革命事业的关系时，毛泽东还借用了列宁关于文艺应当成为革命机器的"齿轮和螺丝钉"的比喻。再如，谈到文艺的大众化和为人民的方向时，毛泽东引证了列宁的"必须深深地扎根于广大劳动群众中间，它必须为群众所了解和爱好"[①]等论述。

第二节　中国形态的人民观

就文学艺术而言，人民作为文学活动的主体，既是文学表现的主体，又是文学接受的主体。文艺与人民的关系构成了中国形态建构的基石。围绕这个根本问题，中国形态在为谁服务、怎样服务等问题上提炼出一些富有特色和创意的理论观点，科学回答了文艺的服务对象与发展方向等问题，这些观点对中国文艺事业的发展具有重大的指导意义。

一、中国形态的人民内涵

在经典马克思主义的基础上，中国形态的人民观经历了一个不断建构、修正和补充的过程，并逐步形成了自身的特色。"人民这个概念在不同的国家和各个国家的不同的历史时期，有着不同的内容。"[②]在中国革命和建设的不同时期，为适应中国革命建设的需要和阶级阶层的变化，人民在不同时代被赋予不尽相同的内涵。

---

① 蔡特金：《列宁印象记（摘录）》，载中国社会科学院文学研究所文艺理论研究室编：《列宁论文学与艺术》，人民文学出版社 1983 年版，第 435 页。

② 毛泽东：《关于正确处理人民内部矛盾的问题》，载《毛泽东文集》第 7 卷，人民出版社 1999 年版，第 205 页。

（一）人民是阶级的集合体

中国形态关于人民是阶级的集合体的界定是根据中国国情作出的选择。中国长期处于农业社会，自给自足的小农经济在社会中占主导地位，这是与马克思所生活的 19 世纪西欧社会的最大区别。近代以来，随着民族矛盾的上升，阶级矛盾和民族矛盾又错综复杂地交织在一起。中国革命的经验教训使人们逐步认识到，要赢得革命的胜利，须扩大同盟军，赢得最广大人民群众的支持和拥护。抗日战争时期，中国共产党人的人民概念日益成熟。1945年毛泽东在中国共产党第七次全国代表大会上作《论联合政府》报告，在阐述联合政府组成基础时分析了中国人口的比例。"第一，它取得了和可能取得数百万产业工人，数千万手工业工人和雇佣农民的同意；其次，也取得了和可能取得占中国人口百分之八十，即在四亿五千万人口中占了三亿六千万的农民阶级的同意；又其次，也取得了和可能取得广大的城市小资产阶级、民族资产阶级、开明士绅及其他爱国分子的同意。"[1]20 世纪城市工业无产阶级人数相对较少，而农民"占中国人口百分之八十，即在四亿五千万人口中占了三亿六千万"。这些数据说明了毛泽东为什么将革命的主导力量从阶级扩展到以工农兵为代表的各阶层的人民的历史原因。

根据中国社会各阶级的具体特点和革命的需要，毛泽东对五四运动提出的"平民文学"口号有所纠正："所谓'平民'，实际上还只能限于城市小资产阶级和资产阶级的知识分子，即所谓市民阶级的知识分子。"[2]文学艺术服务的对象应该是广大的劳动群众，"它应为全民族中百分之九十以上的工农劳苦民众服务，并逐渐成为他们的文化"[3]。毛泽东在《在延安文艺座谈会上的讲话》中，具体论述了人民的组成部分。"占全人口百分之九十以上的人民，是工人、农民、兵士和城市小资产阶级。……这四种人，就是中华民族的最大部分，就是最广大的人民大众。"[4]中华人民共和国成立后，人民概念随着时代的变迁又有了新的内容。"在建设社会主义的时期，一切赞成、拥护和

---

① 毛泽东：《论联合政府》，载《毛泽东选集》第 3 卷，人民出版社 1991 年版，第 1056 页。

② 毛泽东：《新民主主义论》，载《毛泽东选集》第 2 卷，人民出版社 1991 年版，第 700 页。

③ 毛泽东：《新民主主义论》，载《毛泽东选集》第 2 卷，人民出版社 1991 年版，第 708 页。

④ 毛泽东：《在延安文艺座谈会上的讲话》，载《毛泽东选集》第 3 卷，人民出版社 1991 年版，第 855—856 页。

参加社会主义建设事业的阶级、阶层和社会集团，都属于人民的范围"①。由此可见，中国马克思主义并没有完全因袭马克思的人民概念，而是根据中国社会的实际情况对人民概念的内涵作出了实事求是的解释，人民成为具有广泛共同利益且具革命性的阶级集合，是基于阶级又超越阶级的联合体。由马克思主义的阶级概念扩展到包括各个阶层的人民，中国形态的人民概念获得了新质，同时体现了中国马克思主义实事求是的精神和人民理论的特色。

中国形态的人民不仅是一个历史概念和经济概念，而且是一个政治概念。毛泽东在《关于正确处理人民内部矛盾的问题》中指出，"为了正确地认识敌我之间和人民内部这两类不同的矛盾，应该首先弄清楚什么是人民，什么是敌人"②，人民总是同阻碍历史发展的阶级、阶层和社会集团相对立的，在不同时代人民的政治内涵也有所不同。在抗日战争时期，一切抗日的阶级、阶层和社会集团都属于人民的范围；进入社会主义建设时期，一切赞成、拥护和参加社会主义建设事业的社会阶层和集团，包括维护祖国完整统一的所有爱国人士，都属于人民的范围。在这个意义上，人民的概念在中国就不仅仅是多数人的集合，也不仅仅以生产资料的占有程度来划分，而是代表中国社会特定时期带有革命性的、以政治利益为基础的阶级集合。人民是中国革命的根本性的历史力量，是肩负着推动历史前行及民族解放重任的主体。人民的这种阶级或阶层的集合性所具有的具体的历史性和政治性为中国形态的人民概念增添了特殊色彩。

（二）人民是历史的创造者

到底是英雄创造历史还是奴隶创造历史，是学界经常被提及和论争的问题。马克思恩格斯明确表示，历史是由人民群众创造的，"历史活动是群众的活动"③。中国形态继承了马克思恩格斯的这一观点，坚持人民群众是历史

---

① 毛泽东：《关于正确处理人民内部矛盾的问题》，载《毛泽东文集》第7卷，人民出版社1999年版，第205页。

② 毛泽东：《关于正确处理人民内部矛盾的问题》，载《毛泽东文集》第7卷，人民出版社1999年版，第205页。

③ 马克思、恩格斯：《神圣家族，或对批判的批判所做的批判》，载《马克思恩格斯文集》第1卷，人民出版社2009年版，第287页。

的创造者。毛泽东指出:"人民,只有人民,才是创造世界历史的动力。"①
在历史进程中,人民作为实践主体,不仅是物质财富的创造者,而且是精神
财富的创造者,是社会变革的决定性力量。

就文学创作而言,普通劳动者有权成为文学艺术表现的主要对象。早
在 1919 年,毛泽东在其所写的《〈湘江评论〉创刊宣言(一九一九年七月
十四日)》中就热情地称赞了五四运动给当时文坛带来的新变化:"由贵族
的文学,古典的文学,死形的文学,变为平民的文学,现代的文学,有生
命的文学。"② 毛泽东在看了评剧《逼上梁山》后,更是热情地赞扬剧组把
人民大众作为主要描写对象的做法,寄信编导:"历史是人民创造的,但
在旧戏舞台上(在一切离开人民的旧文学旧艺术上)人民却成了渣滓,由
老爷太太少爷小姐们统治着舞台,这种历史的颠倒,现在由你们再颠倒过
来,恢复了历史的面目,从此旧剧开了新生面。"③ 毛泽东看到了中国传统
戏曲的问题,主张把由帝王将相统治的历史变成人民的历史,把颠倒的历
史再颠倒过来。其实,这一现象不仅仅存在于传统戏曲中,在中国古代演
义小说中也是如此。林纾在《〈利俾瑟战血余腥录〉叙》中曾对中西战争
的描写作了比较:"余历观中史所记战事,但状军师之摅略,形胜之利便,
与夫胜负之大势而已,未有赡叙卒伍生死饥疲之态,及劳人思妇怨旷之情
者……言是中详叙拿破仑自墨斯科败后,募兵苦战利俾瑟逮于滑铁庐。中
间以老鳖约瑟为纲,参与其妻格西林之恋别,俄、普、奥、瑞之合兵,法
军之死战,兵间尺寸之事,无不周悉。"④ 在中国演义小说中,展示的多是
军师之谋略,大将之神威,兵卒只是战争的陪衬和点缀,读者无法看清他
们的面目,更无从了解他们的身世和心理。这一点与西方战争小说比较注
意战争的微观场面有别。⑤ 文学作品应表现普通百姓的喜怒哀乐,塑造人

---

① 毛泽东:《论联合政府》,载《毛泽东选集》第 3 卷,人民出版社 1991 年版,第 1031 页。

② 毛泽东:《〈湘江评论〉创刊宣言(一九一九年七月十四日)》,载《毛泽东早期文稿》,湖
南人民出版社 2008 年版,第 270 页。

③ 毛泽东:《致杨绍萱、齐燕铭(一九四四年一月九日)》,载《毛泽东书信选集》,人民出版
社 1983 年版,第 222 页。

④ 林纾:《〈利俾瑟战血余腥录〉叙》,载曾宪辉选注:《林纾诗文选》,华东师范大学出版社
1990 年版,第 49—50 页。

⑤ 参见胡亚敏:《以彼新理 助我行文》,《外国文学研究》1988 年比较文学专号。

民的英雄形象，展示人民群众追求自由生活和美好理想的精神风貌，这正是唯物史观在文学活动中的体现。

（三）坚持人民的主体地位

坚持人民的主体地位，是中国形态有别于中国传统文化的"民为邦本"和西方马克思主义的"大众"的关键所在。中国形态的人民观不同于中国传统的"民为邦本""民贵君轻"的思想。"民为邦本"虽然强调民众在统治中的重要性，但旨在借助民力巩固专制统治，提醒统治者"水可载舟，亦可覆舟"，其意图还是为了完善和巩固统治者的统治地位。正如陈独秀所言："所谓民视民听、民贵君轻，所谓民为邦本，旨以君主之社稷（即君主祖遗之家产）为本位。此等仁民爱民为民之民本主义……皆自根本上取消国民之人格，而与人民为主体，由民本主义之民主政治，绝非一物。"① 中国形态的人民也不同于西方马克思主义中的大众或市民，西方马克思主义旨在批判和反思资本主义，大众或市民主要是他们救赎的对象，而中国形态强调人民是社会的主人。人民不仅是中国革命的主体，而且是当今现代化建设的主体，当代中国所发生的日新月异的变化、所取得的巨大成就，依靠的正是中国人民的伟大实践。

一切为了人民，一切依靠人民，全心全意为人民服务，成为执政党也包括中国形态的根本宗旨。"必须坚持人民主体地位，坚持立党为公、执政为民，践行全心全意为人民服务的根本宗旨，把党的群众路线贯彻到治国理政全部活动之中，把人民对美好生活的向往作为奋斗目标，依靠人民创造历史伟业。"② 中国形态的人民观是对经典马克思主义人民观的继承和完善，体现了马克思主义的唯物史观，同时又是马克思主义与中国革命实践相结合的结晶，它展示出中国共产党人集体的政治智慧和求实精神。

---

① 陈独秀：《再质问〈东方杂志〉记者》，载《陈独秀著作选》第1卷，上海人民出版社1993年版，第487页。
② 习近平：《决胜全面建成小康社会 夺取新时代中国特色社会主义伟大胜利——在中国共产党第十九次全国代表大会上的报告》，人民出版社2017年版，第21页。

二、文艺与人民的关系是中国形态的基石

在中外文学批评史上，文艺与世界、文学与作家以及与文学读者的关系一直是文学理论和批评关注的基本维度，文艺与人民的关系却没有获得突出的地位。俄国革命民主主义批评家曾谈到文字发展中的人民性问题，而明确提出文艺为人民服务的是列宁，但由于当时俄国正处于暴风骤雨般的革命斗争时期，列宁提出的"这个问题并没有得到明确的解决"①。从理论上和实践上确立文艺与人民的关系，就历史地落到中国马克思主义文学批评者肩上。

（一）"文艺为人民"的原则

文艺"为什么人的问题"是中国形态要解决的一个"根本的问题，原则的问题"。五四时期，这一问题就被提到年轻的中国共产党人面前。恽代英撰文指出，新文学应该是一种"能激发国民的精神，使他们从事于民族独立与民主革命的运动"的文学。②沈泽民对此作了进一步阐发："有能在他底文体上充盈了在觉醒中的一代民众所当具的雄浑的魄力的作品么？有能痛切地描写现代中国大多数民众的生活，且暗示他们的背景与前途的作品么？有能含着极饱满的少年精神，可以代表新生的一代，诉出他们底神圣的愿望与悲哀，优点与缺点的作品么？这样的作品如果可以有，我就认它是我们所需要的文艺了。"③20世纪30年代，随着左翼文艺运动的发展，关于文艺大众化的讨论不断深入。鲁迅明确提出，文艺不应与民众相隔绝，文艺发展应多样化以满足不同民众的需求。"文艺本应该并非只有少数的优秀者才能够鉴赏，而是只有少数的先天的低能者所不能鉴赏的东西。""在现下的教育不平等的社会里，仍当有种种难易不同的文艺，以应各种程度的读者之需。"④周扬提出文艺的普及工作应联系实情："如果不顾目前中国劳苦大众的一般文化水准的低下，而一味地高谈什么应当提高大众的程度来鉴赏真正的、伟大的艺术，那实际

---

① 毛泽东：《在延安文艺座谈会上的讲话》，载《毛泽东选集》第3卷，人民出版社1991年版，第854页。

② 恽代英：《八股?》，载《恽代英文集》上卷，人民出版社1984年，第390页。

③ 沈泽民：《我们需要怎样的文艺?》，载《沈泽民文集》，浙江文艺出版社1997年版，第53页。

④ 鲁迅：《文艺的大众化》，载《鲁迅全集》第7卷，人民文学出版社2005年版，第367页。

上就是拒绝对于大众的服务，就是一种取消主义！"① 左翼所讨论的大众主要指被压迫的劳苦大众，他们对大众化的提倡为中国形态的人民观奠定了基础。

1942 年，毛泽东在《在延安文艺座谈会上的讲话》中对文艺与人民的关系作了全面阐述。毛泽东根据中国五四以来革命文艺的实际，特别是针对抗日战争时期革命根据地文艺运动所出现的问题，明确提出："我们的文学艺术都是为人民大众的，首先是为工农兵的，为工农兵而创作，为工农兵所利用的。"② 这不仅从理论上，而且从文学创作、文学批评乃至文艺方针政策等方面，明确了文艺为工农兵服务、为人民大众服务的根本方向。同时，毛泽东在《在延安文艺座谈会上的讲话》中所谈到的普及与提高的关系、动机与效果的辩证统一等，都是基于人民的需要和人民的利益。因为只有弄清楚"为什么人"的问题，才能找到普及与提高、动机与效果的依据和标准。毛泽东提出的批判地继承中外文艺遗产，也是为了使之成为服务人民的一部分。可以说，为人民这个根本问题解决了，其他问题就会迎刃而解，"这个根本问题不解决，其他许多问题也就不易解决"③。

新时期以来，邓小平坚持和发展了毛泽东关于文艺为人民的思想，在《在中国文学艺术工作者第四次代表大会上的祝词》中他反复强调："我们的文艺属于人民"，并深情地将人民和文艺工作者的关系比喻为母亲与儿女的关系，"人民是文艺工作者的母亲。一切进步文艺工作者的艺术生命，就在于他们同人民之间的血肉联系。忘记、忽略或是割断这种联系，艺术生命就会枯竭"。④ 如今，随着社会的进步和物质的繁荣，文学与人民的关系再次得以强调。习近平总书记在《在文艺工作座谈会上的讲话》中进一步指出，坚持以人民为中心，"就是要把满足人民精神文化需求作为文艺和文艺工作的出发点和落脚点，把人民作为文艺表现的主体，把人民作为文艺审美的鉴

---

① 周扬：《关于文学大众化》，载《周扬文集》第 1 卷，人民文学出版社 1984 年版，第 28—29 页。

② 毛泽东：《在延安文艺座谈会上的讲话》，载《毛泽东选集》第 3 卷，人民出版社 1991 年版，第 863 页。

③ 毛泽东：《在延安文艺座谈会上的讲话》，载《毛泽东选集》第 3 卷，人民出版社 1991 年版，第 858 页。

④ 邓小平：《在中国文学艺术工作者第四次代表大会上的祝词》，载《邓小平文选》第 2 卷，人民出版社 1994 年版，第 209、211 页。

赏家和评判者，把为人民服务作为文艺工作者的天职"①。中国形态把文艺与人民的关系作为文艺的根本价值所在，这在中外文学史上是前所未有的。

（二）坚持以人民为中心的创作导向

文学创作要以人民为中心，将人民作为文学艺术的主要表现对象，就需要走向人民，走进人民，否则，就很难创作出真实感人的艺术形象，或者只能咀嚼个人身边的悲欢。毛泽东说："有出息的文学家艺术家，必须到群众中去，必须长期地无条件地全心全意地到工农兵群众中去"②。延安文艺座谈会后，出现了一批至今仍具艺术魅力的佳作，显然与当时的作家艺术家到人民的生活中获取源泉有直接关系。就作家艺术家而言，坚持以人民为中心，除了走向基层，深入生活外，情感上的认同更为重要。习近平总书记指出："热爱人民不是一句口号，要有深刻的理性认识和具体的实践行动。"③不仅要"身入"，更要"心入""情入"。"关在象牙塔里不会有持久的文艺灵感和创作激情。离开人民，文艺就会变成无根的浮萍、无病的呻吟、无魂的躯壳。一切有抱负、有追求的文艺工作者都应该追随人民脚步，走出方寸天地，阅尽大千世界，让自己的心永远随着人民的心而跳动。"④与一个个普通的人建立联系，去感受他们的酸甜苦辣、喜怒哀乐，让人民从身边的人和事中体会到人间真情和真谛，感受到世间大爱和大道。"能不能搞出优秀作品，最根本的决定于是否能为人民抒写、为人民抒情、为人民抒怀。"⑤强调作家艺术家与人民的联系特别是情感联系是中国形态的又一特点。

基于"以人民为中心"的原则，人民就应该成为文学创作的内容、主体和归宿。塑造以工农兵为主体的人民形象，展示人民的历史创造性和变革现实的主动精神，就成为中国形态的着力之处。在《在延安文艺座谈会上的讲

---

① 习近平：《在文艺工作座谈会上的讲话》，人民出版社 2015 年版，第 13—14 页。

② 毛泽东：《在延安文艺座谈会上的讲话》，载《毛泽东选集》第 3 卷，人民出版社 1991 年版，第 860—861 页。

③ 习近平：《在文艺工作座谈会上的讲话》，人民出版社 2015 年版，第 18 页。

④ 习近平：《在中国文联十大、中国作协九大开幕式上的讲话》，人民出版社 2016 年版，第 11 页。

⑤ 习近平：《在文艺工作座谈会上的讲话》，人民出版社 2015 年版，第 16 页。

话》中，毛泽东特别提出文艺应当表现"新的人物，新的世界"，作家应热情歌颂"无产阶级和人民大众"①。这是毛泽东从政治家的角度对文学创作提出的要求，也表明毛泽东对旧文化的批判态度。这里的"新的人物，新的世界"主要是与旧的小说、戏曲中的"帝王将相"相对的，毛泽东希望文艺工作者能够去关注普通老百姓，去表现工农兵这些劳苦大众，为中国文坛发现和塑造一些新的人物形象。邓小平在《在中国文学艺术工作者第四次代表大会上的祝词》中具体提出了描写社会主义新人的根本要求："要塑造四个现代化建设的创业者，表现他们那种有革命理想和科学态度、有高尚情操和创造能力、有宽阔眼界和求实精神的崭新面貌"。同时，邓小平也提到"英雄人物的业绩和普通人们的劳动、斗争和悲欢离合……都应当在文艺中得到反映"②。这里的英雄人物应视为人民的代表，他所依靠的是人民的力量，表达的是人民的心声。联想到一些影视作品中充塞的尽是帝王将相、皇后嫔妃的形象，重申描写以人民为主体的"新的人物，新的世界"具有现实的针对性。中国形态关于文艺既要表现人民中的英雄业绩又要表现普通劳动者的悲欢离合的观点，是对马克思主义的继承和发展。

文艺与人民的关系不仅涉及各种外在关系，而且关涉包括文本内在的诸多因素。中国形态强调文学关注人民，并不等于不关注文本。事实上，为谁服务这个根本问题也制约着作家的艺术追求乃至语言风格的形成。以人民为中心同样需要对艺术形式的不懈探索，用心地去创作人民满意的作品和人物形象，在"怎样写"上也可以充分体现作家对人民的热爱和尊重。因此，作家艺术家应当"自觉地在人民的生活中汲取题材、主题、情节、语言、诗情和画意"③，通过精湛的艺术方式表达人民的愿望、利益和要求，满足人民多方面的审美需要。

---

① 毛泽东：《在延安文艺座谈会上的讲话》，载《毛泽东选集》第3卷，人民出版社1991年版，第876、877页。

② 邓小平：《在中国文学艺术工作者第四次代表大会上的祝词》，载《邓小平文选》第2卷，人民出版社1994年版，第210页。

③ 邓小平：《在中国文学艺术工作者第四次代表大会上的祝词》，载《邓小平文选》第2卷，人民出版社1994年版，第211—212页。

（三）作为文艺接受者的人民

人民群众不仅应成为文学作品表现的主要对象，而且有权享受历史所创造的一切文化。在人类发展史上，由于社会分工，产生了阶级，艺术为少数人所拥有和享用，成为社会成员中一些特殊人物的专门活动，而广大劳动群众则被排斥在艺术的殿堂之外。人民虽然是物质财富的创造者，但长期以来却无缘享受精神劳动的成果。正如马克思所说，劳动创造了美，也创造了赤贫。明确将人民作为文艺的接受者和享受者是中国形态的又一特点。

毛泽东在谈到"文艺作品给谁看"的时候指出："在上海时期，革命文艺作品的接受者是以一部分学生、职员、店员为主。""文艺作品在根据地的接受者，是工农兵以及革命的干部。……各种干部，部队的战士，工厂的工人，农村的农民，他们识了字，就要看书、看报，不识字的，也要看戏、看画、唱歌、听音乐，他们就是我们文艺作品的接受者。"[①]对此，1980年澳大利亚学者庞尼·麦克杜尔在为《在延安文艺座谈会上的讲话》译本撰写的"导言"中，称毛泽东是"中国第一个把读者对象问题提高到文学创作的重要地位的人"[②]。毛泽东不仅提出了"接受者"的概念，而且他所说的"接受者"是以工农兵为主体的人民，这恰是他不同于西方其他批评家和西方马克思主义批评家之所在。

毛泽东还从人民的接受水平出发论述了文艺的提高和普及的辩证关系。20世纪40年代初，抗战形势十分严峻，当时文艺的目的主要不在于以精巧的艺术去满足高层次的审美需要，而是利用文艺的力量去发动群众支持抗战，争取早日赢得抗战的胜利和民族的解放。并且，当时的人民群众普遍缺少文化，也不可能接受高层次的作品。因此，"对于他们，第一步需要还不是'锦上添花'，而是'雪中送炭'"[③]。在这种形势下，文艺必须以普及为基础和重点，才能使文艺为人民群众服务真正落到实处。当然，随着作为接受者的人民文化水平的提高，对艺术品的要求也会逐年提高。"人民要求普及，跟着也就要求提高，要求逐年逐月地提高"，无论是普及还是提高都不能"永远停

---

① 毛泽东：《在延安文艺座谈会上的讲话》，载《毛泽东选集》第3卷，人民出版社1991年版，第849—850页。

② 郑忠超主编：《西方学者谈毛泽东》，新世纪出版社1993年版，第203页。

③ 毛泽东：《在延安文艺座谈会上的讲话》，载《毛泽东选集》第3卷，人民出版社1991年版，第862页。

止在一个水平上"①。这表明，将人民作为文艺的"接受者"并不是让艺术降低标准迁就人民，作为"接受者"的人民同样具有主动和创造精神，他们会随着欣赏水平的提高对文艺作品提出更高的要求。提出人民成为文学艺术的接受者乃至创造者是中国形态在文学接受史上的重要贡献。

在文艺批评的标准问题上，中国形态同样强调人民本位的价值取向。一部作品是否优秀，是否有价值，就在于它是否代表了人民的利益，能否得到人民的认可和认同。邓小平说："作品的思想成就和艺术成就，应当由人民来评定。"② 这与马克思早年提出的"人民历来就是什么样的作者'够资格'和什么样的作者'不够资格'的唯一判断者"③ 的论断一脉相承。评价作品艺术形式也须以人民的需要为准绳，提倡具有"新鲜活泼的、为中国老百姓所喜闻乐见的中国作风和中国气派"④。在对待文艺遗产的态度上，"也必须首先检查它们对待人民的态度如何，在历史上有无进步意义，而分别采取不同态度"⑤。

所有这些阐述形成了中国形态理论建构中较为独特的一个部分。不可否认，由于历史的局限和时代的变迁，中国形态在文学与人民的关系上还有待改进和完善，但总的来说，在马克思主义文学批评史上，如此明确系统地从理论和实践上解决文艺与人民的关系问题尚属首次，并且中国形态提出的"文艺为人民服务"这一理念⑥ 在今天仍有其现实意义。

---

① 毛泽东：《在延安文艺座谈会上的讲话》，载《毛泽东选集》第3卷，人民出版社1991年版，第862页。

② 邓小平：《在中国文学艺术工作者第四次代表大会上的祝词》，载《邓小平文选》第2卷，人民出版社1994年版，第212页。

③ 马克思：《第六届莱茵省议会的辩论（第一篇论文）》，载《马克思恩格斯全集》第1卷，人民出版社1995年版，第195—196页。

④ 毛泽东：《中国共产党在民族战争中的地位》，载《毛泽东选集》第2卷，人民出版社1991年版，第534页。

⑤ 毛泽东：《在延安文艺座谈会上的讲话》，载《毛泽东选集》第3卷，人民出版社1991年版，第869页。

⑥ 关于作家与人民的关系问题，需要作进一步说明。应该说，作家艺术家作为精神财富的创造者，理所当然是人民中的一员，只是由于社会的分工，作家艺术家更多的是作为精神文化的探索者，而人民的主体则是从事物质资料生产的广大劳动群众，是各阶层的普通劳动者。作家艺术家应该为这些最广大的人民群众服务。因此，人民既是社会实践的主体又是被服务的对象，对于这一问题马克思主义文学批评的中国形态还需要进一步论证。

第三节 中国形态人民概念的改善和拓展

人民是马克思主义文学批评中国形态的出发点和归宿，这一点已经非常明确，但并不意味着所有的问题都已经解决。关于文学与人民的关系还需要在深入辨析的基础上作进一步探讨和拓展。

一、文学与人民关系再审视

就当今文学创作的现状来看，文艺与人民的关系并不尽如人意。有些文学作品在对人民的态度上出现了偏移，主要表现在两个方面：一是救世主心态所带来的对人民的俯视；二是商品拜物教趋势下对人民的迎合，即马克思提醒的"人民崇拜"问题。为了使文艺与人民的关系在新的历史条件下发挥更大的作用，有必要对这些问题加以审视和矫正。

（一）救世主心态下对人民的俯视

在中国，尽管人民拥有很高的地位，也没有人公开否认文艺与人民的关系，但有些文学作品中人民并没有至上，即使那些以普通劳动者为描写对象并给予劳动者同情的作品也存在一些问题。如当代小说中的一些"底层叙事"，粗看起来描写了打工者等人物的艰难和种种不易，作者也对人物的遭遇寄予一定的同情，但整篇作品弥漫着作者的某种"优越感"（也许是无意识的流露），仿佛叙述者也包括作者本人处于比故事中的人物更高的位置，他们是以一种悲天悯人的姿态俯视人间，哀叹这些人物命运不济。正如恩格斯所批评的那样，叙述者带着一点有限的同情，叙述那些不能自助的可怜的"穷人"和卑微的"小人物"。①

站在什么样的立场用什么样的态度描写人民，是文学创作需要正视的

---

① 恩格斯：《诗歌和散文中的德国社会主义》，载《马克思恩格斯全集》第4卷，人民出版社1958年版，第224页。

一个重大问题。西方马克思主义采取的姿态是救赎，中国五四时期的口号是"启蒙"和"新民"，中国形态则明确倡导走近和走进人民，在感同身受中发现人性的美好。在有些人看来，普通人尤其是社会底层的人民由于被沉重的生活所裹挟，他们身上缺少有趣的故事和丰富的情感。其实不然，现实中的每个人身上都有故事，都有自己的追求和精彩，文学创作缺乏的恰是一双发现的眼睛。法国作家雨果《巴黎圣母院》中那个敲钟人卡西莫多虽然相貌丑陋，但是他的行为所闪烁的人性的光辉使读者记住了他。中国当代也有不少描写普通人的优秀作品，字里行间透出小人物的韧劲和抗争，使读者强烈感受到普通劳动者的坚强和善良。有一位美国教授告诉我，她正在研究写美国出租车司机的小说，并从中感受到出租车司机的快乐。她的研究领域和研究立场给我们以启发，在中国，作家艺术家不仅要把普通劳动者作为表现的对象，而且应该走进普通劳动者的内心世界，去发现劳动者身上的美好品质。"对待人民的态度如何"，就成为检验一部文学作品是否成功的核心尺度。

当然，走进人民并不意味着不描写苦难，描写苦难的同时超越苦难才是应该秉持的信念，而不是一味通过兜售苦难博取同情。李健吾在评论叶紫的作品时曾使用了一个极具冲击力的形象使人难以忘怀——"一棵烧焦了的幼树"。"叶紫的小说始终仿佛一棵烧焦了的幼树，没有《生死场》行文的情致，没有《一千八百担》语言的生动，不见任何丰盈的姿态，然而挺立在大野，露出棱棱的骨干，那给人苗壮的感觉，那不幸而遭电殛的暮春的幼树。它有所象征。这里什么也不见，只见苦难，和苦难之余的向上的意志。我们不妨借用悲壮两个字形容。"①

"只见苦难，和苦难之余的向上的意志"，这个意象可以成为中华民族精神的一种象征。

（二）商品拜物教与人民膜拜

对人民的态度的另一偏颇是将人民"神化"。处于消费社会的今天，人

---

① 李健吾：《叶紫的小说》，载张大明编：《李健吾创作评论选集》，人民文学出版社 1984 年版，第 517 页。

民成为消费链中的上帝，为了获取利润或者票房，有些作品或影片不惜以暴力、色情等来博取读者和观众的眼球。这里与其说是以人民的名义，不如说是以资本的名义，人民已演变成资本的化身。（关于这一问题，我们将在本书第六章中国形态视域下的文学与资本中讨论）

文学艺术需要满足绝大多数人的需求，但应有审美的底线。习近平总书记《在文艺工作座谈会上的讲话》中指出："低俗不是通俗，欲望不代表希望，单纯感官娱乐不等于精神快乐。文艺要赢得人民认可，花拳绣腿不行，投机取巧不行，沽名钓誉不行，自我炒作不行，'大花轿，人抬人'也不行。"[1]过分迎合和迁就的行为实际上是对人民不负责任的表现，既矮化了艺术又矮化了人民，是与真正的人民的利益背道而驰的。

顺便谈及，在探索新形式时，也不妨孤独地前行。如何将文学的大众性和文学的独创性结合起来，是需要进一步思考的问题。

二、人民概念的复杂性

关于人民的界定，国内外学界曾有不同的理解。有人视人民为抽象概念，认为人民是一个"空洞的能指"；有人指责人民这个词已经演变成一种霸权意识，人民成为话语和指示的合法化代表，成为英雄的代名词。[2]因此，中国马克思主义文学批评在推出人民概念时，尤其须认真研究人民内涵的具体性和多样性，避免将人民抽象化和同质化。

（一）人民概念的具体性

人民这个概念固然具有普遍和总体的性质，但绝不是一种"想象性称谓"。作为一种指称，人民这个称谓超出了经验的描述，成为一个集合名词。但人民绝不是不在场。作为一个历史的范畴，在特定的历史活动中，人民是由千千万万真实的个人组成的，这就是人民的具体性所在。没有一个个鲜活

---

[1] 习近平：《在文艺工作座谈会上的讲话》，人民出版社 2015 年版，第 10 页。
[2] ［法］让－弗朗索瓦·利奥塔：《后现代状况：关于知识的报告》，岛子译，湖南美术出版社 1996 年版，第 103 页。

的个体，人民这个概念就无所依附，人民恰恰表现出对个体的依赖及个体意志的伸张。若把人民视为整一，就会忽视社会浪潮变动下个体存在的意义，为人民服务也就成为一句空话。

但是，人民又不是单个个体，它是由众多的个体组成的。在研究人民整体与个体的关系时，须将之置身于具体的历史语境中。一方面，单个个体是不能代表人民的，人民作为一种大多数人的集合名词，须是众多个体的最大公约数，众多个体的汇集所发挥的作用才能展示社会变革的力量。这一点正是人民的具体性与个体性的区别。另一方面，个体又是人民中的一分子，关心个体的发展进步，满足每一个人对美好生活的向往和追求，是为人民服务的应有之义。因此，在研究人民这个概念时，既要防止绝对抽象，又要防止局限于某个个体，更不应该用整体去压制个体。文学作品是最能体现人民这个概念的具体性的载体。作品中所表现的人物形象既是特定的"这一个"，又映出时代的特征和人民的心声。像莫言小说中高密乡的男人、女人和孩子，张承志小说中蒙古包的牧民等，这些不同时代、不同民族的人物形象在中华大地上演了一幕幕波澜壮阔的活剧。文学作品通过对这些千差万别的人物群像的描写，展示出人民内涵的丰富性。

（二）人民的非同质性

与人民的具体性相关，人民是由具有差异性的众多个体组成的，不存在"同质性板块"的整齐划一、毫无差别的群体。因此，在讨论人民这个概念时要防止将人民同质化，须充分看到人民内部的差异性和矛盾性。马克思早就意识到这个问题，在《1848年至1850年的法兰西阶级斗争》一文中，马克思说："旧派共和党人把全体法国人，或至少是把大多数法国人看做具有同一利益和同一观点等等的公民。这就是他们的那种人民崇拜。但是，选举所表明的并不是他们意想中的人民，而是真实的人民，即分裂成各个不同阶级的代表。"[①] 列宁继承了马克思的这一观点："马克思在使用'人民'一语时，并没有用它来抹杀各个阶级之间的差别，而是用它来概括那些能够把革

---

① 马克思：《1848年至1850年的法兰西阶级斗争》，载《马克思恩格斯文集》第2卷，人民出版社2009年版，第99页。

命进行到底的一定的成分。"① 我国学者冯雪峰也看到了这一点："人民就是复杂的矛盾的统一体，有进步的一面，也有落后的一面；有光明的一面，也有灰色的一面；有要求解放的战斗的一面，也有依然被封建意识束缚着的一面。"② 特别是在现代中国，人民的内涵不断调整、区隔和扩容，更凸显出人民概念的复杂性。

人民的非同质性为文艺创作的多样性和服务社会的多样性打开了大门。如今的人民是一个有着多种差异性的集合体，因此，坚持以人民为中心的创作导向就需要深入观察和研究人民内部的这种差异和矛盾，不仅展示个体与个体、个体与群体之间的冲突和妥协，而且揭示个体内在的美好和人性的劣根性。这样一来，人民的群像就更为丰富和真实。同时，人民的非同质性也要求在接受过程中尊重读者的多样性和差异性。我们生活在一个选择日益增多的时代，因此应尽可能创作丰富多彩的文学作品为众多小写的复数的"人民"服务。就文学批评而言，尊重差异、包容多样应成为批评的共识。

需要说明的是，我们谈到人民的具体性和差异性，并不是对人民整个概念的否定。一方面，人民是由众多的个体的具有差异性的人构成的；另一方面，这些个体的差异性的人建立在具有一定共识的基础上，并构成了推动社会进步的主体。尤其是当人民这个概念进入理论层面，并作为中国形态的核心概念运用于文学批评实践时，它又从抽象上升到具体。

三、文学与人民的互动与互塑

如果说以往我们更侧重于文学走向人民的话，那么，在今后，文艺与人民的关系不是单极的而是双向互动的，人民和文艺正是在这种互动、互塑中获得进一步发展。

---

① 列宁：《社会民主党在民主革命中的两种策略》，载《列宁全集》第 11 卷，人民出版社 2017 年版，第 116—117 页。

② 冯雪峰：《现实主义在今天的问题》，载《雪峰文集》第 2 卷，人民文学出版社 1983 年版，第 169 页。

（一）"人民需要艺术，艺术更需要人民"

邓小平提出"人民需要艺术，艺术更需要人民"，这可作为建立文艺与人民新型关系的基础。"人民需要艺术"是因为人民需要艺术来表达自己的心声，需要艺术来满足丰富多彩的精神生活，从更高的要求说，人民需要在艺术熏陶中得到升华。"艺术更需要人民"则是强调文学艺术对人民的依赖关系。有位叫德索（Max Dessoir）的德国美学家对此持否定态度，他说："人们常说，艺术一旦脱离了群众便会变质。但我倒认为，一旦把艺术献给了人民，那么艺术就给毁了。"①此话若用于批判媚俗还有其合理性，但从文艺与人民的关系看则大谬。

人民是艺术的母亲和源泉，艺术对人民的依赖不仅表现在现实生活中人民的丰富性和差异性为文艺提供多样的书写，为文艺带来富有时代感的新内容和新形式，而且表现在人民中潜藏着巨大的渴求改变的能量，而这种要求改变的能量构成了推动文学艺术不断创新的原动力。能否创作出优秀的作品来满足人民的精神需求不仅关系到文学艺术的兴衰，甚至关系到文学艺术的生存。在这种交互过程中，文学艺术将会越来越走向人民，这是历史的必然。

（二）文学与未来的人民

随着对人民概念辨析的深入，我们蓦然发现，人民的形象与原来不一样了，变得更为积极和开放。"未来的人民"（People to Come）是德勒兹在讨论卡夫卡的创作时提出的一个概念："卡夫卡的创作所指向或召唤的是某种未来的人民，但即使就这一人民来说，它也不是先存在那儿的。"②也就是说，德勒兹致力于"发明"的不是已在那里的人民，而是一种新的"人民"，一种具有多种可能性的"人民"。在德勒兹看来，真正的文学家总是那些能为世界提供新的可能性、新的气息和新的生命力量的人。

"未来的人民"的提出进一步丰富了"人民"的概念，中国形态的人民

---

①　[德] 玛克斯·德索：《美学与艺术理论》，兰金仁译，中国社会科学出版社 1987 年版，第429 页。

②　Gilles Deleuze & Félix Guattari, *Kafka, Pour une Littérature Mineure*, Paris: Les Éditions De Minuit, 1975, pp. 29–50.

形象将从两方面延展：一方面，文学创作不仅需要面对现有的人民群众，而且可以通过展示新的感受、新的意象，表现具有超越性的艺术理念，召唤正在生成中的"未来的人民"；另一方面，"未来的人民"不再限于从事某一种职业，劳动与艺术都将成为他们生活的方式，他们既是艺术的享受者又是艺术的创造者。这一预言曾出现在马克思恩格斯的《共产党宣言》中，而在今天正逐渐变成现实。德勒兹"未来的人民"身份的多重性，与马克思所说的未来社会中人的身份的多样性有异曲同工之妙。

这种新型的人民带给文学的影响是深远的，它可能会呈现出一些新的发展趋势。未来人民的多重身份不仅使创作主体和接受主体的身份出现轮换和模糊，而且给文学创作和接受带来了新的体验、新的样式。在未来的文学史上，我们将看到别一样的人物、别一样的世界。未来的人民和文学将会走得更近，这是时代的惠赠。文学与人民也在交互中各自改变，其指向则是共同创造幸福的生活。

简言之，人民概念的提出和完善为中国形态注入了生命活水，它将与民族、政治等概念一起构成中国形态的基本特质，成为区别于马克思主义文学批评其他形态的显著标志。

第二章　民族——全球化语境下
中国形态的新维度

　　民族及其相关问题是当今无法回避的现实问题和前沿问题，中国形态引进民族维度遂成为一种必然和必须。

　　中国形态民族维度的提出和研究首先是因为来自全球化的挑战。与世界一体化进程相伴的是对这种一体化的抵制，人们反思全球化带来的问题，警惕文化和语言被殖民，民族问题的重要性和迫切性在全球化这一新的历史条件下凸显出来。事实上，中国当代文学批评的建设始终处于抗拒中的同化和同化中的抗拒这样一种纠结中。一方面，中国批评界迫切希望参与世界对话；另一方面，学者们更为强烈地意识到自己的文化身份和知识背景，"寻找回家的路"成为21世纪一批从事中国文学批评的学者的自觉意识。在这个意义上，民族意识的回归是全球化的产物。

　　在当代中国文学批评的诸种模式中，文学作品中的社会、历史、政治、文化、形式等逐一成为批评关注的对象，而民族这个维度却一直被忽略，沦为一个被社会、文化、政治遮蔽的概念①。这是提出民族维度的又一重要原因。民族维度之所以在中国当代文学批评中缺席，也许与人们对民族概念的认识和评价有关。民族这个概念看似简单明了，实则有很多陷阱，且长期以来人们对其认识不一，毁誉参半。法国学者吉尔·德拉诺瓦（Gil Delannoi）说："民族是比国家或市场更为难以把握的实体，其难以把握尤其

---

① 民族概念历来在历史学、社会学、人类学和政治学中多有讨论，且论争不断，文学批评中的民族性问题在欧洲浪漫主义文学批评家和俄国革命民主主义批评家中也多有涉及。本书中主要指中国当代文学批评中缺乏鲜明的民族维度。

源于其看似自然实则难解。"① 美国社会学家查尔斯·蒂利（Charles Tilly）将其描述为"在政治词典中最令人迷惑和具有倾向性的术语之一"②。要建构中国形态的民族维度，有必要对民族及其相关问题作重新审视和辩证研究。

尽管民族这个概念颇为含糊，但中国文学创作和批评中的民族因素一直没有缺席过，这也是民族维度提出的文学基础。近代以来，"救亡图存"成为民族意识勃发的土壤，民族情怀已经深深镌刻在国人的文学创作和批评之中。许多优秀的文学作品通过启蒙和救亡的主题表达出民族复兴的强烈愿望。文学批评领域围绕民族问题的论争也绵延不断，中西体用之争、文艺民族形式的讨论等均与民族相关。在当代中国，文学创作和文学批评所遭遇的诸多论争都直接或间接地指向了民族及相关问题。事实上，若离开民族这个因素，我们已经很难理解近代以来的中国历史和文学了。

第一节　民族概念辨析

提出中国形态的民族之维，首先需要对民族（Nation）概念加以考辨。厘清不同术语的边界，是研究中国形态民族之维的前提。

一、Nation 及其相关概念

现代汉语中的"民族"一词译自英文 Nation。汉语中"族"含"矢"，即保卫之意，并且古代中国早期"族"的观念强调的是正统，诸如"天下""华夏""中土""炎黄子孙"等，用于与狄、蛮区别。现在"民族"这个词汇自从与英文 Nation 对应后，虽然其语义与原来的"族""华夏"等有一定关联，但其所指已经与之有了相当的差异。

---

① ［法］吉尔·德拉诺瓦：《民族与民族主义》，郑文彬、洪晖译，生活·读书·新知三联书店 2005 年版，"序"第 19 页。

② Charles Tilly, "Reflections on the History of European State-Making", *The Formation of National States in Western Europe*, Princeton: Princeton University Press, 1975, p. 6.

（一）Nation 概念

"Nation"一词源于罗马时代的 natio，由拉丁文 nasci（出生、出身）的过去分词 natus 转化而来。古罗马词 natio 进入古法语后演变成为 nacion，后来移到英语中成为现在所见的 nation。[①] 据中国民族学家黄现璠等的整理与研究，经过宗教改革和 1640 年清教徒革命，宗教性"契约民"和世俗化"新型契约民"汇集成为 Nation（国民共同体）。[②]

自 Nation 这个概念形成以来，西方学者有不同的理解和解释，使用范围也比较宽泛，但其基本含义指现代民族，是现代历史的产物。马克思主义经典作家认为，民族孕育于中世纪，工业革命、宗教改革、资产阶级革命等是促成民族这一新型的人类组织形式的推动力，并认为虽然民族在今后很长一段时期内仍然存在，但民族和国家并不是未来历史的终极形态。

恩格斯在《论封建制度的瓦解和民族国家的产生》一文中揭示了西方现代民族形成的历史进程，并将现代意义的民族的出现与语言联系起来："语族一旦划分（撇开后来的侵略性的和毁灭性的战争，例如对易北河地区斯拉夫人的战争不谈），很自然，这些语族就成了建立国家的一定基础，民族 [Nationalitäten] 开始向民族 [Nationen] 发展。"[③] 在对语言和民族的关系作进一步解释的基础上，恩格斯从历史发展的高度肯定了中世纪在民族国家形成上的贡献："虽然在整个中世纪时期，语言的分界线和国家的分界线远不相符，但是每一个民族 [Nationalität]，也许意大利除外，在欧洲毕竟都有一个特别的大的国家成为其代表；所以，日益明显日益自觉地建立民族国家 [nationale Staaten] 的趋向，成为中世纪进步的最

[①] 关于"Nation"词源与其内涵的演变，可参见时殷弘：《国际政治——理论探究·历史概观·战略思考》，当代世界出版社 2002 年版，第 173 页；Guido Zernatto, "Nation: The History of a Word", *Review of Politics*,1944（6）；Liah Greenfeld, *Nationalism: Five Roads to Modernity*, Cambridge: Harvard University Press, 1993, pp.6–9。

[②] 黄现璠、甘文杰、甘文豪：《试论西方"民族"术语的起源、演变和异同（二）》，《广西社会科学》2008 年第 2 期。

[③] 恩格斯：《论封建制度的瓦解和民族国家的产生》，载《马克思恩格斯文集》第 4 卷，人民出版社 2009 年版，第 219 页。

重要的杠杆之一。"① 民族国家的形成较之城邦无疑是一种进步，民族国家的建立为世界历史揭开了新的一页。

(二) Nation 与 Race（种族）、Ethnicity（族群）

作为现代民族的 Nation 与其他英文概念 Race②、Ethnicity 既有联系又有区别。对这三个概念的辨析将有助于我们辨析汉语民族在运用中的混淆，并进一步厘清汉语民族的边界。

Race 主要指人的生理特质相同的人群，如黄种人、白种人、黑种人等，它在范围上可以大于 Nation，也可以小于 Nation。也就是说，种族可以存在于多个民族中，一个民族也可以包容不同种族。与 Nation 所具有的文化政治内涵相比，Race 的研究指向更趋于遗传学。

Ethnicity 主要源自古代原始社会具有血缘关系的群体，这个概念较为复杂和含混，其边界和历史很难作清晰的界定。根据恩格斯的观点，这个"族"是建立在血缘的基础上，是在家庭、部落的基础上逐步发展起来的，"血统联盟……是整个民族制度的基础"③。不过，"民族不是族群（Ethnic Community），因为尽管两者有某种重合并都属于同一类现象（拥有集体文化认同），但是族群通常没有政治目标，并且在很多情况下没有公共文化；且由于族群并不一定要有形地拥有其历史疆域，因此它甚至没有疆域空间。"④ 当今的民族特别是移民国家，群体之间的血缘关系已经淡化。

由于 Ethnicity 内含文化传承，可视为民族的雏形。当今的 Ethnicity 主要指民族国家中的不同族裔，如中华民族中的少数族裔可对应于 Ethnicity，这样就可将"民族"与"族群"区分开来。不过，为了更贴近中国少数民族的历史和现状，笔者认为汉语中的少数民族直接音译为 Minzu 更为合适⑤。

---

① 恩格斯：《论封建制度的瓦解和民族国家的产生》，《马克思恩格斯文集》第 4 卷，人民出版社 2009 年版，第 219 页。

② 第二次世界大战后，"Race"（种族）这个词多呈负面意义。

③ 恩格斯：《法兰克时代》，载《马克思恩格斯全集》第 25 卷，人民出版社 2001 年版，第 257 页。

④ ［英］安东尼·史密斯：《民族主义——理论、意识形态、历史》（第二版），叶江译，上海人民出版社 2011 年版，第 12 页。

⑤ 少数民族用"Nation"不合适，用"Ethnicity"或者"Race"也不够准确。目前中央民族大学已译为 Minzu University of China，而国内大多数民族院校校名英译仍为 Nation 或 Nationalities。

二、Nation 与中华民族

Nation 作为现代民族的含义出现在中世纪结束之后，而"中华民族"作为一个初具民族意识的概念则诞生于封建王朝即将崩溃之际。中国现代民族意识是 19 世纪中叶传统族类意识面临西方冲击时转换变化的结果。

（一）"中华民族"概念的提出

1901 年，梁启超发表《中国史叙论》一文，首次提出了"中国民族"的概念，并将中国民族的演变历史划分为三个时代。"第一上世史，自黄帝以迄秦之一统，是为中国之中国，即中国民族自发达自竞争自团结之时代也"；"第二中世史，自秦统一后至清代乾隆之末年，是为亚洲之中国，即中国民族与亚洲各民族交涉繁赜竞争最激烈之时代也"；"第三近世史，自乾隆末年以至于今日，是为世界之中国，即中国民族合同全亚洲民族与西人交涉、竞争之时代也"。[①] 这三个时代的划分展示了中国文化空间概念的延伸，中国民族逐步成为世界体系的一部分。

1902 年，梁启超在《论中国学术思想变迁之大势》中使用了"中华"[②] 一词："立于五洲中之最大洲而为其洲中之最大国者谁乎？我中华也。人口居全地球三分之一者谁乎？我中华也。四千余年之历史未尝一中断者谁乎？我中华也。"[③] 梁启超在文章中表明，他所使用的中华民族主要指夏商以降不断发展的汉族，之所以用"中华"取代"汉"是因为汉是后起的朝代，不足"冒我全族之名"。[④] 在后来的论述中，梁启超进一步指出了中华民族"多元混合"的特点，他说："悍然下一断案曰：中华民族自始本非一族，实有多数民族混

---

① 梁启超：《中国史叙论》，载《饮冰室合集》第 3 册，中华书局 2015 年版，第 471—472 页。

② 据王树民先生文献考证，"中华"一词最初用于天文方面，将世间宫城比拟天宫构造，天宫东西两面各有三个门，中间之门则从"中国"与"华夏"二名号中各取一字以"中华"命名，两旁者则以太阳和太阴命名。《晋书·天文志》称《天文经星》为魏晋时期太史令陈卓所作，故"中华"一词最晚当定于魏晋时期。参照天宫的命名，南北朝时期的统治者多以"中华"为其宫门。（参见王树民：《中华名号溯源》，《中国历史地理论丛》1985 年第 1 期。）

③ 梁启超：《论中国学术思想变迁之大势》，载《饮冰室合集》第 3 册，中华书局 2015 年版，第 577 页。

④ 梁启超：《论中国学术思想变迁之大势》，载《饮冰室合集》第 3 册，中华书局 2015 年版，第 580 页。

合而成。"① 这里，梁启超虽然还未跳出汉族框架，但已经看到了民族的融合能力。顺便提及的是，关于"中国"和"中华"的区别，王树民先生这样解释："'中华'名号通行以后，因言者的出发点不同，所表达之意或有出入，正如'中国'一名，一般的为指我国全境，而有时则特指中原地区。值得注意的是，'中华'名号不仅表示一定的地域，更表示一定的文化和具有这种文化的人，这一点为其他各名号所不及。"② 这虽是他的个人之见，但也不无启发意义。

（二）中华民族的"一"与"多"

1931 年，日本侵占东北并开始伸向华北，中华民族认同的意识高涨，构建全民族的抗日统一战线成为这个时代的共识："中华民族到了最危险的时候，每个人被迫着发出最后的吼声。起来！起来！起来！"1938 年始，中国抗日战争进入最艰苦的时期，其间顾颉刚先生在云南昆明创办的《益世报·边疆周刊》发表了《中华民族是一个》的文章，这一论争使中华民族的定义有了新的发展。顾先生在文章中强调，在中国只存在一个中华民族，而把中国的汉、满、蒙、回、藏等称为"民族"，是帝国主义分化和瓦解中国的策略和阴谋。顾先生的这一观点表达了当时学者对国家的赤诚之心，具有鲜明的时代性和政治性，同时顾先生也看到了中华文化在历史发展中的强大的包容性，"中华民族"的概念更为清晰。当时刚从英国学习人类学回国不久的费孝通先生曾撰文表达了不同意见，认为不必否认中国境内有不同的文化、语言和体制的群体，关键是"组成国家的分子都能享受平等"③。顾先生为此又专门写了两篇文章予以作答。1993 年，费先生在《顾颉刚先生百年祭》一文中重提这一论争，他表示："顾先生自有他的想法，我已无法当面请教他了。但是我相信，如果人神可通，他一定不会见怪我旧事重提，因为历史发展本身已经答复了我们当时辩论的问题。答案是中华民族既是一体，又是多元，不是能一不能多，能多不能一。"④

---

① 梁启超：《历史上中国民族之观察》，载《饮冰室合集》第 11 册，中华书局 2015 年版，第 7300 页。
② 王树民：《中华名号溯源》，《中国历史地理论丛》1985 年第 1 期。
③ 费孝通：《关于民族问题的讨论》，《益世报·边疆周刊》1939 年第 19 期。
④ 费孝通：《顾颉刚先生百年祭》，载《费孝通全集》第 14 卷，内蒙古人民出版社 2009 年版，第 270 页。

　　简言之，如果从梁启超这篇文章算起，中华民族的观念问世不过百余年。此后一些历史学者试图以统一的多民族的中国国家为立论点，梳理各民族共同生活、共同融合的历史脉络，重建中华民族本土源流的历史体系。① 可以说，近代以来出现的中华民族的概念才是一个具有现代民族意识的概念。"'中华民族'的形成，也是现代民族国家的经济——政治建构的历史过程。标志着中国在政治、经济、科学技术等方面的进步及其相应的历史过程。更加重要的是，社会生存品质和样式，理念体系，个体——群体心性结构，及其相应的文化制度，全面和现代性接轨，同时标志着中华民族在现代化的总趋势的推动下被纳入了世界体系。"② 西方 Nation 对应的正是这个统一的多民族的中华民族。

　　基于此，中国形态的民族概念的特定指向为中华民族，中国形态民族维度的研究对象为中华民族的精神产品及相关问题。

第二节　马克思主义经典作家论民族

　　以往人们提到马克思恩格斯的民族理论，就想到《共产党宣言》中的口号——"工人没有祖国"，似乎马克思恩格斯的社会解放学说就是主张国际主义，而对民族理论持否定态度。一些西方马克思主义者也对马克思主义经典作家的民族理论持消极态度。③ 其实，马克思恩格斯对民族问题有相当深

---

① 这种研究范式的早期例子以王桐龄撰写的《中国民族史》系列文章为代表。（参见冯建勇：《想象的民族（国家）与谁的想象——民国时期边疆民族问题话语的双重表述》，《领导者》2015 年第 8 期。）

② 徐迅：《民族主义》，中国社会科学出版社 1998 年版，第 129 页。

③ 维斯特里奇（Robert Wistrich）在为一本书撰写的述评中指出："多数马克思主义者认为民族国家不过是资产阶级和无产阶级革命之间的过渡。托洛茨基、罗莎·卢森堡等国际马克思主义者认为'资产阶级'民族主义会败坏社会主义的前途。列宁和斯大林则只是意识到民族主义的策略性用途，普适性的阶级革命仍然是他们进行政治分析和想象的范畴。"（孟悦：《〈泰晤士评论〉：民族主义与社会主义》，《读书》1998 年第 6 期。）本书作者曾请教过美国马克思主义批评家詹明信（Fredric Jameson），他表示未系统研究过马克思的民族理论，并拒绝对其作进一步解读。

入的思考，关于民族的著述也十分丰富，① 不少学者已对他们的民族理论作过专门研究②。鉴于对马克思恩格斯民族理论的理解和阐释有不同声音，为回应对马克思恩格斯民族理论的非议，这里仅扼要梳理和辨析马克思恩格斯民族理论中涉及民族和阶级、民族和国际主义等关系的重要观点，以了解和把握经典作家研究民族问题的立场和方法。

一、民族和阶级

马克思主义经典作家关于民族的研究同样是基于唯物史观的立场。就民族与阶级的关系而言，马克思恩格斯虽然强调了阶级的主导地位，但他们对民族和阶级关系的富有辩证意味的阐述，对把握全球化时代民族国家和文化之间的关系具有重要意义。

（一）阶级问题主导民族问题

基于无产阶级立场，马克思恩格斯认为民族问题会在一定程度上削弱阶级斗争，因此他们在论述民族问题时，多数情况下会与阶级联系起来。

马克思恩格斯看到，统治者往往会利用民族问题掩饰阶级矛盾和社会问题。例如，资产阶级往往一方面通过民族主义为剥削国内工人的行径提供合法性，另一方面利用民族主义反对外来竞争者。"统治阶级只有靠民族斗争和民族矛盾才能继续执掌政权和剥削从事生产劳动的人民群众"③，使资产阶级的统治永世长存。同时马克思还痛批了德国资产阶级狭隘、保守和虚假的民族观，揭露了资产阶级的两面性："资产阶级的纯正的爱国主义……由于他们的金融、商业和工业活动已带有世界的性质，这种爱国主义现在已只剩下一个骗人的幌子。"④ 因为资产阶级与生俱来就具有世界性

---

① 这里主要研究马克思与恩格斯民族著述中的相关问题，略去两人的不同之处。

② 参见华辛芝：《马克思、恩格斯关于民族问题的著作概述》，《世界民族》1998年第2期。

③ 马克思：《马克思致保尔·拉法格(1871年3月23日)》，载《马克思恩格斯全集》第33卷，人民出版社1973年版，第198页。

④ 马克思：《〈法兰西内战〉初稿》，载《马克思恩格斯文集》第3卷，人民出版社2009年版，第211页。

扩张的冲动，故马克思恩格斯认为资产阶级利用民族问题是他们的一种障眼法。并且，有些民族主义是逆历史潮流而动的，例如泛斯拉夫人组成联盟，反对革命中的奥地利，恩格斯认为"它显然是反动的"①。特别是当民族国家对无产阶级的国际联合构成阻碍后，民族就沦为"一种反动落后的东西"。

从无产阶级的利益出发，马克思恩格斯主张阶级问题主导民族问题，阶级利益高于民族利益。在《共产党宣言》中，马克思主义经典作家指出："如果不就内容而就形式来说，无产阶级反对资产阶级的斗争首先是一国范围内的斗争。每一个国家的无产阶级当然首先应该打倒本国的资产阶级。"②无产阶级首先要做的是与国内的资产阶级较量，只有实现了阶级解放，才能获得民族解放。在《〈法兰西内战〉初稿》中，马克思明确表示："工人阶级的政府所以必要，首先是为了拯救法国，为了使法国免于统治阶级将带给它的毁灭和腐化；夺去这些阶级（已经丧失了治理法国能力的阶级）的政权是拯救民族的必要条件。"他强调："工人阶级的政府只有致力于工人阶级自身的解放才能拯救法国，完成民族事业，因为工人阶级解放的条件同时也就是法国复兴的条件。"③这里工人阶级的解放是民族复兴的前提和条件，"无产阶级对资产阶级的胜利同时就是一切被压迫民族获得解放的信号"④。

也正是根据这一理念，马克思恩格斯提出了那个著名的"工人没有祖国"的口号。具体说来，"工人没有祖国"是在回答"共产党人要取消祖国，取消民族"的责难这一特殊情况下提出的。工人阶级没有特殊利益，因此也就没有民族偏见。"全世界的无产者却有共同的利益，有共同的敌人，面临着同样的斗争；所有的无产者生来就没有民族的偏见，所有他们的修养和举动实质上都是人道主义的和反民族主义的。只有无产者才能够消灭各民族的隔

---

① 恩格斯：《匈牙利的斗争》，载《马克思恩格斯全集》第6卷，人民出版社1961年版，第200页。

② 马克思、恩格斯：《共产党宣言》，载《马克思恩格斯选集》第1卷，人民出版社2012年版，第412页。

③ 马克思：《〈法兰西内战〉初稿》，《马克思恩格斯文集》第3卷，人民出版社2009年版，第209—210页。

④ 马克思：《关于波兰的演说》，载《马克思恩格斯选集》第1卷，人民出版社2012年版，第314页。

离状态，只有觉醒的无产阶级才能够建立各民族的兄弟友爱。"① 由此，马克思恩格斯将人类解放的目光投向无产阶级，他们认为只有无产阶级才能消除这种隔离。

（二）民族和阶级两者关系的复杂性

在研究民族矛盾和阶级斗争的关系时，马克思清醒地认识到这一关系的复杂性，并作出了有远见的分析。

在一些特殊的语境下，马克思认为民族主义是应该被肯定的，如当时的爱尔兰对英帝国的反抗马克思就认为是合理的，他的建议包括"自治和脱离英国而独立"和"实行保护关税制度以抵制英国"等②。显然，马克思的这些观点是基于被压迫民族的立场，以及他伸张的弱小民族的正义。

马克思还天才地看到了工人阶级内部的竞争，即一个民族的工人阶级反对另一个民族的工人阶级。马克思说，当爱尔兰受到大不列颠奴役时，"英国所有工商业中心的工人阶级现在都分裂为英国无产者和爱尔兰无产者这样两个敌对阵营。普通的英国工人憎恨爱尔兰工人，把他们看做会降低自己生活水平的竞争者。英国工人在爱尔兰工人面前觉得自己是统治民族的一分子，正因为如此，他们就把自己变成了本民族的贵族和资本家用来反对爱尔兰的工具，从而巩固了贵族和资本家对他们自己的统治。他们对爱尔兰工人怀着宗教、社会和民族的偏见。他们对待爱尔兰工人的态度和以前美国各蓄奴州的白种贫民对待黑人的态度大致相同。而爱尔兰人则以同样的态度加倍地报复英国工人。同时，他们把英国工人看做英国对爱尔兰统治的同谋者和愚笨的工具。"③ 在这封信中，马克思不仅指出了民族和阶级关系的错综复杂性，而且看到了工人阶级内部的竞争这一全球化时代日益尖锐的问题。

---

① 恩格斯：《在伦敦举行的各族人民庆祝大会》，载《马克思恩格斯全集》第 2 卷，人民出版社 1957 年版，第 666 页。

② 参见马克思：《马克思致恩格斯（1867 年 11 月 30 日）》，载《马克思恩格斯文集》第 10 卷，人民出版社 2009 年版，第 272 页。

③ 马克思：《马克思致齐格弗里德·迈耶尔和奥古斯特·福格特（1870 年 4 月 9 日）》，载《马克思恩格斯选集》第 4 卷，人民出版社 2012 年版，第 484—485 页。

二、民族和国际主义

在研究当时的国际形势时，马克思恩格斯愈益明确地认识到民族问题与人类解放事业的关联。他们关于民族和国际主义关系的论述同样具有辩证色彩。马克思关于民族的独立和统一，关于各民族的平等和自由的联合等观点对于当今全球化语境下把握国际关系具有重要的理论价值和现实意义。

（一）民族沙文主义批判

对民族沙文主义的批判是马克思恩格斯关于民族问题的又一方面。这一点可以从他们对犹太民族和德国民族的批评中看出。作为犹太人的马克思对犹太人妄自尊大的民族观予以了批判："犹太人对待国家也只能按照犹太人的方式即把国家看成一种异己的东西：把自己想象中的民族跟现实的民族对立起来……以为自己有权从人类分离出来，决不参加历史运动，期待着一种同人的一般未来毫无共同点的未来，认为自己是犹太民族的一员，犹太民族是神拣选的民族。"[①] 在描述德国时，马克思指责德国"既表现为自大又表现为自卑的狭隘性"[②]。恩格斯也针对阿伦特等人主张把德意志民族置于世界民族之上的观点给予尖锐的嘲讽，他们"期待着各民族跪在自己脚下乞求指点迷津，它正是通过这种漫画化的、基督教日耳曼的唯心主义，证明它依然深深地陷在德国民族性的泥坑里"[③]，并且认为这种披着"虚假的普遍主义和世界主义"外衣的小市民的民族主义比公开的民族狭隘性"更加令人作呕"。

在伦敦举行的纪念 1830 年波兰起义十七周年的国际大会上，恩格斯针对德国瓜分波兰的行径，提出了一个很著名的观点："一个民族当它还在压迫其他民族的时候，是不可能获得自由的。"[④] 这是因为建立在压迫、奴役、

---

① 马克思：《论犹太人问题》，载《马克思恩格斯文集》第 1 卷，人民出版社 2009 年版，第 22 页。

② 马克思：《〈黑格尔法哲学批判〉导言》，载《马克思恩格斯选集》第 1 卷，人民出版社 2012 年版，第 4 页。

③ 马克思、恩格斯：《神圣家族，或对批判的批判所做的批判》，载《马克思恩格斯文集》第 1 卷，人民出版社 2009 年版，第 354—355 页。

④ 马克思、恩格斯：《关于波兰的演说》，载《马克思恩格斯选集》第 1 卷，人民出版社 2012 年版，第 314 页。

掠夺基础上的民族间的依附关系是播种仇恨的，"德国将来自由的程度要看它给予毗邻民族的自由的多少而定。""毗邻民族的自由是他们本身自由的保障"①。并且，对其他民族的奴役也会同时奴役民族内部。恩格斯对某个民族试图领导世界的幻想作出断言："一个民族妄想领导其他所有民族的时代已经一去不复返了。"② 这一口号为当今世界各国反对霸权提供了理论的先声。

（二）殖民问题辨

马克思在《不列颠在印度统治的未来结果》一文中谈到了殖民对印度的基础设施的改造和物质生产的推进。据此，后殖民主义者曾指责经典马克思主义关于殖民问题的观点是不正确的。关于这一问题，需要放在特定的语境下来理解。当时的印度极度落后，人们过着一种"有损尊严的、停滞不前的、单调苟安的生活"③。英国殖民者在印度的基础设施建设和商业交流对印度的社会发展起到了推动作用。英国殖民者不仅通过铁路建设使印度各邦联系起来，而且通过贸易将印度同西方的世界联结在一起，"使印度摆脱了孤立状态，而孤立状态是它过去处于停滞状态的主要原因"④。马克思是从历史发展的角度肯定这一进步的，英国殖民者为了他们自身的利益，"充当了历史的不自觉的工具"⑤。

马克思在这篇论文中也表达了对印度人民苦难的同情和对殖民者的批判。马克思指出，英国资产阶级在印度所实行的一切"既不会使人民群众得到解放，也不会根本改善他们的社会状况，因为这两者不仅仅决定于生产力

① 恩格斯：《德国的对外政策》，载《马克思恩格斯全集》第 5 卷，人民出版社 1958 年版，第 178 页。
② 恩格斯：《致劳·拉法格（1892 年 10 月 14 日）》，载《马克思恩格斯全集》第 38 卷，人民出版社 1972 年版，第 494 页。
③ 马克思：《不列颠在印度的统治》，载《马克思恩格斯选集》第 1 卷，人民出版社 2012 年版，第 854 页。
④ 马克思：《不列颠在印度统治的未来结果》，载《马克思恩格斯选集》第 1 卷，人民出版社 2012 年版，第 858 页。
⑤ 马克思：《不列颠在印度的统治》，载《马克思恩格斯选集》第 1 卷，人民出版社 2012 年版，第 854 页。

的发展，而且还决定于生产力是否归人民所有"①。也就是说，英国的殖民者并没有给人民带来真实的利益，而要解决这一问题则需要在生产关系上发生变革。此外，马克思还提到征服者与被征服者的文明的较量和转化："野蛮的征服者，按照一条永恒的历史规律，本身被他们所征服的臣民的较高文明所征服。"②这一命题揭示了文明发展的某些规律和特点，同样具有深刻的历史意义。

因此，我们对马克思关于殖民问题的看法需要作全面的研究，关键是把握马克思研究问题的立场和方法，在具体语境中加以分析。当然，马克思本人的思想观念也有一个形成和成熟的过程。

（三）民族与国际主义的关系

关于民族与国际主义的关系，经典马克思主义也作了精辟且富有辩证意味的阐发。作为世界格局的一部分，民族的独立和平等是国际主义的前提。恩格斯明确指出："真正的国际主义无疑应当以独立的民族组织为基础。"③以波兰为例，"只有在波兰重新争得了自己的独立以后，只有当它作为一个独立的民族重新掌握自己的命运的时候，它的内部发展过程才会重新开始，它才能够作为一种独立的力量来促进欧洲的社会改造。"④"不恢复每个民族的独立和统一，那就既不可能有无产阶级的国际联合，也不可能有各民族为达到共同目的而必须实行的和睦的与自觉的合作。"⑤没有各民族的独立和统一，就没有真正的国际合作与和平。马克思恩格斯还通过反对虚假的国际主义来进一步强调民族的独立和自主。恩格斯指出："如果属于统治民族的国

---

① 马克思：《不列颠在印度统治的未来结果》，载《马克思恩格斯选集》第1卷，人民出版社2012年版，第861页。

② 马克思：《不列颠在印度统治的未来结果》，载《马克思恩格斯选集》第1卷，人民出版社2012年版，第857页。

③ 恩格斯：《关于各爱尔兰支部和不列颠联合会委员会的相互关系》，载《马克思恩格斯全集》第18卷，人民出版社1964年版，第87页。

④ 恩格斯：《支持波兰》，载《马克思恩格斯全集》第18卷，人民出版社1964年版，第630页。

⑤ 马克思、恩格斯：《〈共产党宣言〉1893年意大利文版序言》，载《马克思恩格斯选集》第1卷，人民出版社2012年版，第397页。

际会员号召被征服的和继续受压迫的民族忘掉自己的民族性和处境,'抛开民族分歧'等等,这就不是国际主义,而只不过宣扬向压迫屈服,是企图在国际主义的掩盖下替征服者的统治辩护,并使这种统治永世长存。"①从中我们可以清楚地看到经典马克思主义有关民族独立的思想,同时恩格斯揭露的这种虚假国际主义现象至今仍然存在,各国人民应该认清并警惕。

马克思恩格斯还指出,要真正实现国际主义,需要民族内部的切实发展,这同样是非常深刻的。"各民族之间的相互关系取决于每一个民族的生产力、分工和内部交往的发展程度。"②民族联合的前提在于各民族内部的发展。"不顾各族人民的历史状况和社会发展阶段而硬要把它们联合起来建立各族人民普遍的兄弟同盟的理论"③,是不可取的,这是一方面。另一方面,民族的独立和国际主义互为前提。独立的各民族之间需要互相联系,"每一民族都依赖于其他民族的变革"④,民族之间需要交往,民族的隔绝状态将导致衰落。人类解放是以"生产力的普遍发展和与此相联系的世界交往为前提的"⑤。虽然革命可能会在一个国家取得胜利,但在全球化的今天,各国政治经济错综复杂地交织在一起,单独一个民族是很难实现马克思的社会思想的。

国际主义是以各民族的独立、统一、自主为前提的,各民族的交流与沟通是人类文明得以延续和发展的推动力。可以说,马克思恩格斯的人类解放的理想是这样一种国际主义(International):各个独立的民族的自由联合。它与世界主义(Cosmopolitanism)⑥有着根本的区别,国际主义是"Inter-

---

① 恩格斯:《关于各爱尔兰支部和不列颠联合会委员会的相互关系》,载《马克思恩格斯全集》第 18 卷,人民出版社 1964 年版,第 87 页。

② 马克思、恩格斯:《德意志意识形态》,载《马克思恩格斯文集》第 1 卷,人民出版社 2009 年版,第 520 页。

③ 恩格斯:《民主的泛斯拉夫主义》,载《马克思恩格斯全集》第 6 卷,人民出版社 1961 年版,第 326 页。

④ 马克思、恩格斯:《德意志意识形态》,载《马克思恩格斯文集》第 1 卷,人民出版社 2009 年版,第 538 页。

⑤ 马克思、恩格斯:《德意志意识形态》,载《马克思恩格斯文集》第 1 卷,人民出版社 2009 年版,第 539 页。

⑥ "世界主义"是一个政治概念,即要求所有的人都摒弃民族和国家的狭隘观念,视整个人类为自己的同胞,通过直接归属一个单一的联邦国家,摆脱由国境、人种歧视等引起的不必要的战争,达到永久性的和平。

national", 而不是一种整体主义。

马克思主义经典作家关于民族问题的理论非常精彩, 它们构成了中国形态民族维度的理论指南。这不仅因为马克思主义经典作家民族理论中有些观点至今仍具有现实的针对性, 有助于辨识和抵制资本主义的全球渗透, 更为重要的是马克思主义经典作家在民族问题上所坚持的历史的辩证的观点对今天研究民族问题提供了方法论上的指导, 这正是马克思恩格斯民族理论的当代意义所在。随着时代的变化, 我们最好把马克思主义定位于"理论与实践的统一"。马克思主义本身是开放的, 它的民族理论同样需要发展, 而马克思主义所具有的革命性、批判性和它的辩证思维能力使它充满自我更新的活力。

第三节　中国形态的民族观

囿于当时无产阶级革命的严峻现实, 马克思的民族理论未能充分展开, 这就为中国形态的民族研究留下了空间。对于中国马克思主义文学批评而言, 民族概念是中国革命和建设中的一个非常重要的问题, 正如伊格尔顿所说的那样, 中国马克思主义把民族诉求深深地渗入自己的理论探索和历史实践的血液中。[①] 中国形态需将民族问题置于特定的历史条件下, 进一步确立自身的民族立场和观念, 从历史和逻辑的角度赋予民族以新的理论特质和内涵。

一、为民族概念正名

"民族"是近代以来在文化和文学中出现频率很高的词汇, 也是一个屡遭误解的概念, 人们对民族的理解和实践不尽相同甚或大异其趣。在马克思主义视域下对民族概念"辨彰清浊", 是中国形态要做的基础性工作。

---

① [英]特里·伊格尔顿:《马克思为什么是对的》(特装本), 李杨等译, 新星出版社2011年版。

（一）民族不是闭关自守

提到民族，人们首先想到的常是独立自主，这是民族生存的基点。但独立自主绝不意味着隔绝或封闭。民族作为一个独立的共同体，正是在与世界"他者"的对比和参照中确立的，民族存在于与其他民族的关系之中，没有他者，就没有民族。因此，民族作为一个关系概念，需要有他者的映照，也需要与他者交流。

中国现代意义上的民族概念的问世不是与世隔绝的产物，而是诞生于国人睁眼看世界的过程中。中国仁人志士的民族意识正是在饱受西方列强屈辱后被激发出来的，并且他们所追求的民族自强不是与这个世界对峙，而是希冀立于世界民族之林。

在全球化的今天，随着资本的跨国流动和互联网的通达，世界已经连在一起，任何民族想置身事外已几无可能。尽管各个民族之间存在着矛盾和冲突，甚至有些矛盾还很尖锐，但作为世界体系的组成部分之一，对抗与依赖并存，许多问题已不可能由某个国家某个政府独自解决了。就民族的发展而言，开放已成为民族得以存在和延续的基本条件。

（二）民族不是回到过去

民族也不能与复古联系起来。有些人提到民族复兴，就想到要发掘和保存传统技艺，甚或恢复传统服饰，这一做法是对民族复兴的误解。民族的发展固然有历史之基，民族文化中固然有精华的东西，但毕竟时过境迁，周而复始的民族是没有希望的。现代民族的兴盛在承继传统的同时还需要在一定程度上与过去断裂，只有摒弃一些陈旧的、不适应社会发展的东西，才能轻装前行。

民族复兴需要弘扬传统文化，但如何看待传统文化则是一个长期没有得到很好解决的问题。对中华传统文化的认识和评价远不是一个简单的肯定或否定就可以完成的。中华传统文化的确拥有一些优秀的品格和基因。"中华民族在长期实践中培育和形成了独特的思想理念和道德规范，有崇仁爱、重民本、守诚信、讲辩证、尚和合、求大同等思想，有自强不息、敬业乐群、扶正扬善、扶危济困、见义勇为、孝老爱亲等传统美德。"[①]其中那些睿智的

---

① 习近平：《在文艺工作座谈会上的讲话》，人民出版社 2015 年版，第 25—26 页。

理念经过时间的检验已成为人类文化的瑰宝，提炼和发扬中华文化的优秀基因是时代赋予文学和文化工作者的责任。同时，很多问题都是二律背反、利弊参半的，如老子的不争、庄子的无为、道家的清净、释家的放下，与之相关的还有知足常乐、随遇而安，等等，这些观念又需要辩证分析，"择其善者而从之，其不善者而改之"（《论语·述而》）。

在对传统文化的研究中，还要注意的是，现存古籍是历朝历代统治者和史官、文人编撰而成的，所记载的史料基本都经过了他们的修饰或删节，里面有些鲜活的边缘的东西被压抑或过滤掉了。也就是说，在文本之外，还有很多被遗漏、被歪曲或被删减的东西，包括非物质文化遗产，需要我们从民间和活的口头文化乃至地下遗迹中去搜寻、去验证。即使是现存的古籍也难以穷尽，需要披沙沥金、辨析真伪。中华文化的来源事实上是多源的，其中既有汉文化的传承，又有与其他族裔文化的融合，而在异质融入的过程中，中华文化也会逐步发生改变。因此，在肯定中华民族包容性特质的同时，既要看到异族文化对中华文化的丰富和积极影响，又要辨析异族文化对汉文化的扭曲或伤害。然而后者还未能引起更多的关注和思考。纵观中华文明史，传统文化中的某些劣根性也许与异族文化的侵蚀不无关系。

在对待传统文化与今天的关系上，中国形态的民族观强调着眼于当今和未来。习近平总书记指出："传承中华文化，绝不是简单复古，也不是盲目排外，而是古为今用、洋为中用，辩证取舍、推陈出新，摒弃消极因素，继承积极思想，'以古人之规矩，开自己之生面'，实现中华文化的创造性转化和创新性发展。"[1] 传统的生命力正在于"创造性转化和创新性发展"，否则，传统就是死的东西。关于这一点，美国马克思主义批评家詹明信也认为："我们不再把过去看成是我们要复活、保存、或维持的某种静止和无生命的客体；过去本身在阅读过程中变成活跃因素，以全然相异的生活模式质疑我们自己的生活模式。过去开始评判我们，通过评判我们赖以生存的社会构成。这时，历史法庭的动力出乎意料和辩证地被颠倒过来：不是我们评判过去，而是过去（甚至包括离我们自己的生产模式最近的过去）以其他生产

---

① 习近平：《在文艺工作座谈会上的讲话》，人民出版社2015年版，第26页。

模式的巨大差异来评判我们，让我们明白我们曾经不是、我们不再是、我们将不是的一切。"① 中国形态的民族观不能把过去作为古董保存下来，更不是无条件地接受历史留存的东西，过去的文化对现在的文化具有一种规定性，作为参照和鞭策，促使我们重新审视现在的生活。

民族性与现代性也不是完全矛盾和对立的。不可否认，现代性的确冲击了民族性的某些陈旧的东西，但同时也应看到，现代性为民族性掀开了新的一页。纵观中国近代史，在大多数情况下，现代性不仅不排斥民族性，反而与民族性同向而行。民族的自强是与现代化联系在一起的，新中国正是在现代化的进程中实现着民族的振兴。即使在当今全球化时代，民族的发展可能会遇到阻力，但世界各国的交流乃至交锋也可以转化为民族国家经济或文化腾飞的契机和动力。

（三）民族不是群体对个人的压制

民族与生俱来的群体性是其屡遭质疑的又一问题。民族与个人的关系需要具体分析。在国家危亡之时，个人命运与国家命运系在一起，民族利益高于个人利益，中国历代有志之士在民族危亡之际都用他们的热血捍卫了民族的尊严，谱写了可歌可泣的篇章。在一个动荡的岁月，个人是不可能过上安稳幸福的生活的，所谓"覆巢之下安有完卵"即是此意。

在中国形态的民族概念里，集体和个人并非水火不相容，更不是用群体排斥或压制个人。民族的兴盛应该建立在每个人自由发展的基础上。一方面，个人的价值、尊严、自由、发展和实现的权利是现代民族的基本条件，每个人的奋斗正是民族复兴的基础，完全忽视个人的存在，甚至造成对个体的压制或伤害，民族的发展和繁荣就会出现问题。另一方面，民族应该体现为对生命个体的尊重和个人权益的保护，使个人在自我追求的同时强化民族认同，由此形成集体与个体的互相支撑之势。而在必要的时候，个人甚至可以为民族赴汤蹈火乃至牺牲生命。

---

① ［美］詹明信：《马克思主义与历史主义》，载《晚期资本主义的文化逻辑》，张旭东编，陈清侨等译，生活·读书·新知三联书店1997年版，第155页。

二、中国形态的民族观新释

为了更清楚地阐述民族概念的内涵，中国形态需要在经典马克思主义思想资源的基础上，根据中国社会的特点和时代的发展，从理论上对民族内涵作出新的探索和阐发。

（一）民族是一个历史的概念

美国学者本尼迪克特·安德森（Benedict Anderson）写过一本书，叫《想象的共同体：民族主义的起源与散布》，他在书中主要谈的是民族主义的问题，其中有一个广泛流传的关于民族的定义，即民族是"一种想象的政治共同体"[①]。安德森是在面临民族定义困境的情况下反其道而行之的，也许安德森的"想象"并不是说民族这一共同体是虚构的，而是指这一共同体是凭借集体的认同的力量建构的。尽管他在书中具体阐述了民族起初如何被想象以及被想象之后又如何被模塑和改造的过程，也谈到了想象得以产生的先决历史条件，但他强调的是想象是民族国家得以创制的方式和渠道，民族在他那里只不过是"一种特殊类型的文化的人造物"[②]，或者说是被叙述的文本。安德森的这个概念遭到了人们的质疑。英国民族学家安东尼·史密斯（A. D. Smith）在列出近代关于民族的定义或偏向客观因素或偏向主观因素两大类别后，对安德森的主观"发明"或"想象"说表示异议，他强调民族不能凭空而来，只能在原有族群传统的基础上"重新建构"。他说："通常只要一个现代民族自认为拥有独特的族群历史，所谓'被发明的传统'就会暴露出它事实上更接近于对过去历史的'重新建构'。族群的过去会限制'发明'的挥洒空间。虽然过去可以被我们以各种不同方式'解读'，但过去毕竟不是任何过去，而是一个特定共同体的过去，它具有特定历史事件、英雄人物，以及社会环境的类型。我们绝对不可能任意取用另一个共同体的过去以建构一个现

---

① ［美］本尼迪克特·安德森：《想象的共同体：民族主义的起源与散布》（增订版），吴叡人译，上海人民出版社 2011 年版，第 6 页。

② ［美］本尼迪克特·安德森：《想象的共同体：民族主义的起源与散布》（增订版），吴叡人译，上海人民出版社 2011 年版，第 4 页。

代民族。"①

对于马克思主义者而言，民族从来都是一种历史的存在而不是想象的建构。作为一种历史的存在，尽管人们可以基于不同立场和观点书写不同的民族叙事，但无论怎样想象民族的起源和创制，该民族的基因始终存在，血统、语言、疆域、风俗、宗教等成为现代民族国家的基础。并且在长期的发展中，不同民族形成了不同的历史，构成了不同的民族记忆，这种记忆保存在神话、民间故事与传说、历史文献乃至诗歌等文学作品中。这些神话和传说虽然是叙事性故事，但也不是天马行空的想象，而是基于世世代代繁衍生息的人们的生活记录。民族是历史上形成的人民共同体，正如列宁所说："'没有历史的民族'的例子是任何地方都找不到的（除非在乌托邦），要找，只能到历史的民族之中去找。"② 民族体现为一种在历史过程中形成的群体认同的社会关系，我们没有凭空想象民族的自由，而我们能够做的只是我们如何言说这一历史现象。

民族的历史性还表现为民族的形成是一个过程，群体认同是逐步实现的，而不是一蹴而就的。并且既然民族有它的兴起，那么也必然会有它的式微。在全球化的今天，随着移民遍及世界各地，未来的民族必然带有一定的混杂性和一定程度的趋同性。不过，无论将来民族消亡与否，多元文化仍会长期存在。

（二）民族的核心是文化

关于民族的基本要素，恩格斯在《民主的泛斯拉夫主义》一文中曾列举了几条："具备为独立和维持生命力所必需的历史、地理、政治和工业的条件。"③ 斯大林在《马克思主义和民族问题》中对"民族"的要素作了系统归纳："民族是人们在历史上形成的一个有共同语言、共同地域、共同经济生活以

---

① A. D. Smith, "The Nation: Invented, Imagined, Reconstructed?", *Millennium: Journal of Znternational Studies*, 1991, 20 (3).

② 列宁：《编辑部对老兵的〈民族问题和拉脱维亚的无产阶级〉一文的意见（1914 年 2 月）》，载《列宁全集》第 24 卷，人民出版社 2017 年版，第 372 页。

③ 恩格斯：《民主的泛斯拉夫主义》，载《马克思恩格斯全集》第 6 卷，人民出版社 1961 年版，第 328 页。

及表现在共同文化上的共同心理素质的稳定的共同体。"① 这一定义被认为是马克思主义关于民族的经典定义。应该说,定义中的这些要素对民族的内涵和外延起到了规范和限定的作用,不过,在当今社会,语言、人种乃至经济生活都不足以成为区分民族的根本尺度。② 那么,在这些要素中,哪一种要素更为根本呢?早在 19 世纪,就有人提出:"区分民族的标准既非种族亦非语言。当人们是一个有相同的思想、利益、情感、回忆和希望的群体时,他们就会从内心里感到自己同属一个民族。"③ 这个更深刻的感同身受的内在联系就是文化。④

民族靠文化来维系,"文化是民族生存和发展的重要力量"⑤。文化的界定较多,其中尤以价值观为重。文化作为民族的象征和纽带,表现为群体的一整套共有的理想、价值观和行为准则,并在其成员中起着沟通思想、交流情感和增强凝聚力的作用。文化的力量可以超越族群或种族,在一个民族国家中,不同族裔或肤色的人们能够生活在一个共同的空间,维系他们的正是文化,是共同的价值观念。在这个意义上,文化显然比血缘更为重要。尽管每个民族内部存在异质性,凝聚与拒斥、向心与离心、认同与异己,但作为长期积淀的结晶,每个民族都拥有与其他民族相区别的主导文化。比如,西班牙的哥特式教堂与中国的故宫就迥然相异,这正是不同

---

① 斯大林:《马克思主义和民族问题》,载《斯大林论民族问题》,民族出版社 1990 年版,第 28—29 页。

② 尽管我对本尼迪克特·安德森的"想象的共同体"提出了质疑,但对安德森下面的一段话有同感:"一个显而易见的事实是,尽管今天几乎所有自认的(Self-Conceived)民族——与民族国家——都拥有'民族的印刷语言',但是却有很多民族使用同一种语言,并且,在其他的一些民族中只有一小部分人在会话或书面上'使用'民族的语言。"([美]本尼迪克特·安德森:《想象的共同体:民族主义的起源与散布》(增订版),吴叡人译,上海人民出版社 2011 年版,第 45 页。)

③ [法]吉尔·德拉诺瓦:《民族与民族主义》,郑文彬、洪晖译,生活·读书·新知三联书店 2005 年版,第 204 页。

④ 有趣的是,德国学者马克斯·韦伯也认为无论是血缘还是语言等标准都不足以定义民族,他从文化转向了政治,认为最终的落脚点应该是政治。(Hans Gerth and C. Wright Mills (eds.), *Max Weber, From Max Weber: Essays in Sociology*, New York: Oxford University Press, 1946, pp. 172–176.)

⑤ 习近平:《在文艺工作座谈会上的讲话》,人民出版社 2015 年版,第 2 页。

民族文化的表征。文化像基因一样融入其成员的头脑中，且代代相传。全球化时代，那些游走于不同国家的人出现的身份焦虑，实质上是文化冲突的焦虑。

可以说，文化认同是民族赖以存在的根基，没有了文化，没有了民族记忆，就意味着这个民族的消亡。

（三）民族与人民的同构

西方马克思主义者葛兰西在研究文学传播时创造了一个新词——"民族—人民的"（National-Popular）。而在他之前，即 16 世纪初叶，民族（Nation）一词在英格兰就经历过一次概念语义的延展，它与人民（People）在一些现代欧洲语言中几乎成了同义词。关于这个问题，美国学者里亚·格林菲尔德（Liah Greenfeld）在探究"民族"一词的内涵演变时有过具体的描述。[①]葛兰西提出这个概念主要是针对意大利读者热衷外国通俗小说、冷淡本国当代作品这一现象而有感而发的，在《关于"民族—人民的"概念》一文中不仅把民族和人民视为语义相似的概念，而且把两者联系起来，认为对人民的"教育和培养"是民族发展的前提。[②] 同时，葛兰西的"民族—人民的"这个概念与其提出的"文化领导权"观念有关，由于意大利无产阶级在数量上处于相对弱势，为了实现文化的领导权，无产阶级必须联合农民和其他中间社会阶层，让他们也意识到所共享的利益。这样，领导权就从共产主义政党和工人阶级向外辐射到"民族—人民的"集体意志中。

中国形态的民族与人民同构的理念是中国革命实践的产物。如果说葛兰西的"民族—人民的"还停留在构想阶段的话，那么，中国形态的民族与人民同构已成为一种现实。在抗日战争期间，文艺的民族化就是与大众化结伴而行的，而这种结合实际上体现了民族和人民的一致性。在当代社会，实现民族与人民同构更是时代使然。这种结合突出地体现为将民族振兴与人民幸福融为一体，人民是民族的主体，人民的解放就是民族的解放，

---

① 参见 Liah Greenfeld, *Nationalism: Five Roads to Modernity*, Cambridge: Harvard University Press, 1993, pp.6—9。

② 参见 ［意］葛兰西：《关于"民族—人民的"概念》，载《论文学》，吕同六译，人民文学出版社 1983 年版，第 46—54 页。

人民的幸福就是民族发展的方向。中国共产党人的这一理念既是对马克思主义经典作家关于阶级利益主导民族利益的观点的突破，又构成了对列宁"两种民族文化"理论的超越。民族与人民同构这一民族观成为中国形态的又一理论特质。

第四节 中国形态的民族维度

中国形态的民族维度既是一种理论建构，又是一种批评实践活动。民族维度的提出将给文学批评带来一种理性看待文学的本土性和世界性以及中西方关系的新视野。这种批评维度不同于后殖民批评那样旨在警惕和批判文学中的殖民色彩的做法，而是努力发现和辨析文学作品的民族因素，并通过文学与民族精神的互塑以建设美好的精神家园。

一、民族维度的研究立场

在中国，开放的民族主义这一研究立场的提出有其自身的历史和现实语境。中国社会本身的现代化是在强大的外来压力乃至严重的威胁下艰难转轨的，就文学批评而言，在思想、观念和理论等方面缺乏充分准备，因此不得不在学习和借鉴外来批评理论的基础上发展自身。自 20 世纪 70 年代末 80 年代初以来，重开国门的中国文坛又一次出现了大规模翻译、介绍西方近百年文学批评理论的热潮。此后，人们逐渐意识到西方文化和文学批评在传播中潜藏着权力话语，若长期下去，中国文学批评将在与西方的交流中失去对等的品格。可以说，开放的民族主义的提出是思考中西关系的产物，它内设了一个对话的他者。

近代以来，文学批评界在中西关系上一直处于一种艰难的抉择中。不吸收外来新的理论和观念，不与外来思想文化交流，中国的文学批评将难以实现自我的更新，也无法与世界对话；若不超越西方的藩篱，中国的文学批评则不能很好地阐释中国的文学实践。在焦虑和反思中，开放的民族主义就成为全球化语境下中国形态民族维度选择的特定立场。

(一) 民族主义辨析

要明确开放的民族主义立场，首先需要对民族主义（Nationalism）这个概念作一个简单的说明。民族主义与民族概念相伴而生，但它是一个比民族概念更遭诟病的词汇。有学者提出：民族主义一词 1844 年才出现于社会文本中，其基本含义是：对一个民族的忠诚和奉献，特别是指一种特定的民族意识，即认为自己的民族比其他民族优越，特别强调促进和提高本民族文化和本民族利益，以对抗其他民族的文化和利益。[①] 这一词汇的出现年份还有待进一步考证，但文中的解释大致包含了民族主义的基本内涵。长期以来，人们多把民族主义与盲目自守、拒绝对话、否认先进、落后等狭隘文化部落主义相联系，这是需要辨析的。因为在全球化语境下，完全拒绝一切民族主义就等于放弃了抵制文化同质性的可能。

民族主义在不同时期有其特定的民族观念和民族意识，有民族沙文主义，也有反殖民化的民族主义，需要在特定语境下甄别。一般认为，民族主义既有其病态的一面，又有其合理的一面。所谓病态，即民族主义中潜在的一种盲目自大的危险，容易滋长种族歧视与排外情绪。民族自卑与民族自大相交织，将导致极端狭隘的民族主义。英国美学家、艺术史家贡布里希（Ernst Hans Gombrich）晚年在对犹太人灾难的思考中这样说道："我认为任何形式的民族主义都是可耻的骄傲自大，或是懦弱与愚蠢的混合物。说它懦弱，因为民族主义需要大众的支持，他不敢孤自独处；说它愚蠢，因为他自认为自己和同类优越于其他人。"[②] 贡布里希看到了民族主义的危险性。的确，狭隘的民族主义易于泛化为一种激烈的情绪，乃至暴力。这种极端的民族主义直接导致了法西斯主义，如二战时期德国法西斯对犹太人的惨绝人寰的种族灭绝；在当今也容易引发恐怖主义——恐怖主义的行径同样会给人类带来灾难。同时，还应警惕有人利用民族主义的旗号愚弄民众。

尽管民族主义存在着与生俱来的一些问题，但只要现代民族国家存在，

---

① 参见徐迅：《民族主义》，中国社会科学出版社 1998 年版，第 40 页。
② 转引自范景中：《贡布里希：中国文化令我深爱》，《中华读书报》2001 年 12 月 12 日。

民族主义就不会成为过去时。从各国的独立斗争中可以看到，民族主义在民族解放和结束殖民统治中发挥了重要作用，即使在当代，民族主义作为反对霸权的旗帜，在抵抗全球趋同化上仍具有战略意义，这就是民族主义存在的合理性缘由。民族主义作为一种具有凝聚力的集体意识，能够唤起人们对本民族的认同感和归属感，激发人们的民族自尊性和自信心，在民族内部形成一种向上、奋进、自强的氛围，激发人们战斗的潜能。同时，我们也发现，尽管西方有些国家口头上表现出对"民族主义"这个词汇的不屑，或声称"民族主义"已经遭到清算，但他们在行动上仍是强调本民族利益至上的。因此，在对待民族主义的态度上，既不能拒绝一切民族主义，同时又需要审慎对待全球化中的各种民族主义思潮。

（二）开放的民族主义的基本内涵

"开放"与"民族主义"看似矛盾，但恰是这一具有悖论性的组合构成了制约的张力。"开放"是"民族主义"的定语，是对"民族主义"的修辞，"开放"是民族发展的动力；而"民族"则是"开放"的定力，没有建立在"民族"这个同心圆基础上的"民族主义"，"开放"就成了无根的浮萍。这两者的互相限定和互相依存构成了"开放的民族主义"的特殊品质。当然，开放的民族主义并不意味着超越国家或民族的形式，只会强化国家或民族之间的依赖关系。

开放的民族主义须坚持民族的差异性。这种坚持不仅是民族发展的内在需要，而且是避免世界同质化的重要途径。警惕全球性话语取代地方话语，已成为中国形态的学术自觉。但坚持差异性研究并不一定要形成文化冲突和对抗，从学术生态的角度讲，异质并存才能使这个世界更加和谐。马克思曾谈到特殊性或差异在语言发展中的作用，他说："如果说最发达的语言和最不发达的语言共同具有一些规律和规定，那么，构成语言发展的恰恰是有别于这个一般和共同点的差别。"[①] 不同国家有着不同的历史和文化，正是那些有别于"一般和共同点的差别"的存在才构成社会（也包括语言）的丰富性。同时，坚持民族的差异性还应发掘和弘扬本民族至今仍有生命力的核心

---

① 马克思：《〈政治经济学批判〉导言》，载《马克思恩格斯选集》第2卷，人民出版社1995年版，第3页。

价值观念，包括中国经验和中国问题。核心价值观是一个民族最深沉的精神世界和价值追求，中华优秀传统文化中的许多传统美德和价值观应该保留和发扬，这些优秀的传统文化构成社会主义核心价值观的重要源泉。并且，坚持民族的差异性还应该从中国文学和批评的实际情况出发，为解决当今的问题提出研究的话题。

开放的民族主义与一般民族主义的最大区别是开放，也就是应倾听别的民族的声音，吸收其他民族的优长。"我们既要立足本国实际，又要开门搞研究。对人类创造的有益的理论观点和学术成果，我们应该吸收借鉴，但不能把一种理论观点和学术成果当成'唯一准则'，不能企图用一种模式来改造整个世界，否则就容易滑入机械论的泥坑。"[1]其实，当今传播的中心源并不限于某一国或某一种文化背景。每一种文学批评思潮的产生都凝聚了各国学者的共同创造。如结构主义文学批评虽然盛行在法国，但其中既有索绪尔（瑞士）的贡献，又有普洛普和其他俄国形式主义者的贡献。并且西方文化也很善于吸收，例如西方的一些诗歌、绘画、服装乃至理论，有些就是从东方获取的灵感。中国当代文学批评需要突破"边缘／中心""西方／本土"等二元对立的怪圈，超越东西方等级秩序和狭隘的民族情绪，最大限度地向异质文化汲取有利于自身发展的因素。开放的民族主义特别推举这种有容乃大的气度。如果一个民族的文化永恒地守护着一种民族本位主义，那么这个民族肯定无法立足于全球民族之林。

基于开放的民族主义这一特定立场的民族之维，如何看待中国传统文化，如何看待世界上其他国家和民族的文化，文学艺术如何加入到推进人类命运共同体构建的征程中，如何形成既体现民族个性又具有世界意义的文学批评，这些问题都需要从民族维度进一步探讨。

二、民族维度与文学的民族精神

在中外文学批评史上，文学的民族性一度受到关注，特别是在欧洲浪漫主义者和俄国革命民主主义者那里，文学的民族性成为评价作品的重要尺

---

① 习近平:《在哲学社会科学工作座谈会上的讲话》，人民出版社 2016 年版，第 18 页。

度。但后来由于"'民族性'变成了用来测量一切诗歌作品的价值以及一切诗歌荣誉的巩固性的最高标准、试金石",其含义过于广泛,"所以反而丧失了一切涵义"①。20世纪以后,文学批评中的民族维度又被标举文学自足性的形式主义批评所遮蔽,淡出了文学批评的舞台。将民族维度引入文学活动中,为民族维度设置一些相对具体明确的内涵,在批评活动中辨析和评论文学作品和文化现象中的民族因素,成为中国形态民族维度的特色和贡献。

(一) 民族维度与文学的民族认同

对作品中民族意识的探讨是与民族认同联系在一起的,民族认同的核心是寻找自身的身份和归属,这一点在全球化时代尤为突出。文学作品体现了一种什么样的价值观念,是否在民族振兴中起到了凝聚民族意识的作用,等等,成为民族维度考量的重要尺度。

从民族维度的视野看,优秀的文学作品往往表达出深厚的民族情感和自觉的民族意识。鲁迅先生的"我以我血荐轩辕"(《自题小像》)展示的就是这样一种理想和激情。"为什么我的眼里常含泪水?因为我对这土地爱得深沉"(艾青《我爱这土地》),读后令人动容。即使是描写个人欲望和内心冲突的小说,如郁达夫的《沉沦》,"祖国呀祖国!我的死是你害我的!你快富起来,强起来吧!"其内在的情思仍与民族的命运相连,道出的是对民族的深深的爱。反观当代有些作品,民族情感并没有随着国力的增长而加强,反而有所淡薄和削弱。个别作品专注于个人感官享受和欲望表达,而对当下中国的问题和未来的发展缺乏思考和热情;还有一些作品一味展示民族丑陋的一面,用人物的愚钝和苦难迎合西方人的猎奇心理。这些问题理所当然地应受到中国形态民族之维的批判。当然,民族认同不等于对民族文化不加反思地全盘接受,一些文学作品所表现出的忧患意识和对民族劣根性的批判同样是对民族精神的维护,体现出一种社会的担当和责任。马克思曾说:"应当公开耻辱,从而使耻辱更加

---

① [俄] 别林斯基:《对民间诗歌及其意义的总的看法》,载《别林斯基选集》第3卷,满涛译,上海译文出版社1980年版,第161页。

耻辱。"① 比如，从闻一多的《死水》里我们分明能品出火来，大绝望中蕴含着大希望。

在强调民族认同之时，民族之维也要警惕文学中的民族沙文主义或民粹主义。有些作品所表现出的愚蠢的自大已经引起人们的反感和批判。关于如何与世界共处的问题，文学作品应该而且可以用形象的展示提供各国了解中华民族的途径。

（二）民族维度与文学的民族特色

民族维度对于文学作品的评价不仅要强调民族认同，而且还应揭示其民族精神和民族特色。毛泽东很欣赏鲁迅的小说，说鲁迅对于外国的东西和中国的东西都懂，但他不轻视中国，"鲁迅是民族化的"②。鲁迅的小说正是在吸收中外小说艺术形式的基础上创造出的深刻揭示中国国民灵魂的新样式。

当下人们对民族特色的认识有误区，往往把民族特色与习俗或地方色彩联系起来，其实民族性中更为重要的是"某一民族所特有的思想和感情方式"（别林斯基语）。文学作为精神产品，是民族精神的体现，民族维度要考察的是文学作品所体现的具有本民族特色且对人类发展有贡献的思想和情感。一些文学巨匠的作品之所以能够在历史的长河中保存、流传开来，并成为民族精神的象征，一个重要的因素就在于作品中包含了深刻的思想，如普希金被誉为"俄罗斯的太阳"、鲁迅先生被誉为"民族魂"，他们的作品均是民族文化的代表和丰碑。

对民族特色的考察除了发现有价值的思想外，还包括辨析作品中一些特色鲜明的民族形式。延安时期，对民族形式或民间形式的倡导被提到重要的位置，当时广泛传唱的秧歌剧如《兄妹开荒》以及陕北民歌就具有鲜明的民间形式。这种对民族或民间形式的倡导既是中国形态走向民众和探索文艺大众化的重要举措，也可视为对精英主义和欧化倾向的纠偏。

我国历史上产生了不少很有特点的民族艺术和形式，只是后来西风东渐日盛，一些传统的民族艺术、民间形式逐渐萎缩，沦落到现在需要抢救的境

---

① 马克思：《〈黑格尔法哲学批判〉导言》，载《马克思恩格斯选集》第1卷，人民出版社2012年版，第5页。

② 毛泽东：《同音乐工作者的谈话》，载《毛泽东著作选读》下册，人民出版社1986年版，第750页。

地。如今强调保护非物质文化遗产（包括文学）的民族形式，实际上涉及中国传统文化的传承转换，以及如何处理中国文化与西方文化的关系问题。不过，对民族形式的保护并不仅仅局限于对原有形式的改造，也许更重要的是促进文学作品中新的民族形式的生成。而这种新的民族形式的生成，既需要对传统形式的创造性转化，又离不开对世界各国文艺的交流和借鉴。习近平总书记在《在文艺工作座谈会上的讲话》中指出，民族形式的创新"并不排斥学习借鉴世界优秀文化成果。我们社会主义文艺要繁荣发展起来，必须认真学习借鉴世界各国人民创造的优秀文艺。只有坚持洋为中用、开拓创新，做到中西合璧、融会贯通，我国文艺才能更好发展繁荣起来"①。民族维度应通过对文学作品的分析，发现它们是如何在本土与域外、传统与现代的交融中创造出新的民族形式，以此展现新的中国风格和中国气派。

从更高的标准看，文学批评的民族维度还应该研究"文学中的民族性应当是什么"的问题，鼓励人们通过文学作品展示民族精神的理想风范。"鲁迅先生说，要改造国人的精神世界，首推文艺。举精神之旗、立精神支柱、建精神家园，都离不开文艺。"② 开放的民族主义呼唤文学与民族精神互塑。一方面，发挥文学对民族精神的引领和建构作用，通过提高作品的文化内涵、艺术价值，运用文学的力量激发人们的民族情感，写出中华民族新史诗；另一方面，优秀的民族文化和价值观念又为文学提供更多的精神支撑，共同实现文学与民族精神的互相塑造和互相支撑。

（三）民族之维与世界

重视文学与世界的联系是中国形态民族维度的又一重要方面。文学是最有世界性的一种交流载体，各国人民不仅需要经济上的往来，更需要的是心灵上的沟通。"文艺也是不同国家和民族相互了解和沟通的最好方式"，"因为文艺是世界语言，谈文艺，其实就是谈社会、谈人生，最容易相互理解、沟通心灵"③。这正是文学的优势和价值所在。

---

① 习近平：《在文艺工作座谈会上的讲话》，人民出版社 2015 年版，第 26 页。

② 习近平：《在文艺工作座谈会上的讲话》，人民出版社 2015 年版，第 6 页。

③ 习近平：《在文艺工作座谈会上的讲话》，人民出版社 2015 年版，第 8 页。

在倡导文学作品展示民族个性的同时，民族维度也不是一味地追求特色，而是努力发现文学所蕴含的普遍价值。早在五四时期，青年毛泽东在《健学会之成立及进行》一文中就对近代洋务运动以来最有代表性的主张——"中学为体，西学为用"的思想进行过剖析，认为它是一种"自大的思想""空虚的思想""以孔子为中心的思想""学问要新，道德要旧"的思想。在"中学为体，西学为用"这种思想指导下，不可能学到西方文化的精华，只能学到一些皮毛，不可能从根本上改变中国的落后现状。后来在《同音乐工作者的谈话》中，毛泽东又进一步指出："这不是什么'中学为体，西学为用'。'学'是指基本理论，这是中外一致的，不应该分中西。"① 别林斯基也说过："对于一个诗人来说，如果他希望自己的天才到处被一切人所承认、而不仅为他的本国人所承认，民族性应该是首要的，但不是唯一的条件：除了是民族的之外，他还得同时是世界的，就是说，他的作品的民族性必须是人类思想之无形的精神世界底形式、骨干、肉体、面貌和个性。"②

优秀的文学作品必然蕴含多重声音，其间不仅可以听到个人的诉说，而且还可以展示民族的呐喊，并能感受人类声音的回响。恩格斯在评论莎士比亚的创作时，说他写出了"欢乐的英国"③。莎士比亚笔下古怪的乡巴佬、精明过人的学校教师、可爱又乖僻的妇女全都是英国的，这样的情节只有在英国的天空下才能发生。《红楼梦》中的环境和人物也是如此，是我国清朝那个"忽喇喇似大厦倾，昏惨惨似灯将尽"时代的写照。他们的作品又都是世界的，都以其不可重复的民族内容而具有普遍价值。在这个意义上，我们不妨这样认为："越是强调文学的普遍性，它的民族作用就越大：肯定简·奥斯丁眼里的世界具有普遍性，反倒使英国成为一个非常特殊的地方，成为一个品味高雅、行为规范的地方。"④ "民族之国际化是民族文化发展的内在的必

① 毛泽东：《同音乐工作者的谈话》，《毛泽东著作选读》下册，人民出版社1986年版，第752页。
② ［俄］别林斯基：《一八六四。关于俄国文学的感想和意义》，载《别林斯基论文学》，梁真译，新文艺出版社1958年版，第93页。
③ 《马克思恩格斯论艺术》第4卷，人民文学出版社1985年版，第385页。
④ ［美］乔纳森·卡勒：《当代学术入门：文学理论》，李平译，辽宁教育出版社、牛津大学出版社1998年版，第40页。"越是强调文学的普遍性，它的民族作用就越大"的原文为：In fact, the more the universality of literature is stressed, the more it may have a national function。

然性。"①一个民族的文学若没有走出国门的雄心，不深入到人性的深处，是很难进入世界文学殿堂的。这种对普遍性的追求正体现了中国文学批评的自信。

中国的文学研究在向世界敞开大门的同时，也有责任把中国的文化和文论推向世界，参与世界文坛的对话，使其他国家的人们对中国有进一步了解。在对西方文学批评的跟踪和研究中，我们发现，中国的文学和批评被边缘化和异质化。西方文学批评的著述，包括教科书，很少提及中国的文学和批评，除极少数西方学者外，大部分西方批评理论的代表人物对中国的了解，特别是对中国文学和文艺理论的了解非常有限，而在这有限的了解中又很大程度上存在虚假或扭曲的成分。例如，有些艺术作品之所以在西方获得声誉，一个重要原因是这些作品在一定程度上迎合了西方人对东方的猎奇，当然也暴露了西方有些学者对东方文化的偏见。因此，扭转中国文学和批评被抑制或被边缘化的现象是民族维度的重要任务之一。中国形态须以一种更加主动的姿态参与到国际文学批评对话之中，在思考、反驳、对话中发现中国文学和批评的价值和特色，在交流和沟通中走出一条新的道路。

总之，对民族的重新阐释和民族维度的提出，构成了中国形态区别于其他马克思主义文学批评的重要特质。关于民族维度的理论建构和实际运用，还有许多问题需要沉下心来思考和研究。同时，民族维度只是文学批评的一个维度，而且是一个需要警惕且不能滥用的维度。和平与发展乃当今世界大势，中国文化具有"有容乃大"的特质，它追求的不是文化对抗，而是文化融合。在实现中华民族复兴的同时为世界文明作出贡献是中国形态的责任。

---

① 冯雪峰：《过来的时代：鲁迅论及其他》，生活·读书·新知三联书店 2014 年版，第 150—151 页。

第三章　中国形态政治维度的重建

"政治"在中国马克思主义文学批评中占据特殊且显著的位置，是马克思主义文学批评中国形态不可或缺的基本要素。文学与政治的关系贯穿于中国马克思主义文学批评的整个历史进程中，并成为中国形态的又一重要维度。

第一节　马克思主义经典作家论政治与文学

政治作为人类文明最基本的关系之一，其概念有一个演变过程。在我国春秋时期，齐国管仲《管子·法法》云："政者，正也。正也者，所以正定万物之命也。"《论语·颜渊》谓："政者，正也。"古人论"政"，主要是着眼于人的品行，强调为人为官要端正。近代以来，政治的含义主要与英文Politics对应。Politics一词起源于Polis（古希腊城邦），由Polis里的Polites（公民）而产生对城邦治理的Politikos（政治）。亚里士多德在他的《政治学》中虽然没有直接界定政治，但把政治与"参与城邦的活动"①联系起来了。在不同时代和不同政治家那里，政治的含义有着不尽相同的解释。17世纪英国政治学家托马斯·霍布斯（Thomas Hobbes）将政治定义为关于"争夺权力"的活动。②我国孙中山先生对政治也有同样的解读："政就是众人的事，治就是管理，管理众人的事便是政治。"③这些都是从管理层面对政治作了解

---

① ［古希腊］亚里士多德：《政治学》，吴寿彭译，商务印书馆1965年版，第72—73页。

② ［英］霍布斯：《论公民》，应星等译，贵州人民出版社2003年版，第54—56页。

③ 孙中山：《三民主义》，载《孙中山选集》（下），人民出版社2011年版，第719页。

释，与亚里士多德的"群居互动"的政治理念有差异。美国学者丹尼尔·贝尔（Daniel Bell）在其《资本主义文化矛盾》一书中赋予"政治"以现代解释："政治是社会正义和权力的竞技场：它控制权力的合法使用，调节冲突（自由主义社会用法律），以维持由社会传统或宪法（成文或不成文）体现出来的正义观。"① 他强调的是公平正义。英国学者甘布尔（Andrw Gamble）对政治的含义作了三层解析："首先，相对于自然界，人类需要群体合作，这就有了公共空间，也就有了政治最重要的含义——权力；其次，人类社会有'我们'和'他们'之分，不同群体都可能从氏族发展为部落及部落联盟，最后成为国家，这就有了政治的另一种含义——确定和建构身份；第三，在国家内部，因出身、血缘、地域、职业和地位的差异而产生不同的人群，有限的公共资源既然不可能得到平等均分，就需要某种秩序，这就有了政治的第三种含义——秩序的政治。"② 由此，政治包含了权力、身份和秩序。

一、经典马克思主义的政治观

马克思恩格斯虽然没有对政治作专门的和系统的研究，但其著述中所涉及的概念如国家、共和国、公社、政党等无不与政治相关。归纳起来，政治这个概念在马克思主义经典作家那里有三重含义：一是指在社会结构中作为上层建筑组成部分的政治；二是作为阶级利益和阶级斗争的政治；三是作为人的解放的政治，即对人类理想的追求。③ 这三重含义既各有侧重，又有内在联系，它们共同构成了经典马克思主义的政治观。

（一）作为上层建筑的政治

马克思关于政治属性的研究建立在批判黑格尔哲学的基础上，是与马克思对黑格尔认识的转变同步的。基于唯物主义的立场，马克思在对宗教和黑格尔法哲学的批判过程中发现了市民社会所根源的物质关系，并从对

---

① [美] 丹尼尔·贝尔：《资本主义文化矛盾》，严蓓雯译，江苏人民出版社 2012 年版，第 10 页。

② Andrw Gamble，*Politics and Fate*，Polity Press，2000。转引自单世联：《文化、政治与文化政治》，《天津社会科学》2006 年第 3 期。

③ 政治的这三重含义，马克思在《黑格尔法哲学批判》中均已涉及。

黑格尔国家哲学的研究转向了政治经济学的研究，最终在《政治经济学批判》中明确提出了政治是建立于经济基础之上的上层建筑的组成部分这一著名论点。

1843 年，马克思写成了《黑格尔法哲学批判》一书。在这部重要的著作中，马克思揭示了宗教和德国国家哲学及法哲学的本质，指出了他们是一种"颠倒的世界"。马克思认为，黑格尔是德国哲学和法哲学的集大成者，"德国的国家哲学和法哲学在黑格尔的著作中得到了最系统、最丰富和最终的表述"①。同时他又指出，黑尔格法哲学仍然是"关于现代国家——它的现实仍然是彼岸世界，虽然这个彼岸世界也只在莱茵河彼岸——的抽象而不切实际的思维"②。在黑格尔那里，哲学殿堂建立在绝对精神外在显现的基础上，国家是伦理观念的现实，是理性的形象和现实。③ 理念、精神成了独立的主体，"而家庭和市民社会对国家的现实的关系被理解为观念的内在想像活动"④。因此黑格尔的哲学存在"颠倒"："具体的内容即现实的规定成了形式的东西，而完全抽象的形式规定则成了具体的内容。……哲学的工作不是使思维体现在政治规定中，而是使现存的政治规定消散于抽象的思想。"⑤

在对黑格尔哲学的批判中，马克思发现了源于"物质的生活关系"的市民社会和政治国家，从而从思想世界回到现实世界。在后来的《〈政治经济学批判〉序言》中，马克思第一次简要表述了经济基础和上层建筑这对范畴和它们的相互关系，从社会结构的角度确定了政治的位置。"人们在自己生活的社会生产中发生一定的、必然的、不以他们的意志为转移的关系，

---

① 马克思：《〈黑格尔法哲学批判〉导言》，载《马克思恩格斯选集》第 1 卷，人民出版社 2012 年版，第 9 页。

② 马克思：《〈黑格尔法哲学批判〉导言》，载《马克思恩格斯选集》第 1 卷，人民出版社 2012 年版，第 9 页。

③ 参见 [德] 黑格尔：《法哲学原理》，范扬、张企泰译，商务印书馆 1979 年版，第 253、360 页。

④ 马克思：《黑格尔法哲学批判》，载《马克思恩格斯全集》第 3 卷，人民出版社 2002 年版，第 10 页。

⑤ 马克思：《黑格尔法哲学批判》，载《马克思恩格斯全集》第 3 卷，人民出版社 2002 年版，第 22 页。

即同他们的物质生产力的一定发展阶段相适合的生产关系。这些生产关系的总和构成社会的经济结构，即有法律的和政治的上层建筑竖立其上并有一定的社会意识形式与之相适应的现实基础。物质生活的生产方式制约着整个社会生活、政治生活和精神生活的过程。"①马克思将社会结构划分为经济基础和上层建筑，其中上层建筑包括作为"法律的和政治的上层建筑"的国家机器和"竖立其上"的"社会意识形式"两大部分。基于此，马克思对政治在社会结构中的位置作了定位："物质生活的生产方式制约着整个社会生活、政治生活和精神生活的过程。"②也就是说，经济基础决定上层建筑，作为上层建筑的组成部分的政治也概莫能外。马克思还明确指出了"意识形态的形式"的组成部分，包含"法律的、政治的、宗教的、艺术的或哲学的"③等。根据马克思的观点，政治在上层建筑里含有两个层面：一是政治组织、政治体制等方面，属于制度层面；二是政治思想、政治观念方面，属于意识形态的形式。应该说，文学与这两个层面均有关系，它既受到政治组织、政治体制的制约，又与同为意识形态形式的政治思想观念有着更为密切的联系。同时，这两个层面又互相作用："政治、法、哲学、宗教、文学、艺术等等的发展是以经济发展为基础的。但是，它们又都互相作用并对经济基础发生作用。"④就文学而言，一方面政治体制通过对政治观念和思想的控制约束文学；另一方面，文学也会通过影响人们的思想进而影响制度层面。

由此可见，马克思关于经济基础和上层建筑关系的论述乃至对作为意识形态的政治的规定并不是凭空而来的，而是以历史唯物主义为基点，在吸收消化乃至批判黑格尔的基础上产生的。由于当时马克思主要针对的是黑格尔的唯心主义体系，因此他特别强调经济基础的决定作用。为防止歪

① 马克思：《〈政治经济学批判〉序言》，载《马克思恩格斯文集》第 2 卷，人民出版社 2009 年版，第 591 页。
② 马克思：《〈政治经济学批判〉序言》，载《马克思恩格斯文集》第 2 卷，人民出版社 2009 年版，第 591 页。
③ 马克思：《〈政治经济学批判〉序言》，载《马克思恩格斯文集》第 2 卷，人民出版社 2009 年版，第 592 页。
④ 恩格斯：《恩格斯致瓦尔特·博尔吉乌斯（1894 年 1 月 25 日）》，载《马克思恩格斯文集》第 10 卷，人民出版社 2009 年版，第 668 页。

曲马克思主义关于经济基础和意识形态相互关系的学说，恩格斯在晚年作了进一步阐述。他指出，历史过程的决定因素归根结底是现实生活的生产与再生产，而政治、法律、哲学、宗教、文学、艺术等的发展是以经济发展为基础的。但是，经济因素并非"唯一"决定性的因素，还有上层建筑的各种因素，宗教、哲学等较之政治和法律制度是"更高地悬浮于空中的意识形态的领域"①。恩格斯还指出，上层建筑及其各种意识形态形式虽然受制于经济基础，但"又对经济基础发生反作用，并且能在某种限度内改变经济基础"②。意识形态诸形式作为一种能动的力量，它们之间相互发生影响，并且以直接或间接、积极或消极的方式对经济基础发生反作用。简言之，历史的进程是各种因素交互作用的结果，不过，其决定因素还是生产力和生产关系的矛盾和冲突。

就意识形态而言，其本身并非铁板一块。一般来说，"统治阶级的思想在每一时代都是占统治地位的思想。这就是说，一个阶级是社会上占统治地位的物质力量，同时也是社会上占统治地位的精神力量。支配着物质生产资料的阶级，同时也支配着精神生产资料，因此，那些没有精神生产资料的人的思想，一般地是隶属于这个阶级的"③。作为社会结构中的上层建筑，统治阶级思想作为主导意识形态可以驯化被统治阶级的思想，这是一方面。但另一方面，被统治阶级思想中那些被压抑和掩盖的因素也具有潜在的反抗性，它们不时发出一些不协调的声音。意识形态则是作为"人们借以意识到这个冲突并力求把它克服"④ 的形式存在，文学则以其形象性整体直观地反映了意识形态的矛盾。因此，研究文学的政治需要回到特定的历史语境下把握其意识形态的复杂性。

另外，至于在意识形态诸形式中究竟哪一个起主导作用，马克思恩格

---

① 恩格斯：《恩格斯致康拉德·施米特（1890 年 10 月 27 日）》，载《马克思恩格斯文集》第 10 卷，人民出版社 2009 年版，第 598 页。

② 恩格斯：《恩格斯致康拉德·施米特（1890 年 10 月 27 日）》，载《马克思恩格斯文集》第 10 卷，人民出版社 2009 年版，第 598 页。

③ 马克思、恩格斯：《德意志意识形态》，载《马克思恩格斯文集》第 1 卷，人民出版社 2009 年版，第 550 页。

④ 马克思：《〈政治经济学批判〉序言》，载《马克思恩格斯文集》第 2 卷，人民出版社 2009 年版，第 592 页。

斯并未论述。恩格斯虽然认识到经济因素并非"唯一"决定性的因素，但也没有意识到上层建筑的先行性问题。在这个问题上，马克思和恩格斯给我们留下了空白。列宁根据他所处时代的性质对政治的地位作了补充，认为"政治是经济的集中表现"①，在上层建筑诸形式中起关键性的作用。毛泽东不仅将政治提至意识形态领域中的关键位置，而且把政治与经济并提，认为政治和经济一样对文化和其他意识形态起着重大的甚至决定性的作用。

（二）作为阶级斗争的政治

马克思主义经典作家关于政治概念的另一所指，是阶级利益和阶级斗争，这是19世纪无产阶级和资产阶级之间的斗争日益尖锐使然。这里政治的内涵是对其意识形态性的延续，体现为阶级与阶级之间围绕着统治权力归属及掌握这一核心问题而进行的斗争。在《〈黑格尔法哲学批判〉导言》中，马克思批判黑格尔哲学的同时就已经提出了"阶级"和"无产阶级"的概念，"哲学把无产阶级当做自己的物质武器，同样，无产阶级也把哲学当做自己的精神武器"②。随着对政治经济学的研究，马克思从生产关系入手研究阶级问题，将阶级斗争看作推动社会发展的主要动力。

在马克思看来，劳动和分工催生出了阶级："劳动和分工是一切人类社会生存的条件……在埃及有过劳动和分工，因此有等级；在希腊和罗马有过劳动和分工，因此有自由民和奴隶；在中世纪有过劳动和分工，因此有封建主和农奴、行会、等级等等。在我们这个时代也有劳动和分工，因此也就有阶级，其中一个阶级占有全部生产工具和生活资料，另一个阶级只有出卖自己的劳动才能生存，而出卖劳动也只有当购买劳动能使雇主阶级发财时才有可能。"③阶级的对立体现为对生产工具和生活资料占有的不同上，在这个意

---

① 列宁：《再论工会、目前局势及托洛茨基同志和布哈林同志的错误》，载《列宁全集》第40卷，人民出版社2017年版，第282页。

② 马克思：《〈黑格尔法哲学批判〉导言》，载《马克思恩格斯选集》第1卷，人民出版社2012年版，第16页。

③ 马克思：《孟德斯鸠第五十六》，载《马克思恩格斯全集》第6卷，人民出版社1961年版，第220—221页。

义上，阶级是生产关系的产物，并由此带来阶级之间的矛盾和斗争。① 在《共产党宣言》中，马克思恩格斯指出："至今一切社会的历史都是阶级斗争的历史。"②"自由民和奴隶、贵族和平民、领主和农奴、行会师傅和帮工，一句话，压迫者和被压迫者，始终处于相互对立的地位，进行不断的、有时隐蔽有时公开的斗争。"③ 资产阶级和无产阶级作为资本主义社会生产的必然产物和历史形态，又有其特点。"它使阶级对立简单化了。整个社会日益分裂为两大敌对的阵营，分裂为两大相互直接对立的阶级：资产阶级和无产阶级。"④

　　伴随着阶级的出现、分化和对立，为本阶级赢得利益和权力的阶级斗争随之产生。阶级斗争的实质即对权力或统治的争夺，故而"一切阶级斗争都是政治斗争"⑤。这种政治性可从资产阶级发展的每一个阶段得到证明。⑥ 恩格斯解释说："马克思则证明，至今的全部历史都是阶级斗争的历史，在全部纷繁复杂的政治斗争中，问题的中心仅仅是社会阶级的社会的和政治的统治，即旧的阶级要保持统治，新兴的阶级要争得统治。……每一历史时期的观念和思想也可以极其简单地由这一时期的经济的生活条件以及由这些条件决定的社会关系和政治关系来说明。"⑦ 在阶级社会，政治体现了不同阶级、

---

① 马克思 1852 年在给魏德迈的信中说："至于讲到我，无论是发现现代社会中有阶级存在或发现各阶级间的斗争，都不是我的功劳。……我所加上的新内容就是证明了下列几点：(1) 阶级的存在仅仅同生产发展的一定历史阶段相联系；(2) 阶级斗争必然导致无产阶级专政；(3) 这个专政不过是达到消灭一切阶级和进入无阶级社会的过渡……"(《马克思恩格斯文集》第 10 卷，人民出版社 2009 年版，第 106 页。)

② 马克思、恩格斯：《共产党宣言》，载《马克思恩格斯选集》第 1 卷，人民出版社 2012 年版，第 400 页。

③ 马克思、恩格斯：《共产党宣言》，载《马克思恩格斯选集》第 1 卷，人民出版社 2012 年版，第 400 页。

④ 马克思、恩格斯：《共产党宣言》，载《马克思恩格斯选集》第 1 卷，人民出版社 2012 年版，第 401 页。

⑤ 马克思、恩格斯：《共产党宣言》，载《马克思恩格斯选集》第 1 卷，人民出版社 2012 年版，第 409 页。

⑥ 马克思恩格斯说："资产阶级的这种发展的每一个阶段，都伴随着相应的政治上的进展。"(马克思、恩格斯：《共产党宣言》，《马克思恩格斯选集》第 1 卷，人民出版社 2012 年版，第 402 页。)

⑦ 恩格斯：《卡尔·马克思》，载《马克思恩格斯选集》第 3 卷，人民出版社 2012 年版，第 722—723 页。

阶层、集团在经济、社会、文化等方面的矛盾和斗争，而在马克思那个时代，政治则集中体现了无产阶级与资产阶级的矛盾和斗争。阶级斗争的第一步是要把无产阶级上升为领导阶级。

经典马克思主义关于阶级斗争的观点在列宁和毛泽东那里得到了继承和发展。列宁明确指出："政治就是各阶级之间的斗争，政治就是无产阶级为争取解放而与世界资产阶级进行斗争的关系。"① 毛泽东说，何谓政治，"这政治是指阶级的政治、群众的政治，不是所谓少数政治家的政治"②。毛泽东把政治与人民群众的根本利益结合起来了。不同的阶级或者政治集团为了维护和发展各自的利益，往往通过采取一些策略、手段和组织形式等来处理内部或者与其他阶级、民族、国家的关系。

（三）作为人的解放的政治

政治的第三重含义指向人的全面解放。政治与人的解放的联系在马克思那里是一以贯之的。1843 年，马克思就在《〈黑格尔法哲学批判〉导言》中提出"必须推翻使人成为被侮辱、被奴役、被遗弃和被蔑视的东西的一切关系"③。也就是说，政治的最终目的见于与人的精神自由发展相关的所有社会生活方面。在对青年黑格尔派布鲁诺·鲍威尔《论犹太人问题》的批判中，马克思在谈到"哪一类解放"的问题时，强调"任何解放都是使人的世界即各种关系回归于人自身"④。

以往的阶级斗争都是政治权力的更替，无论是封建地主阶级推翻奴隶主阶级，还是资产阶级推翻封建地主阶级，都是为了本阶级的利益去推翻之前的统治阶级，并不能从根本上消灭剥削和压迫，只是旧的剥削被新的剥削代替、旧的压迫由新的压迫取代而已。恩格斯在《家庭、私有制和国家的起源》

---

① 列宁：《在全俄省、县国民教育局政治教育委员会工作会议上的讲话(1920 年 11 月 3 日)》，载《列宁全集》第 39 卷，人民出版社 2017 年版，第 448 页。

② 毛泽东：《在延安文艺座谈会上的讲话》，载《毛泽东选集》第 3 卷，人民出版社 1991 年版，第 866 页。

③ 马克思：《〈黑格尔法哲学批判〉导言》，载《马克思恩格斯选集》第 1 卷，人民出版社 2012 年版，第 10 页。

④ 马克思：《论犹太人问题》，载《马克思恩格斯文集》第 1 卷，人民出版社 2009 年版，第 46 页。

中对这个问题解释道:"由于文明时代的基础是一个阶级对另一个阶级的剥削,所以它的全部发展都是在经常的矛盾中进行的。生产的每一进步,同时也就是被压迫阶级即大多数人的生活状况的一个退步。对一些人是好事,对另一些人必然是坏事,一个阶级的任何新的解放,必然是对另一个阶级的新的压迫。"①

马克思恩格斯认为,实现人的全面解放,只有无产阶级才能完成,因为无产阶级政治与过去所有的阶级政治不一样,它的长期目标是指向人的全面解放,无产阶级只有解放全人类才能最后解放自己。因此,无产阶级要打破这种历史循环,终结旧的生产关系,通过革命获得真正彻底的解放。"代替那存在着阶级和阶级对立的资产阶级旧社会的,将是这样一个联合体,在那里,每个人的自由发展是一切人的自由发展的条件。"②马克思所憧憬的无产阶级政治不是代表部分群体的利益,而是代表全人类最终的、最高的目标。追求人的全面解放是马克思恩格斯政治观的终极含义,今天中国共产党人的人民至上可视为马克思主义的阶级政治向人的解放政治过渡的重要环节。

二、马克思恩格斯文学批评中的政治维度

马克思恩格斯关于政治的研究延伸到文学艺术的认识和评价上,就构成了马克思主义文学批评的政治维度。马克思主义经典作家在无产阶级革命和斗争实践中,一直关注文学艺术的发展。透过散见于马克思恩格斯的政论文章和书信的相关论述,可以清楚地勾勒出马克思恩格斯文学批评政治维度的特色。马克思恩格斯十分推崇文学作品的认识价值和社会批判功能,鼓励作家艺术家直面社会,明确提出要写无产阶级的生活和斗争,在论述文艺的真实性和倾向性的关系上,主张文学作品要"莎士比亚化"不要"席勒化",等等。

---

① 恩格斯:《家庭、私有制和国家的起源》,载《马克思恩格斯选集》第4卷,人民出版社2012年版,第194页。

② 马克思、恩格斯:《共产党宣言》,载《马克思恩格斯选集》第1卷,人民出版社2012年版,第422页。

（一）引起人们对资产阶级"永世长存"的怀疑

作为无产阶级革命家，马克思恩格斯在评价文学作品时十分强调文学的政治功用，他们从改造社会的角度看到了文学在推动社会变革中的重要性，强调文学具有认识和变革现实的作用。

19 世纪批判现实主义为马克思主义经典作家的政治批评实践提供了丰富的艺术土壤。1854 年，马克思在《英国资产阶级》一文中高度评价以狄更斯、萨克雷、勃朗蒂等为代表的现代英国的一批杰出小说家的创作，因为"他们在自己的卓越的、描写生动的书籍中向世界揭示的政治和社会真理，比一切职业政客、政论家和道德家加在一起所揭示的还要多"①。马克思之所以认为这些现实主义作品胜于"一切职业政客、政论家和道德家"，是因为透过这些小说蕴含的细节，可以折射出社会和人生的千姿百态，远比某些教科书生动和丰富。文学作品的政治意义就在于它还原了历史语境，提供了丰富的细节，展示了当时历史意识形态的复杂性，这正是文学作品形象所具有的感染力。

现实主义作品的政治因素更突出的是表现在对资本主义社会的反抗上。恩格斯曾赞扬德国优秀画家许布纳尔反映西里西亚织工生活的画，认为"从宣传社会主义这个角度来看"，它"所起的作用要比一百本小册子大得多"。②文学作品通过真实的形象描写，揭示了资本主义社会的丑恶，引起了人们对资本主义"永世长存"的怀疑。在致明娜·考茨基的信中，恩格斯说："如果一部具有社会主义倾向的小说，通过对现实关系的真实描写，来打破关于这些关系的流行的传统幻想，动摇资产阶级世界的乐观主义，不可避免地引起对于现存事物的永恒性的怀疑，那么，即使作者没有直接提出任何解决办法，甚至有时并没有明确地表明自己的立场，我认为这部小说也完全完成了自己的使命。"③马克思恩格斯充分肯定了文学的认识价值，看到了这些现实主义作品具有推动社会进步的作用。

---

① 马克思：《英国资产阶级》，载《马克思恩格斯全集》第 10 卷，人民出版社 1962 年版，第 686 页。

② 恩格斯：《共产主义在德国的迅速进展》，载《马克思恩格斯全集》第 2 卷，人民出版社 1957 年版，第 589 页。

③ 恩格斯：《恩格斯致明娜·考茨基(1885 年 11 月 26 日)》，载《马克思恩格斯选集》第 4 卷，人民出版社 2012 年版，第 579 页。

（二）"真正艺术家的勇气"

就作家创作而言，马克思恩格斯在批评实践中鼓励和要求艺术家直面社会，表现出"真正艺术家的勇气"，也就是要敢于为无产阶级代言，描写真实的社会生活。

1844 年，恩格斯在《共产主义在德国的迅速进展》一文中非常推崇亨利希·海涅的《西里西亚纺织工人》这首诗歌，将其译成散文，认为是他"所知道的最有力的诗歌之一"①，并称海涅的许多政治抒情诗都宣传了社会主义思想。维尔特是德国无产阶级著名诗人，也是马克思恩格斯的亲密朋友。对于维尔特的逝世，马克思认为是"一个不可弥补的损失"②，恩格斯称他是"德国无产阶级第一个和最重要的诗人"，并赞扬了他的创作成就，认为"他的社会主义的和政治的诗作，在独创性、诙谐方面，尤其在火一般的热情方面，都大大超过弗莱里格拉特的诗作"③。在《共产党宣言》1893 年意大利版的"序言"中，恩格斯表示希望出现一位新的但丁来宣告无产阶级新纪元的诞生。

在给哈克奈斯的信中，恩格斯虽然对她未能写出主人公的反抗精神略有微词，但充分肯定了她在写作中所持有的与当时的"革命大人物"不同的立场。恩格斯说："您的小说，除了它的现实主义的真实性以外，给我的印象最深的是它表现了真正艺术家的勇气。这种勇气不仅表现在您敢于冒犯傲慢的体面人物而对救世军所作的处理上，这些体面人物也许从您的小说里才第一次知道救世军为什么竟对人民群众产生这样大的影响；而且还主要表现在您把无产阶级姑娘被资产阶级男人所勾引这样一个老而又老的故事作为全书的中心时所使用的朴实无华的手法。"④恩格斯所说的勇气，首先表现在哈克奈斯对救世军的描写上"敢于冒犯傲慢的体面人物"（这里所说的体面人物主要指英国社会主义运动的某些领导人），这些体面人物把自己打扮成"革

---

① 恩格斯：《共产主义在德国的迅速进展》，载《马克思恩格斯全集》第 2 卷，人民出版社 1957 年版，第 592 页。

② 马克思：《马克思致约瑟夫·魏德迈(1859 年 2 月 1 日)》，载《马克思恩格斯全集》第 29 卷，人民出版社 1972 年版，第 550 页。

③ 恩格斯：《格奥尔格·维尔特》，载《马克思恩格斯全集》第 28 卷，人民出版社 2018 年版，第 6 页。

④ 恩格斯：《恩格斯致玛格丽特·哈克奈斯（1888 年 4 月初)》，载《马克思恩格斯选集》第 4 卷，人民出版社 2012 年版，第 589 页。

命大人物"，但对工人的生活状况漠不关心，也不深入到工人中去做任何实际工作。哈克奈斯能在小说中触及当时社会主义运动中的偏见和错误倾向，无疑需要相当的勇气。哈克奈斯的勇气还表现在她创作小说《城市姑娘》时坚持从生活出发，用一种"简单朴素、不加修饰的""如实地叙述"的现实主义艺术手法，描写了一个名叫耐丽的无产阶级姑娘被资产阶级男人所勾引这样一个"老而又老的故事"，通过把当时英国工人的生活状况摆在人们面前，揭示隐藏在这个故事背后的阶级对立。

（三）"歌颂倔强的、叱咤风云的和革命的无产者"

"歌颂倔强的、叱咤风云的和革命的无产者"，是马克思恩格斯对无产阶级文学提出的新要求，是阶级政治在文学艺术领域的突出体现。对社会的态度如何，对无产阶级的态度如何，成为马克思恩格斯衡量作品的重要尺度，这一观点可以从经典作家给拉萨尔、明娜·考茨基等人的信中看出。

任何时代、任何阶级都有自己的理想人物，这些人物是一定历史条件下的社会理想和审美理想的化身。在《德意志意识形态》中，马克思主义经典作家把是否具有改变社会环境的意图和能力，作为区分"新人"和"旧人"的根本标志。而无产阶级"新人"形象之所以"新"，是因为他们不再是昏庸麻木的消极群众，而是以主人公的决心和姿态推动历史的进步。马克思恩格斯希望作家和艺术家的表现对象是"新人"，即社会的新生力量。恩格斯在《诗歌和散文中的德国社会主义》中更是明确提出了这一点。在评价倍克的《穷人之歌》时，恩格斯用嘲讽的语气给予辛辣的批判。论文开篇第一句就是："'穷人之歌'的第一首歌是献给一个富有的家族的。"倍克为了营造"爱的王国"，从抽象的人道主义和泛爱主义出发，对所描写的人物形象多带着一些有限的怜悯和同情。"倍克歌颂胆怯的小市民的鄙俗风气。歌颂'穷人'，歌颂 pauvre honteux〔耻于乞讨的穷人〕——怀着卑微的、虔诚的和互相矛盾的愿望的人，歌颂各种各样的'小人物'，然而并不歌颂倔强的、叱咤风云的和革命的无产者。"[1] 这些不能自助的、可怜的"穷人"和充满鄙俗气的、

---

[1]　恩格斯：《诗歌和散文中的德国社会主义》，载《马克思恩格斯全集》第4卷，人民出版社1958年版，第223—224页。

卑微的"小人物"没有自觉的群体的阶级意识，缺乏改变社会环境的革命要求，成为屈服于统治者淫威、带有奴性的可怜角色，这样的描写受到了恩格斯的严厉批判。正是基于这一观点，恩格斯明确提出无产阶级文艺要"歌颂倔强的、叱咤风云的和革命的无产者"。这种先进的社会力量代表了人类的未来，体现了历史发展的趋势。也正是在这个意义上，马克思批评拉萨尔的《济金根》没有正确地反映 16 世纪德国的阶级关系，不恰当地"把路德式的骑士反对派看得高于闵采尔式的平民反对派"①。

无产阶级作为历史的创造者，他们的生活和斗争理应在文学中占有一席之地。马克思恩格斯提出的塑造无产阶级新人形象的观点具有划时代意义。毛泽东倡导的文艺要塑造新人物和表现新世界的思想可视为对马克思主义经典作家这一文艺思想的延续。

（四）"倾向应当从场面和情节中自然而然地流露出来"

马克思恩格斯的批评实践主要着眼于服务无产阶级革命斗争，但他们在论及作品中的倾向性时并不主张口号式宣泄。作为对文学艺术有着深厚造诣的无产阶级革命家，马克思恩格斯在讨论文学与政治的关系时强调文学作品要"莎士比亚化"，不要"席勒化"。1885 年，恩格斯在致明娜·考茨基的信中，结合明娜·考茨基写的小说《旧和新》与欧洲文学史上的其他作品，明确阐述了文学的政治倾向性、真实性以及二者的关系。恩格斯指出："我决不反对倾向诗本身。悲剧之父埃斯库罗斯和喜剧之父阿里斯托芬都是有强烈倾向的诗人，但丁和塞万提斯也不逊色；而席勒的《阴谋与爱情》的主要价值就在于它是德国第一部有政治倾向的戏剧。现代的那些写出优秀小说的俄国人和挪威人全是有倾向的作家。可是我认为，倾向应当从场面和情节中自然而然地流露出来，而无须特别把它指点出来；同时我认为，作者不必把他所描写的社会冲突的历史的未来的解决办法硬塞给读者。"②在这里，恩格斯指出，倾向要自然而然地流露，不是一种生硬的表达，既不当时代精神的

---

① 马克思：《马克思致斐迪南·拉萨尔（1859 年 4 月 19 日）》，载《马克思恩格斯选集》第 4 卷，人民出版社 2012 年版，第 437 页。

② 恩格斯：《恩格斯致明娜·考茨基（1885 年 11 月 26 日）》，载《马克思恩格斯选集》第 4 卷，人民出版社 2012 年版，第 579 页。

传声筒，又不要主观地指出未来，而应该通过对现实生活的真实描写表现出来，揭示历史发展的趋势。恩格斯甚至觉得"作者的见解越隐蔽，对艺术作品来说就越好"①。这就需要作家"驾驭自己的作品"②，充分掌握和娴熟运用各种艺术手法。

关于真实性和倾向性的问题，恩格斯在评价巴尔扎克时作了富有辩证色彩的说明。巴尔扎克"在《人间喜剧》里给我们提供了一部法国'社会'，特别是巴黎上流社会的无比精彩的现实主义历史，他用编年史的方式几乎逐年地把上升的资产阶级在1816—1848年这一时期对贵族社会日甚一日的冲击描写出来"③。恩格斯肯定了巴尔扎克描写的真实，"用编年史的方式"，同时又指出，面对历史的发展，"巴尔扎克就不得不违背自己的阶级同情和政治偏见；他看到了他心爱的贵族们灭亡的必然性，把他们描写成不配有更好命运的人"④。作家在描写社会发展时，无论是欢呼或憧憬、愤怒或批判、怀旧甚或挽歌，主要看作家是否从历史发展的必然性中去把握和判断，所创作的作品是否符合历史发展的趋势。正因为巴尔扎克的作品如实地表现了法国社会历史发展的必然趋势，符合历史发展的规律，所以恩格斯称他是"比过去、现在和未来的一切左拉都要伟大得多的现实主义大师"⑤。而那些只满足于"枯燥无味地记录个别的不幸事件和社会现象"，是"不可能把要叙述的事实同一般的环境联系起来，并从而使这些事实中所包含的一切特出的和意味深长的方面显露出来"⑥。那些孤立地描写某些个别事件的作品，即使有一些成功的描写，也很难揭示时代发展的趋势。也正是在这个意义上，马克思

① 恩格斯：《恩格斯致玛格丽特·哈克奈斯（1888年4月初）》，载《马克思恩格斯选集》第4卷，人民出版社2012年版，第590页。

② 恩格斯：《恩格斯致明娜·考茨基（1885年11月26日）》，载《马克思恩格斯选集》第4卷，人民出版社2012年版，第579页。

③ 恩格斯：《恩格斯致玛格丽特·哈克奈斯（1888年4月初）》，载《马克思恩格斯选集》第4卷，人民出版社2012年版，第590页。

④ 恩格斯：《恩格斯致玛格丽特·哈克奈斯（1888年4月初）》，载《马克思恩格斯选集》第4卷，人民出版社2012年版，第591页。

⑤ 恩格斯：《恩格斯致玛格丽特·哈克奈斯（1888年4月初）》，载《马克思恩格斯选集》第4卷，人民出版社2012年版，第590页。

⑥ 恩格斯：《诗歌和散文中的德国社会主义》，载《马克思恩格斯全集》第4卷，人民出版社1958年版，第237页。

主义经典作家强调："主要的出场人物是一定的阶级和倾向的代表，因而也是他们时代的一定思想的代表，他们的动机不是来自琐碎的个人欲望，而正是来自他们所处的历史潮流。"① 由此，马克思恩格斯通过与作家们的通信，阐发了自己的观点，他们主张把文学作品中的阶级意识、时代风貌和历史发展有机地结合起来。不仅如此，恩格斯还希望优秀的文学作品应该是"较大的思想深度和自觉的历史内容，同莎士比亚剧作的情节的生动性和丰富性的完美融合"②，实际上已经涉及文学的思想性、历史性与审美性三者的关系。经典马克思主义对具体作品的评述所表现出的较高的艺术眼光，与他们深厚的艺术修养有直接关系。③ 马克思主义经典作家对文学的挚爱为他们研究文学问题打下了坚实的基础。尽管后来马克思恩格斯选择了投身无产阶级革命事业的道路，但终其一生，他们都表现出对文学艺术的兴趣和爱好。

马克思恩格斯的政治批评主要对象是现实主义作品，其中有些观点因文学思潮的变迁和创作的变化也许有些过时，但他们关于文学与政治关系的见解对当今研究文学的价值和功能具有指导意义。今天，我们依然面临着同样的问题，如关于文学的认识功能及其与历史、道德等学科的关系，作家艺术家的责任和良心，写什么和如何写，特别是如何恰当地处理文本中真实性与倾向性的关系，等等。马克思主义经典作家的观点不仅提供了文学批评中研究问题的基本原则和立场，而且为中国马克思主义文学批评开启了进一步探索的空间。

---

① 恩格斯：《恩格斯致斐迪南·拉萨尔（1895年5月18日）》，载《马克思恩格斯选集》第4卷，人民出版社2012年版，第440页。

② 恩格斯：《恩格斯致斐迪南·拉萨尔（1895年5月18日）》，载《马克思恩格斯选集》第4卷，人民出版社2012年版，第440页。

③ 马克思青少年时期阅读了大量古典文学名著，且非常喜爱文学和诗歌创作。从1835年到1837年，马克思写下了四本诗集、一部幽默小说的片断和一个剧本的几场。进入柏林大学后，马克思才将主要精力转向哲学研究。恩格斯在中学时代就开始了诗歌和小说的创作，并组织了一个文学团体，后来尝试过多种样式，除诗歌、小说外，还编过故事和剧本，并在文学批评和政论写作方面有很高的造诣。

第二节　中国形态文学与政治美学的变迁

每个时代所面对的现实不同，决定了理论研究任务的差异性。中国形态的政治在继承经典马克思主义的政治观的基础上，经历了一些调整与变化。重视文学的意识形态功能，成为中国形态的鲜明特点。

一、毛泽东论文艺与政治

文艺与政治的关系在毛泽东文艺思想体系中占有重要位置。毛泽东是从中国革命的全局出发考虑文艺问题的，并从中国革命的特点和面临的任务的角度确定文艺的地位和作用。因此，在谈论文艺与政治的关系时，毛泽东重点关注的是文艺的方向和政策等问题，不是一些具体的文艺现象和文艺自身的特性。

（一）毛泽东论政治

毛泽东的政治观既有对经典马克思主义的继承，又有自身的特色。作为马克思主义者，毛泽东也是根据社会结构来谈论政治的上层建筑性质的，并明确指出政治在阶级社会中的阶级属性。"政治，不论革命的和反革命的，都是阶级对阶级的斗争"①。毛泽东强调政治的宗旨是为大多数人服务，政治代表的是最广大人民群众的根本利益和意志愿望，这些观点与马克思主义经典作家的政治观一脉相承。同时，毛泽东又根据中国国情对政治作了新的阐述，在一定程度上体现了中国形态政治观的独到之处。

在马克思主义关于经济基础和上层建筑的学说的基础上，毛泽东结合中国革命的历史和现实的实际，对政治在社会结构中的位置、作用，以及政治和经济的关系作了具体独到的阐述："一定的文化（当作观念形态的文

---

① 毛泽东：《在延安文艺座谈会上的讲话》，载《毛泽东选集》第 3 卷，人民出版社 1991 年版，第 866 页。

化）是一定社会的政治和经济的反映，又给予伟大影响和作用于一定社会的政治和经济；而经济是基础，政治则是经济的集中的表现。这是我们对于文化和政治、经济的关系及政治和经济的关系的基本观点。"① 毛泽东既承认总的历史发展过程中物质的东西决定精神的东西，又强调精神的反作用。并且，毛泽东认为在上层建筑和诸种意识形态中，政治往往处于核心和主导地位，并把政治与经济直接联系起来，认为政治是经济的集中表现，政治和经济一道共同作用于文化。从毛泽东的这段论述中，我们不仅看到政治被赋予了特殊性质，而且发现了毛泽东有关经济基础与上层建筑融合的先见。

毛泽东的政治观的另一特色是把阶级政治与中国国情、特定时代结合起来。在抗战时期，反对日本帝国主义的侵略为这一时期的首要政治，于是阶级政治扩展为民族政治。毛泽东指出："今天中国政治的第一个根本问题是抗日"②。当时整个社会和时代的思想不可避免地具有一致抗日这一强烈的政治色彩。不同时期的政治具有不同的时代特征，若离开了特定的时期就不可能对政治有确切的判断，由此阶级政治与时代政治交融在一起。毛泽东不仅把阶级政治扩展到更为广泛的群众政治，与一定的时代结合起来，而且强调一定阶级和群众的经济利益只有依靠一定的政治才能得到应有的保证。"只有经过政治，阶级和群众的需要才能集中地表现出来。"③ 政治代表人民的呼声，政治的最高宗旨就是为人民服务。

新中国成立后，毛泽东从中国革命和建设的现实出发，更强调意识形态的巨大影响和反作用。"人们的社会存在，决定人们的思想。而代表先进阶级的正确思想，一旦被群众掌握，就会变成改造社会、改造世界的物质力量。"④ 对文化和文艺等上层建筑的"伟大影响和作用"的估计和功能的重视，

---

① 毛泽东：《新民主主义论》，载《毛泽东选集》第 2 卷，人民出版社 1991 年版，第 663—664 页。

② 毛泽东：《在延安文艺座谈会上的讲话》，载《毛泽东选集》第 3 卷，人民出版社 1991 年版，第 867 页。

③ 毛泽东：《在延安文艺座谈会上的讲话》，载《毛泽东选集》第 3 卷，人民出版社 1991 年版，第 866 页。

④ 毛泽东：《人的正确思想是从哪里来的？（一九六三年五月）》，载《毛泽东文集》第 8 卷，人民出版社 1999 年版，第 320 页。

是毛泽东文艺思想的又一重要方面。可以说，在马克思恩格斯等经典马克思主义作家中，毛泽东是最重视文艺的意识形态能动作用的一位政治家。

（二）毛泽东论文艺和政治的统一

关于文艺与政治的关系，毛泽东作了明确规定："在现在世界上，一切文化或文学艺术都是属于一定的阶级，属于一定的政治路线的。为艺术的艺术，超阶级的艺术，和政治并行或互相独立的艺术，实际上是不存在的。"①毛泽东在这里作了全称判断，"在现在世界上"，"一切文化或文学艺术"。文艺作为一种意识形态，必然会反映一定民族、时代、社会集团的需要、意志和愿望，并按照一定社会集团和成员的愿望、要求去改造世界。毛泽东把文艺纳入整个革命事业之中来考虑。他高度赞扬五四新文化运动所起到的巨大作用："这个文化新军的锋芒所向，从思想到形式（文字等），无不起了极大的革命。"②在中国民族解放斗争中，文艺同样发挥了重要作用。"革命文化，对于人民大众，是革命的有力武器。革命文化，在革命前，是革命的思想准备；在革命中，是革命总战线中的一条必要和重要的战线。"③中国人民的解放斗争，需要文、武两个战线，既要依靠拿枪的军队，也要依靠文化的军队。"如果连最广义最普通的文学艺术也没有，那革命运动就不能进行，就不能胜利。"④

撰写了《矛盾论》和《实践论》的毛泽东还看到了文学艺术与政治的辩证关系。"我们不赞成把文艺的重要性过分强调到错误的程度，但也不赞成把文艺的重要性估计不足。文艺是从属于政治的，但又反转来给予伟大的影响于政治。"⑤毛泽东认为，好的作品应该实现两者的统一："我们的要求则

---

① 毛泽东：《在延安文艺座谈会上的讲话》，载《毛泽东选集》第3卷，人民出版社1991年版，第865页。

② 毛泽东：《新民主主义论》，载《毛泽东选集》第2卷，人民出版社1991年版，第697—698页。

③ 毛泽东：《新民主主义论》，载《毛泽东选集》第2卷，人民出版社1991年版，第708页。

④ 毛泽东：《在延安文艺座谈会上的讲话》，载《毛泽东选集》第3卷，人民出版社1991年版，第866页。

⑤ 毛泽东：《在延安文艺座谈会上的讲话》，载《毛泽东选集》第3卷，人民出版社1991年版，第866页。

是政治和艺术的统一，内容和形式的统一，革命的政治内容和尽可能完美的艺术形式的统一。缺乏艺术性的艺术品，无论政治上怎样进步，也是没有力量的。因此，我们既反对政治观点错误的艺术品，也反对只有正确的政治观点而没有艺术力量的所谓'标语口号式'的倾向。"① 这段论述极富辩证色彩，从理论上论述了政治与艺术的对立统一的关系。

既然文艺作品是思想内容与艺术形式的统一，那么，文艺批评标准也就有两个方面。"文艺批评有两个标准，一个是政治标准，一个是艺术标准。"② 在评判文学作品时，毛泽东一方面看到"政治与艺术的统一"；另一方面又强调政治标准拥有优先权，即"以政治标准放在第一位，以艺术标准放在第二位"③。这与毛泽东政治家的身份有关。毛泽东也十分重视文艺作品的社会效果，提出了"动机效果统一论"。好的文艺作品应该在对现实关系的真实描写中展示审美理想，达到团结人民、教育人民的目的。

（三）关于"文艺为政治服务"之辨析

关于毛泽东提出的"文艺从属于政治""文艺为政治服务"的问题，需要作具体辨析。首先，这一口号的提出有其特定的历史背景和针对性。在当时民族矛盾尖锐、革命战争频繁的岁月，强调文艺为革命斗争服务，的确可以使文艺产生强烈的现实战斗作用，事实上也出现了一批反映工农兵战斗生活的优秀作品。其次，就毛泽东个人而言，他首先是一位政治家，而不是一位文艺评论家。他对文艺问题的见解是从全局的战略高度来考虑的，他要解决的问题是革命战争与文艺的关系。"文艺为政治服务"的口号可以说正是中国文艺与中国革命实践相结合的产物。再次，毛泽东的文艺政治观与中国几千年来"文以载道"的传统观念也有着一定的渊源关系。这一问题有待专门研究。

---

① 毛泽东：《在延安文艺座谈会上的讲话》，载《毛泽东选集》第3卷，人民出版社1991年版，第869—870页。

② 毛泽东：《在延安文艺座谈会上的讲话》，载《毛泽东选集》第3卷，人民出版社1991年版，第868页。

③ 毛泽东：《在延安文艺座谈会上的讲话》，载《毛泽东选集》第3卷，人民出版社1991年版，第869页。

从今天的角度看，"文艺为政治服务"这一口号显然有偏颇之处，因为它把上层建筑的意识形态之间的互相影响的关系变成从属关系，将政治作为文艺的旨归，导致文艺与政治的关系走向极端和片面。同时，这一口号也在一定程度上束缚了文艺创作的繁荣发展，因为将文艺的全部任务和根本目的归结为为政治服务，容易使文艺创作出现简单化、庸俗化的倾向。随着大规模的疾风暴雨式的阶级斗争在全国范围内基本结束，党和国家的任务由革命转向重点发展生产力，文艺的意识形态性质也随之发生变化。毛泽东根据国家需要迅速发展经济和文化的迫切要求，提出了"双百"方针："百花齐放、百家争鸣的方针，是促进艺术发展和科学进步的方针，是促进我国的社会主义文化繁荣的方针。艺术上不同的形式和风格可以自由发展，科学上不同的学派可以自由争论。"①"双百"方针的提出可以说是在文化科学领域中的一个富有探索性的成果。特别是党的十一届三中全会以来，我国已进入一个新的历史发展时期，"文艺为政治服务"这一口号更亟待纠正。在新的历史时期，文艺的意识形态性及其发展变化是一个需要正视和研究的问题。

二、新时期文学与政治

新时期文艺界的拨乱反正首先是从文学艺术与政治的关系开始的。邓小平以解放思想、实事求是的精神，在认真总结历史经验教训的基础上明确提出文艺在"不脱离政治"的前提下，不再提"从属于政治"，而改提"文艺为人民服务、为社会主义服务"（以下简称"二为"方向），对文艺的意识形态性质作出了符合历史发展规律的调整和完善。

---

① 毛泽东：《关于正确处理人民内部矛盾的问题》，载《毛泽东文集》第7卷，人民出版社1999年版，第229页。关于"百花齐放、百家争鸣"（简称"双百"方针），毛泽东多次提到并阐述。1956年5月2日在最高国务会议作《论十大关系》的报告中正式宣布，并在1957年1月的《在省市自治区党委书记会议上的讲话》、1957年2月27日《关于正确处理人民内部矛盾的问题》和1957年3月12日《在中国共产党全国宣传工作会议上的讲话》等论著中进一步重申了这一方针。

（一）对政治的纠偏和坚持

"文革"后期，文艺与政治的关系被严重歪曲，文艺成为政治的附庸，文学批评变成政治工具，导致文艺园地一片荒芜。人们开始认识到，在新的历史时期，继续提"文艺从属于政治"的口号不利于文艺的繁荣和发展。1979年，中国文学艺术工作者第四次代表大会召开，如何处理文艺与政治的关系成为亟待解决的问题。邓小平在《在中国文学艺术工作者第四次代表大会上的祝词》中指出：党对文艺的领导"不是要求文学艺术从属于临时的、具体的、直接的政治任务，而是根据文学艺术的特征和发展规律，帮助文艺工作者获得条件来不断繁荣文学艺术事业，提高文学艺术水平，创作出无愧于我们伟大人民、伟大时代的优秀的文学艺术作品和表演艺术成果"[1]。在紧接着的1980年1月16日，邓小平说得更明确：我们"不继续提文艺从属于政治这样的口号，因为这个口号容易成为对文艺横加干涉的理论根据，长期的实践证明它对文艺的发展利少害多"[2]。

不提文学为政治服务，不等于文学与政治无关，事实上，文学是脱离不了政治的。关于这一点，邓小平表述得十分透彻："任何进步的、革命的文艺工作者都不能不考虑作品的社会影响，不能不考虑人民的利益、国家的利益、党的利益。"[3]文学离不开政治，首先是由文学在社会结构中的位置决定的，文学作为意识形态的一部分，不可能完全脱离社会。同时，描写社会生活是当今社会主义文学的使命和职责所在，文学作品要发挥积极的社会效果，不可能不涉及政治。并且，新的时代文学的政治内涵已经发生了很大变化，对人民群众的关心和热爱成为今天最大的政治。

（二）"文艺为人民服务、为社会主义服务"的提出

"二为"方向是根据新的历史形势和任务提出的新的文艺工作的总口号。1980年2月21日，周扬在剧本座谈会上的讲话中就对文学与政治的关系作

---

① 邓小平：《在中国文学艺术工作者第四次代表大会上的祝词》，载《邓小平文选》第2卷，人民出版社1994年版，第213页。

② 邓小平：《目前的形势和任务》，载《邓小平文选》第2卷，人民出版社1994年版，第255页。

③ 邓小平：《目前的形势和任务》，载《邓小平文选》第2卷，人民出版社1994年版，第256页。

出了新的阐释："我们提文艺要为人民服务、为社会主义服务，这不比单提为政治服务更适合、更广阔吗？社会主义的涵义不只包括政治，还包括经济和文化。第四次文代会提出，我们的文艺要培养社会主义新人，促进社会主义社会的进一步完善和发展，提高人民的精神境界，满足人民日益增长的文化需要，这不就是文艺为人民服务、为社会主义服务的主要内容吗？"① 文艺要表现的政治应该是在人民群众实际生活中发生着的、实践着的政治，是影响着千家万户、关系着每个人的切身利益以至于前途命运的政治。

1980 年 7 月 26 日，《人民日报》发表了题为《文艺为人民服务，为社会主义服务》的社论，正式提出："二为"方向，"我们的文艺工作总的口号应当是：文艺为人民服务，为社会主义服务。"文艺为人民服务的含义是为最广大的人民群众，首先是为工农兵服务；文艺为社会主义服务的含义是为社会主义的政治、经济、文化、军事等各个方面的根本需要服务。社论还对"文艺为政治服务"这一口号的利弊作了历史的全面的评价："过去，相当长时期我们曾经提出'文艺为政治服务'的口号，这个口号反映了文艺的一项十分重要的使命，在历史上起过积极作用。……但是不能不看到，这个口号曾经被不适当地夸大并绝对化了。"同时，社论指出："为人民服务，为社会主义服务，这个口号概括了文艺工作的总任务和根本目的，它包括了为政治服务，但比孤立地提为政治服务更全面，更科学。"②

胡乔木对"二为"方向作了进一步解释，他认为：文艺"'为人民服务，为社会主义服务'的提法比'为政治服务'的提法更本质，它的范围比'为政治服务'广阔得多。"因为"人民、社会主义，这是根本的目标，是非常广阔的概念。它们把政治包含在内，但不单单归结为政治。它们是政治的目的，政治的正确性归根到底要用人民的利益、社会主义的利益来衡量和保证。"③ 不再将政治本身当成目的，而是将政治当成实现人民利益的手段，最终是为人民利益而服务的，而人民又是社会主义现代化建设的主体：由此为

---

① 周扬：《解放思想，真实地表现我们的时代》，《文艺报》1981 年第 4 期。

② 《文艺为人民服务，为社会主义服务》，《人民日报》1980 年 7 月 26 日。

③ 胡乔木：《关于文艺与政治关系的几点意见（一九八二年六月二十五日在中国文联四届二次全委会招待会上的讲话）》，载《胡乔木文集》第 2 卷，人民出版社 2012 年版，第 560—561 页。

人民服务和为社会主义服务在实质上就统一了。在这个意义上，"二为"方向是对当代文艺意识形态性质更为科学的定位。

第三节　文学与政治关系新探

文学与政治的关系之所以在中国形态中重提，主要鉴于以下原因：第一，关于文学与政治关系的认识仍存在偏颇。有人并没有完全从极左的惯性中解脱出来，动辄打棍子、扣帽子，把政治批评搞得面目可憎；也有人出于对以往政治的恐惧，表现出对政治的疏远和反感。因而有必要对这些思维惯性加以反省。第二，事实上，政治因素从未从文学中消失。只要文学与社会存在联系，就无法完全回避或无视具体的政治历史背景对个体生命和文学创作的潜在影响，去政治化或远离政治只是人们的一厢情愿。第三，在中国马克思主义文学批评者看来，文学应有自身的责任和担当。文学要表现人的命运，要揭示社会的各种现象和问题，就应该直面社会、干预现实乃至引领生活。如果文学不引导人们直面社会和人生，文学的存在就成为问题。因此，需要在经典马克思主义政治观和中国国情的基础上，重新审视文学与政治的关系。若回避政治这个问题，将可能直接影响到新的历史条件下我国文艺创作和文学批评的健康发展。

一、文学与"重新政治化"

20世纪以来，尽管我国文学理论批评花样翻新，新见迭出，但是文学与政治的关系问题并没有得到应有的梳理，尤其是对近百年文学与政治的关系缺乏足够的反思。要建构中国形态的政治维度，有必要对文学与政治的关系作一个简略的历史勾勒。这是研究问题的起点。

（一）文学与政治关系的历史回顾

我国历来有"文以载道"的传统，士大夫包括文人经世报国的情怀是文学与政治建立关系的文化基础。笔者曾在《比较文学》教材中探讨过"痛苦"

对文学创作的影响，发现中西诗人"痛苦"的内涵有很大差异：西方诗人的痛苦多因情爱之故，而中国诗人的痛苦则是"感时忧国"，是"大道如青天，我独不得出"的悲愤，是其政治抱负不能实现的懊恼。就文学批评而言，虽然中国古代文学批评有其自身的特色，讲究"缘情说""滋味说"等，但显然"言志说"更具主导地位，并且传统文论更注重文学的教化作用，讲究"兴观群怨"。《毛诗序》中有这样一段："情发于声，声成文谓之音，治世之音安以乐，其政和；乱世之音怨以怒，其政乖；亡国之音哀以思，其民困。故正得失，动天地，感鬼神，莫近于诗。先王以是经夫妇，成孝敬，厚人伦，美教化，移风俗。"这从一个侧面说明，文学与政治的关联在中国是有着深厚的历史传统和文化土壤的。

近代以来，一批中国学人如梁启超等主要从政治出发研究学术和文学。梁启超的"欲新一国之民，不可不先新一国之小说"的观念将小说提到了开启民智的高度，突出了文学在启蒙和革命中的作用。五四时期，启蒙和革命成为当时文学和批评的重要主题，其间盛行的现实主义和浪漫主义作品也都染上了强烈的政治色彩。茅盾当时曾指出，作家不但要描写社会的真实背景，而且要"隐隐指出未来的希望，把新理想新信仰灌到人心中"，"应该把光明的路指导给烦闷者，使新理想重复在他们心中震荡起来"。[1] 刘纳在《嬗变——辛亥革命时期至五四时期的中国文学》（修订版）一书中揭示了当时政治对文学的双重作用："政治推动文学走上了崭新的道路，同时，政治又执拗地捆绑着文学，侵凌着、改变它作为艺术门类的品格。"[2]

20 世纪 30 年代，中华民族处于救亡图存的危机时期，左翼文艺包括电影、小说、歌剧、小曲等都突出了文学的政治动员功能，左翼文学批评也十分强调文学对社会现实的介入。而域外传来的印象批评、语义批评等之所以未成气候，就在于国难当头之际没有给这些闲适批评留下发挥的空间。在延安，革命文学更是旗帜鲜明地为工农兵服务。周扬曾明

---

① 沈雁冰：《创作的前途》，《小说月报》1921 年 7 月 10 日。

② 刘纳：《嬗变——辛亥革命时期至五四时期的中国文学》（修订版），中国人民大学出版社 2010 年版，第 247 页。

确提出："如果文艺批评不注意作品的思想内容，不能辨别作品中的倾向好坏，不为创作发展的正确方向斗争，那么这种批评，就没有什么价值了。"①

（二）政治化（过度政治化）、去政治化到重新政治化

20世纪中叶以来，文学与政治的关系在中国文坛经历了一个政治化（过度政治化）、去政治化到如今重新政治化的否定之否定的历程。

重视文学的意识形态功能这一特色是一把"双刃剑"，虽然突出政治在特定历史时期起到了"团结人民、打击敌人"的作用，但后来这种趋向逐步演变成政治标准唯一，文学批评从政治观念出发评判文学作品，用阶级分析代替艺术分析，政治被曲解为斗争。例如，20世纪50年代初期对萧也牧《我们夫妇之间》的批判。小说写了一对夫妇的感情纠葛。知识分子出身的丈夫李克和工农出身的妻子张英虽然性格、经历差别很大，但在战争年代两人关系融洽。进城后，在新的环境下，丈夫感到"好像回到了故乡"，妻子却对地毯、沙发、跳舞等都看不惯，并干涉丈夫跳舞、抽纸烟。李克尽管对妻子的所作所为不满，但还是不断自省，最后达到谅解。这部作品问世后，起初受到人们的关注和喜爱，一年半后，对它的批判平地突起。有人指出，这部作品的人物塑造有严重问题，李克是一个"不真实的歪曲的形象"，"抹杀了广大革命知识分子在共产党领导下长期艰苦改造的光辉史实"。对妻子张英的描写也是"对于经过长期锻炼和经过良好的城市政策学习的我们的干部的严重歪曲"。在作品的题材上，也有人指责作者为什么不去写轰轰烈烈的土地改革、抗美援朝、镇反等政治运动，而去写一些琐碎的私生活，题材成为决定作品倾向性的唯一条件。② 这种批评是很难对作品作出公允评价的。当时有些批评家对把文艺批评看作阶级斗争工具提出了不同观点，如钱谷融在他的《论"文学是人学"》一文中指出："对于人的描写，在文学中不仅是作为一种工具，一种手段，同时

① 周扬：《建立中国自己的马克思主义的文艺理论和批评》，载《周扬文集》第3卷，人民文学出版社1990年版，第30页。

② 以上引文均见于可训、陈美兰主编：《文学风雨四十年——中国当代文学作品争鸣述评》，武汉大学出版社1989年版，第257—266页。

也是文学的目的所在，任务所在。"①但是，这些声音非常微弱，甚或遭到批判。

到了 20 世纪 80 年代，"从理论批评层面看，在思想解放的滚滚浪潮中，文学理论界首先反思的就是文学与政治的关系问题"②。出于对长期存在的极左思潮的反感，以及改革开放以来的思想解放与西方文学批评思潮的涌入，中国文坛出现了一股"去政治化"的趋势。随着百年以降的各种西方文学批评特别是以俄国形式主义、英美新批评和法国结构主义为代表的 20 世纪形式主义批评流派在这一时期大举引进，中国当代文学批评将目光转向文本，走进形式，发现了这个长期被人们遗忘或遮蔽的天地。人们接受了这些形式主义批评的主张，如标举文本的自足性，主张从文本的语言和形式入手，力求达到批评的客观性和科学化，等等。尽管 20 世纪 80 年代文学创作上出现了颇有反思意味的"伤痕文学"和"寻根文学"，但文学批评毅然决然地表现出对政治的疏离，"不反映飘扬在城堡上空的旗帜的颜色"，俄国形式主义的这一口号成为这一时期文学批评"去政治化"的标志。

20 世纪末的中国文坛，文学与政治再次走近，文学批评领域出现了重返历史、重返意识形态的转向。这种重新政治化是新的历史条件下中外学人对 20 世纪文学批评现状的反思。人们逐渐意识到，任何疏离政治和游戏政治的做法，只不过是掩耳盗铃，最终伤害的是人自身和赖以生活的社会环境。"一切批评在某种意义上都是政治的。"③即使是那些标举科学或自足的文学批评，如俄国形式主义批评、结构主义批评和解构批评等，实际上都摆脱不了政治对文学批评的渗透。如俄国形式主义的核心概念"陌生化"，就是通过所呈现的画面与现实的强烈对比等给人以震撼，产生深刻的政治含义。结构主义所标举的二元对立也回避不了政治因素，只要给二元对立注入语义就有了政治的意味。解构主义对中心的颠覆本身就是一种政治行为。在西方，不仅兴起的女权主义批评、后殖民批评、新历史主义批评等具有浓厚意识形态色彩的批评流派逐渐从边缘走向中心，而且随着后现代思潮和文化

---

① 钱谷融：《论"文学是人学"》，载《钱谷融文集·文论卷：文学是人学》，上海人民出版社 2013 年版，第 9 页。

② 张永清：《政治·革命·文学——对改革开放 30 年文学与政治关系的反思》，《西北大学学报（哲学社会科学版）》2009 年第 6 期。

③ ［英］特里·伊格尔顿：《文学原理引论》，刘峰译，文化艺术出版社 1987 年版，第 247 页。

研究的传播和推进，权力话语、文化霸权等也成为西方文学批评的热门词汇。在全球化的冲击下，民族振兴则成为中国文学批评的自觉意识，民族及其相关问题成为文学批评的前沿和现实话题。如今，性别、种族、生态、民族等，逐一成为当下批评的切入点。

在中国，当今的重新政治化还具有特殊的意义。重新政治化不是政治的简单回归，它体现的是一种现实关怀，彰显出文学批评对社会、对人民和民族的责任。同时，重新政治化也是对过分娱乐化的抵制，政治所体现的理性因素无疑是对审美感性的一种纠偏和补充。在消费社会里，物质繁荣，价值失衡，资本泛滥。文学批评的重新政治化提示人们须警惕过分娱乐化造成文艺的畸形繁荣，一味追求语言的迷宫和感觉的狂欢，不仅抑制、遮蔽了文本中的政治因素，而且让人们在娱乐中降低了对现实社会的政治热情。更重要的是，重新政治化不是以一种外部的力量来干预文学，而是通过重新塑造人的感觉和精神世界的方式来介入社会。也可以说，重新政治化与审美发生了关系，它通过新的感觉、新的形式帮助人们形成对世界的新看法。这种政治与审美的融合正是重新政治化的价值所在，也是建立新型的文学和政治关系的理论基础。

二、政治形态的当代转型

文学与政治的关系不仅在时间上经历了一个否定之否定的过程，而且政治在呈现形态上也发生了转型。由于当代经济政治格局的云诡波谲和阶级关系的变动不居，在马基雅维利、霍布斯等人提出古典政治走向终结的观点之后，如今又有西方学者提到了政治的终结问题。如美国学者卡尔·博格斯在其《政治的终结》一书中就表达了对美国政治衰败的失望，尽管他表示所谓政治的终结只是在比喻的意义上，并寄希望于政治的复兴。① 应该说，就整个社会历史的发展状况看，政治从来就没有终结，而是不断出现转型，这种转型正是政治本身的生命力之所在。在新的历史语境下，政治的内涵和外延

---

① 参见［美］卡尔·博格斯：《政治的终结》，陈家刚译，社会科学文献出版社 2001 年版，"译者序"第 3 页。

悄然发生着改变，并渗透到社会生活的各个方面。根据变化了的情势对政治形态的走势作出新的描述和解释，是中国马克思主义文学批评的责任。

在中国、在世界，如今的政治都不再仅仅是阶级斗争或党派政治，而是一个比其宽泛得多的概念。政治领域的主要行动是少数领袖转为广大民众，政治生活的影响方式也由社会集体转为现实个人，政治观念的表现方式不再以居高临下的面目出现，而是由外显转为隐蔽的意识乃至成为一种"政治无意识"。

（一）从阶级政治到人民政治

以往的政治主要体现为不同阶级的矛盾和斗争，一定的政治就应该维护一定阶级的利益。而如今的政治则已不限于阶级斗争或党派政治，而是延伸到更为广阔的人民政治。政治所追求的不再仅仅是本阶级的利益，而是代表全体人民的真实利益，追求绝大多数人的公平正义。当然，中国形态人民政治的提出并不是要完全取代阶级政治，而是表明人民作为阶级的集合体，具有更广泛的代表性。人民政治是马克思所预言的阶级政治向人的解放迈进的过渡环节，它使当今这一历史阶段的政治内涵得以扩展。在人民政治的框架下，阶级分野并没有消失，阶级差异和对立依然存在，只是不再像马克思生活的19世纪那样泾渭分明。如今工人和老板可以享受同样的电视节目，徜徉于同样的风景胜地，都可以开凯迪拉克。[①] 社会的财富也不全是由某个阶级创造，所有创造财富的人都有权要求享有自己那份应得的权益，都可以言说他们的特殊性。人民政治这个概念使政治的内涵得到极大扩展，生活在变化中的中国和世界的人们，都在寻找自身的位置和价值，经历着身份的再定义。人民政治的提出也为文学创作和文学批评明确了服务对象，人民成为文艺表现和接受的主体。

中国形态的人民政治与西方学者提出的身份政治不尽相同。人民在当代中国是主导和主流话语，而身份政治则主要强调性别、种族等边缘状态的人群，在一定意义上是少数人的话语，是弱者反抗的表征。并且人民政治既主张对群体乃至民族的认同，又看到了个体的具体性和差异性。"人民不是抽

---

① 参见［美］赫伯特·马尔库塞：《单向度的人——发达工业社会意识形态研究》，刘继译，上海译文出版社2014年版，第9页。

象的符号，而是一个一个具体的人的集合，每个人都有血有肉、有情感、有爱恨、有梦想，都有内心的冲突和忧伤。"① 抽象的群体意识转化为对具体多样的个人生存的关切，这种具体性为文学创作和文学批评提供了施展身手的天地，在普遍性中发现特殊性，关注普通人的生存际遇、喜怒哀乐，就成为文学创作和批评的焦点。

（二）从宏观政治走向微观政治

宏观政治主要指国家体制、国际交往和社会变革等大的层面②，微观政治则渗透于日常生活的方方面面。微观政治中最重要的两个关键词是日常生活和个体生命，当今人们的注意力更多的是转向人的现实存在、转向日常生活。

微观政治的兴盛与当今的文化研究有着密切联系，学问不再是"象牙塔"里的事了，政治被嵌入日常生活中，渗透到传媒世界、购物中心、身体和居所之中。当代意识形态影响力的争夺也主要不是通过剑拔弩张的斗争，而是通过文化或消费来左右人们对日常生活的看法，影响和改变人们的观念。当然，从宏观政治走向微观政治并不意味着完全忽略宏观政治，而是说微观政治已成为政治生活的又一重要方面。并且宏观政治与微观政治不可能截然分开：一方面，宏观政治可能影响和制约微观政治；另一方面，微观政治的作用不可小觑，人们常常利用自媒体表达对现实生活中各种事件的关注与评论。某些细微的事件就像巴西那轻拍翅膀的蝴蝶一样，假以时日，也会掀起大的风暴。在这个意义上，对微观政治的关注有助于对宏观政治的推进。

面对宏观政治与微观政治的关系，中国形态的政治维度一方面需要看到这种研究重心的转向，注重审视日常生活中的政治意义，在对日常生活发声

---

① 习近平：《在中国文联十大、中国作协九大开幕式上的讲话》，人民出版社 2016 年版，第12 页。

② 英国学者吉登斯在《现代性与自我认同》中所说的"解放政治"可以作为宏观政治的参照。吉登斯把"解放政治"定义为："1. 把社会生活从传统和习俗的僵化生活中解脱出来。2. 减轻或消灭剥削、不平等或压迫。所关心的是权力与资源的差异性分配。3. 服从于由正义、平等与参与的伦理所具有的独断。"（参见 ［英］安东尼·吉登斯：《现代性与自我认同》，赵旭东、方文译，生活·读书·新知三联书店 1998 年版，第 252 页。）

中掌握文化领导权；另一方面，还要注意微观政治的负面影响，坚持把理想和信念贯穿于日常生活之中。

（三）从显性政治转化为隐性政治

在卢卡奇、葛兰西等第一代西方马克思主义理论家那里，他们所谈论的政治仍是一种显性政治，他们思考的是资本主义与社会主义、资产者与无产者、民族与革命等问题，以及自身所处的现实环境。如今，那种公开的、激烈的阶级斗争和暴力不再是政治的普遍形式了，政治正逐渐演变成"随风潜入夜，细雨润无声"的状态，以不易觉察的方式隐身在日常生活和文学作品的各种故事和话语中，成为一种"政治无意识"。

就文学而言，隐性政治的存在是一个普遍的历史事实。文学与政治的关系在多数情况下不是一目了然的，一些政治倾向太突出的文学作品反而不易受到读者欢迎。古今中外的文学作品大多蕴含着或隐或显的政治因素，即使那些标举"纯文学"或"闲适化"的作品也概莫能外。"采菊东篱下，悠然见南山"貌似悠闲，但睿智的读者能从中读出对现实的不满和对理想生活的希冀。英国湖畔派诗人也是如此，他们对英国工业革命是有抵触的。艺术的自律似乎与政治无涉，殊不知艺术的自律就是政治，它是用一种决然的偏执的洁身自好的方式与现实对抗。"从历史和美学的观点来看，'无倾向性的''真正的'艺术是一种神话。"[1] 随着人们对语言的意识形态性的深入研究，作为语言艺术的文学摆脱不了政治的影响这种观点已被更多的人接受和认同。揭示文学文本中潜藏的内在的意识形态冲突，从文本中辨析出阶级、性别、种族的压迫，读出被压迫者的反抗，就成为马克思主义文学批评的政治维度的主要任务。

简言之，文学中的政治因素有多寡、深浅、显隐之分，但从来没有缺席过。在更多的情况下，政治是以潜移默化的方式浸透在文学文本之中，体现在作品的思想倾向或作家的情感态度上。改用美国学者布斯在《小说修辞学》

---

[1]　[德] 卡·李卜克内西：《反对否定社会内容的艺术》，载苏联艺术研究院编：《艺术论集——马克思主义者对西方现代派文艺的评述》，姜其煌等译，文化艺术出版社1987年版，第73页。

中的一句话，表达对文学与政治关系的看法：在文学中，政治可以选择各种伪装，但不可能选择消失不见。

三、审美与政治的张力

鉴于当代重新政治化的特殊语境和政治形态的转型，文艺的意识形态性质也随之发生变化，不仅在内涵上拥有了新质，而且在外延上也得到了扩展。因此，中国形态需要根据时代的发展和变化审视和构建文学与政治的新型关系。

当今政治概念揭示审美与政治的深层关联和张力。文学与政治的关系是一个庞大的命题，这里不准备泛泛讨论两者的关系，而是聚焦于文学活动本身，探讨作为意识形态的政治与文学文本的关系。政治作为意识形态的一种，必然反映一定的民族、时代、社会集团的需要、意志和愿望，并按照一定社会集团和成员的愿望、要求去改造世界。而作为意识形态的文学同样需要用生动的形象揭示真理，也具有一种全面的认识价值。文学与政治在社会结构中的位置和性质的相似性，构成了两者具有内在联系的学理基础。

（一）审美即政治

以往有一种观点认为，文学与政治的关系属于文学研究的外部关系。如果从政治作为政策和制度的角度来看，此言是成立的，但若立足文学文本，这一观点就需要推敲。因为进入文学文本的任何因素已不再是外部的东西，而是文学文本内的有机组成部分。也就是说，文学中的审美和政治共存于文学文本之中。即使在文学文本内部，审美与政治也并不必然总是矛盾和对立的，而是存在错综复杂的关系。除对抗的一面外，两者之间也互相交融，互相渗透，乃至互相转化。"在真正诗的作品里，思想不是以教条方式表现出来的抽象概念，而是构成充溢在作品里面的作品灵魂，象光充溢在水晶体里一般。"① 探讨文学文本内审美与政治的交织与转化，将有助于更好地把握文

---

① ［俄］别林斯基：《一八四三。谢内依达·P——的作品》，载《别林斯基论文学》，梁真译，新文艺出版社 1958 年版，第 51 页。

学作为人类思想和情感的表达方式的性质和功能。在这个意义上，马克思主义文学批评的政治维度消弭了外在批评和内在批评的疆域。

审美本身就蕴含政治因素。审美范畴如崇高、隐喻、反讽、救赎，这些范畴只要一进入具体层面就或明或暗地激荡着某种意识形态的风云，它们的政治因素不是通过某些政治话语而是由自身的特征表现出来的。如果我们将政治与人的全面解放联系起来，整个审美过程都具有政治意味。就审美体验而言，其感受、想象乃至情感都与人的感觉的解放有关。审美不仅仅是认知判断，即真，还要作价值判断。特别是审美所体现的自由和超越均内含对理想的追求，而这种追求往往与政治不谋而合。詹姆逊专门论述了快感与政治的关系。

审美形式也与政治有关。当代艺术家通过创造性变形，冲破日常经验的束缚，对世界作重新编码或重塑，这"别样的世界"中就蕴含着政治的意味。不过，这种政治不是通过激烈的行动，而主要是通过构建新的观看、思考、交谈和存在方式来体现政治。这一点我们可以从毕加索《格尔尼卡》（1937）那夸张变形的立体绘画中强烈地感受到，这幅画是对德军轰炸西班牙格尔尼卡的再现和控诉。审美形式正是重新塑造人们的需要、欲望、感觉和想象，并通过改造人的审美意识来改造世界，促进社会变革的可能性。

（二）审美的二律背反

根据康德的二律背反原理，每个事物背后都有一个向对立面转化的种子。也就是说，在审美过程中，审美与政治相互逆转，即各自向其对立面转化。从审美这一方来看，审美的自反性突出表现在审美向政治的转化上。文学艺术通过艺术理想的追求和艺术形式的革新，更新人们的想象和情感，实现"对在现实中随波逐流的心灵的否定"[①]，其间的革命性就存在于审美之中。而作为充满想象力和可能性的文学艺术，审美所表现的自由和超越隐含着人性解放的性质，于是审美就成为社会变革的前提。人的解放又必须包括感性的解放，由此审美又从政治返回自身，实现了一个否定之否定的回旋。

---

① 　[美] 赫伯特·马尔库塞：《审美之维》，李小兵译，广西师范大学出版社2001年版，第197页。

审美的自反性还表现在审美本身的一体两面，即文学作品中对现实的肯定或维护和对现实的否定同时存在。一些优秀的作品既内含对现实的某种批判，又有对现实的某种妥协。这种对现实的依附和对现实的超越甚至贯穿于整个文学史中，当代文学艺术也不例外。"艺术，作为现存文化的一部分，它是肯定的，即依附于这种文化；艺术，作为现存现实的异在，它是一种否定的力量。艺术的历史可以理解为这种对立的和谐化。"①也就是说，在与现实的关系上，文学作品的审美既对现实有所超越，但同时它又会被现行的趣味、行为标准和经验所限定，不可能达到完全的自由。这种现象在经典作品中表现得尤为突出。从某种意义上说，文学艺术的发展史就是这两者对立和融合的过程。

审美与政治的相互转化不仅基于二者同处于相似的社会结构中，更为根本的内在联系则是两者的终极目的都指向人的解放。无论审美还是政治，都既包含对人性的关注，又包括对人类的生存状况和世界秩序的思考。

不过，审美政治化应有限度，否则过犹不及。②在研究文本中的审美与政治的关系时，不能忘记历史上偏激的或坏的政治理念对文学的伤害，同时也要警惕文学文本中审美与政治的同谋所引发的"娱乐至死"等问题，因为这种同谋会削弱人们对社会的关注和思考。因此，文学与政治的关系需要不断思考、不断调整。

第四节　文学批评的政治维度

鉴于文学与政治的新阐释，在当代文学批评中一度受到冷落的政治维度再次浮出地表。研究文学文本中的意识形态因素，把握文学作为人类思想和

---

① [美] 赫伯特·马尔库塞：《审美之维》，李小兵译，广西师范大学出版社 2001 年版，第181 页。

② [美] 安斯加·希拉赫：《文化作为法西斯统治的帮凶：本雅明对法西斯主义症候的诊断》，载 [德] 西奥多·阿多诺等：《论瓦尔特·本雅明——现代性、寓言和语言的种子》，郭军、曹雷雨译，吉林人民出版社 2010 年版，第 258—290 页。

情感的表达方式的性质和功能，从新的层面揭示文学文本中的政治性，是中国形态的政治维度不同于以往的政治批评之处。

一、政治维度的研究对象

中国形态的政治维度所面对的文学文本，不是一个独立自足的封闭世界，而是承载着历史、文化、社会等诸多因素的交汇点。这一文学观正是中国形态的政治维度与形式主义文本观的重要区别。作为话语实践的文学文本包含了复杂的权力和社会关系，不仅文学本身处于社会网络之中，而且其内部也充满了各种政治因素。

（一）文学的意识形态性

文学的意识形态性仍是当今人们关注的一个重要话题。文学的意识形态性是由文学的基本属性决定的。文学是语言的艺术，而语言是脱离不了意识形态的，只要一说话，就不得不受到一定时期权力话语的制约。作为语言艺术的文学摆脱不了政治的影响，已被越来越多的人所接受和认可。语言的修辞手段，如含混、反讽和隐喻，也大都具有某种政治色彩。在新的语境中改变语言的日常意义，甚至颠倒过来，这种语言学的常见方式也往往具有政治意味。马尔库塞指出："那些亚文化的团体创立它们自己的语言，并且将日常交流中无甚恶意的语言从其语境中选出，用它们去指称那些为现存现实所禁忌的对象或活动。"① 我国的网络语言也多采用这种方式。文学语言的意识形态性是中国形态政治维度的基础。

就作者的创作而言，文学对社会生活的描述和再现属于一种想象性重构，是作者"思接千载，视通万里"运思的产物。而作者对现实的这种想象性重构又不是一般的重构，而是具有意识形态的想象性重构。一些作品之所以引起关注和轰动，是因为作者在创作这些作品时融入了自己的情感、想象和观念，拨动了读者的心弦，进而影响到人们对社会和人生的看法。即使当

---

① ［美］赫伯特·马尔库塞：《审美之维》，李小兵译，广西师范大学出版社2001年版，第107页。

今出现的非虚构文本，也有作者个人的视角和体验，有些作品甚至具有更为浓厚的政治关怀。伊格尔顿认为，马克思主义批评"这个体系旨在理解意识形态——即人们在各个时代借以体验他们的社会的观念、价值和感情"①。文学作品就是作者通过想象性重构为现实政治提供一种虚拟的解决之道。

就文学的社会功能而言，文学也必然具有意识形态性。文学可以帮助人们认识社会、体验人生，而且可以介入生活。尤其是那些对社会、对人生有着强烈使命感的作者，他们的作品更具有强烈的政治色彩。萨特在《什么是文学?》中曾指出，写作就是介入，"一篇作品就是一项事业"，写作者力图通过想象力的艺术来达到实现或否定某些东西。并且，写作者可以通过"建构出全然不同和对立的现实"②为大众展示一种新的可能、新的选择，影响人们对现实的感受，维护或质疑一定的社会结构，进而影响或改造社会。

（二）政治维度的研究范围

文学既然要表现人的命运、人的思考，就不可能不涉及人的生活，这是文学的宿命。"文学在政治上的建设，离不开政治的批评。迄今为止的马克思主义文学批评就是假定每一个文学文本内部都有其政治因素。"③就文学文本而言，政治因素可以寄托在作品的理想人物身上，也可以隐藏于曲折的情节之中。小说中展现的具体环境也可能被赋予政治的含义，如康德拉作品中的大海可以成为寓意资本主义向海外渗透的意象。而在女权主义批评者看来，孩子们常看的一些童话里面也暗藏着性别政治——故事中的女孩子把希望寄托在王子的拯救上。政治因素还可以体现为象征、隐喻乃至字里行间的空白，尤其是文学文本中的沉默、矛盾乃至悖论，如《忠义水浒传》中梁山好汉招安的悲惨结局正是对"忠义"的否定。这些都需要批评家通过症候式的阅读方式，揭示文学文本中隐秘的政治内涵和潜藏的意识形态冲突。

---

① ［英］特里·伊格尔顿：《马克思主义与文学批评》，文宝译，人民文学出版社 1980 年版，第 2—3 页。

② 转引自［美］赫伯特·马尔库塞：《审美之维》，李小兵译，广西师范大学出版社 2001 年，第 103 页。

③ ［英］托尼·本尼特：《形式主义和马克思主义》，曾军等译，河南大学出版社 2011 年版，第 138 页。

在历史进程中，政治对个体生命的潜在影响是巨大而复杂的，几乎没有一个人能够挣脱时代之网。在文学创作中，尤其要关注个体的命运，文学作品对个体生命潜在的、复杂的境况的展示，就是政治。从一些优秀的文学作品中我们可以了解和把握人物的奋斗和他们的辛酸。如路遥小说《人生》中的高加林心比天高，他表示"联合国都想去"，但最后还是回到黄土地。文学正是通过一个个人物的遭遇、命运来展示这个社会的众生态。我们可以从不同的个体中去认识和反思人生、反思历史，去建构更好的社会形态。

对日常生活的政治的关注是中国形态政治维度的新要求。事实上，政治对日常生活的影响无所不在，衣食住行往往左右着人们对政治的看法。本雅明在他的《拱廊计划》中对城市规划和商业联盟的揭示就体现了政治因素。文化研究中关于电影、电视乃至服装设计等也都暗含资本与政治的联姻。研究消费、欲望与政治的关系将成为政治维度观照的新窗口。

政治维度还应该体现一定的前瞻性和创造性，引导文学规划未来的蓝图，也就是詹姆逊所说的"代表马克思主义的未来视角"的"乌托邦"①，表现为对一种更为合理的未来的憧憬和描绘。这些都需要在实践中作出创造性的阐释。

二、文学文本的政治分析

立足文本，探讨文学文本中的审美与政治的关系，是中国形态政治维度的尝试。政治维度不是一种泛政治化的政治批评，它重点要解释的是文学文本中审美与政治的复杂、隐秘乃至辩证的关系。本部分以 20 世纪文学批评中出现的叙事和欲望这两个关键词探讨文学文本中审美与政治的关系，以期在批评实践中对政治维度的运作方式作进一步探讨。

（一）叙事中的政治

叙事这个词虽然不是结构主义的发明，但却是结构主义叙事学将它推向中心。叙事作为人类确认自身和表现自身的基本方式，绝不仅仅是一种行为

---

① ［美］弗雷德里克·詹姆逊：《政治无意识》，王逢振、陈永国译，中国社会科学出版社 1999 年版，第 221—222 页。

方式或修辞，它与政治有着千丝万缕的联系。詹姆逊将叙事定义为"社会的象征性行为"①，把叙事看成对社会现实矛盾的想象性投射或想象性解决。他认为所有叙事都含有政治无意识，即都隐含着社会集团或阶级的意识形态愿望或政治幻想。

20世纪后期，人们越来越强烈地意识到，文学的"叙述"不可能是中性的。透过中国形态的政治维度，叙事作品中的视角、语气，叙述中的空白、情节结构乃至欧·亨利式的结尾都可以传达出政治的意味。如从什么角度观察故事就体现了观察者的立场，同一个故事由于观察者的角度问题，其观点和结论大异其趣，这类例子比比皆是。又如，在讲述中叙述者或人物愿意讲述什么，哪些先讲，哪些后讲，哪些详讲，哪些略讲，哪些甚至不讲，都自觉不自觉地流露出讲述者的立场和态度。即使是内心独白，也往往带有其个体所属社会身份的特性。一些女性作家就是采用构建女性谱系和述说女性内在体验等叙事策略，来反抗女性被压迫的境遇，唤起女性的自主性。一些边缘人的述说也是力图通过对身份的重新阐释，改变人们对所在群体的刻板印象，重新获得社会的承认。在这个意义上，叙事充当了"身份再造"的功能，同时也成为不同社会群体理解和交流的方式。再如，叙述时间、叙述节奏的把握和控制也能够体现出作者的匠心。在托尔斯泰的《伊凡·伊里奇之死》这部中篇小说中，概述占有相当大的比例。叙述者用一种简括的笔法叙述了伊凡·伊里奇的一生，他的家世、他那不算成功的婚姻，以及他在官场上的沉浮。直到伊凡·伊里奇生命的最后日子，叙述者才放慢了速度。伊凡·伊里奇躺在病榻上才开始怀疑他一生所支撑和保持的体面生活，"一切都不对头"，临死萌发出对生的反思和眷恋。小说中大量的快节奏叙述本身就使人产生一种"人生如此匆匆"的感觉，这里对叙述节奏的控制是颇有深意的，形式就是意义，这种对人生的反思本身就富有政治意味。

故事中的人物和情节更是离不开政治。一篇佚名微型小说《矿泉水的味道》，写的是一位父亲常年在外打工，返家时带给儿子一瓶矿泉水，并得意

---

① 　[美]弗雷德里克·詹姆逊：《政治无意识》，王逢振、陈永国译，中国社会科学出版社1999年版，第7页。

地告诉儿子，他在城里天天喝这个。后来这位父亲得了癌症，儿子问他想要什么，父亲的愿望是喝那种瓶装的矿泉水，于是儿子就去买了一瓶。他父亲喝了一口，告诉儿子："上当了！这个水什么味道也没有！"这就是叙述的力量。它关注的是个体生命，是普通人的生活和命运。叙事正是通过一个个个体的遭遇展示社会的现状和历史。在哲学、社会学、政治学、经济学中，个体往往成了冰冷的数字，而形象地再现这些活生生的、感性的个体正是文学的特点和优势。

（二）欲望与政治

欲望与叙事有关，但更侧重于人的意识活动。在中西方历史上，欲望与政治这一组概念大都是作为对立面来看待的。政治所具有的公共性和理性，与欲望所具有的私密性和非理性形成对立。欲望作为一种个人无意识，似乎应被排斥在政治之外。柏拉图在《理想国》里之所以要把诗人赶出去，就是因为他们培养了人性中低劣的情欲，使人们缺乏坚强的意志。中世纪西方倡导的那种公开的情欲在新教时代被认为是罪恶的，并且遭到抑制。中国宋代理学家提出的"存天理，灭人欲"更是将两者置于势不两立的位置。20世纪弗洛伊德的精神分析问世，其锋芒直指现代文明中的理性对本能的压抑，彰显人的感性的一面，使欲望上升为文学批评关注的对象。

应该说，理性与欲望是人类发展的双翼，最好把两者理解为互相联系、互相制约、不能分割的意识活动，这是中国形态重新考虑欲望与政治关系的立足点。纵观中外文学史，文学文本中从来就不乏对欲望的描写。因此，对人的欲望的了解和控制就不仅是心理学家的事，也是作家和文学批评家应该关注的问题。在文学文本中，政治与欲望常常奇妙地交融在一起，欲望中所涉及的性、财富和权力等，大多直指政治。例如，性的欲望常常关涉身体的革命和性别的平等。如今的一些乌托邦小说更是连接政治与欲望的中介，无论乌托邦还是反乌托邦，它们对现实的焦虑和对未来的期盼都隐含着某种批判和警示意味。同时，文本中的政治因素也可以借助人物和情境对欲望加以操纵、压抑或转移，来实现某种意图和获得某种平复。这一现象在大众文化和传媒中尤其突出，如通过某些乌托邦式的欲望和冲动，让人们陶醉在其视觉形象中，用眼睛代替了思考。因此，政治维度可以从文学文本所表现的欲望入手，发现欲望与政治因素的隐秘的关联，进而揭示其内在的革命需求，并通过阐述文学文本中欲望与政治的相互作用，认识文学的特殊的社会功能。

当然，在文学批评中，政治维度的任务不仅仅是揭示文学文本是否有政治因素，更重要的是考量文学文本中的政治因素是否合理，是否有助于社会的发展和人性的完整。有人认为，政治进入文学会阻碍文学的自由发展，甚至造成对文学的戕害。不可否认，一些生硬的口号式政治，特别是那些有悖于人民利益的糟糕的政治，的确对文学是有害的，但并不是所有的政治都是对文学作品的戕害，很多优秀的作品正因为其思想深邃而具有永恒的魅力。一部作品之所以伟大，除了拥有精巧绝伦的艺术形式外，一个重要原因就在于它传达出深刻复杂的思想。莎士比亚、巴尔扎克、托尔斯泰，他们的作品之所以成为经典，无不与他们对社会的深刻洞察有关。他们的作品记录了时代的波澜和皱褶，留给人们无尽的思考。追求社会的公平正义和人的精神的自由发展，正是文学艺术的使命和担当。

在文学批评中，政治维度虽然不是理解文学的唯一维度，但却是最重要的维度之一。中国形态须坚持政治维度，舍此就不是马克思主义文学批评。同时，中国形态的政治维度又需要不断拓展，政治批评实践和对政治批评的反思就必然会贯穿于中国形态的始终。理想的政治应蕴含对真理的追求和创造性变革社会的奋斗，它的最终指向是人的全面解放。文学将与政治一道，作为实现理想的载体，携手创造美好的生活。

第四章　中国形态的实践维度特色

实践是马克思主义唯物史观的核心范畴之一，在中国形态中同样具有突出的位置。中国形态的实践观在继承马克思主义实践观的基础上，对实践范畴的性质和范围作了进一步探究，并通过把实践范畴引入文学批评，为中国形态介入文学作品提供了新的批评维度。

第一节　马克思论实践

经典马克思主义关于实践的论述建立在人类实践活动的基础上，其实践概念与从亚里士多德到康德的西方哲学传统有着血缘联系。马克思关于实践的研究非常丰富，既立足本体论又关涉价值论，其主要著述见于《1844 年经济学哲学手稿》《关于费尔巴哈的提纲》《德意志意识形态》等，尤其是《1844 年经济学哲学手稿》。

一、马克思的实践概念与西方传统

马克思的实践观是在西方思想理论传统和背景下形成的。对马克思的实践观有着直接影响的是康德、黑格尔、费尔巴哈以及费希特等。可以说，马克思的身后有一个自古希腊以来的古典文化传统为支撑，而不仅仅来自德国古典哲学、古典政治经济学和科学社会主义。马克思的实践概念正是在这样一个深厚的基础上展开的，它们成为马克思主义实践唯物主义的思想资源。

（一）亚里士多德的实践概念

在西方哲学史上，亚里士多德是最早把实践概念纳入哲学思考的人，他对实践概念的思索源自对城邦政治生活的协商与筹划。亚里士多德关于实践问题的研究主要见于《形而上学》《尼各马可伦理学》等著述。

在《形而上学》（卷六）中，亚里士多德将科学划分为三类：（1）理论的科学（数学、自然科学和第一哲学［也即形而上学］）；（2）实践的科学（伦理学、政治学、经济学和修辞学）；（3）创造的科学（创制学、诗学）。① 我们不妨从这三种主要形式的比较中了解亚里士多德的实践概念。"理论沉思是对不变的、必然的事物或事物的本性的思考的活动，它是不行动的活动。实践或制作则是人对于可以因自身的努力而改变的事物的、基于某种善的目的的行动的活动。所以实践或制作是对于我们能力之内的事物，即可能由于我们的原因而成为这种或那种状态的事物的。制作是使某事物生成的活动，其目的在于活动之外的产品。实践是道德的或政治的活动，目的既可以是外在的又可以是实践本身。实践表达着逻各斯（理性），表达着人作为一个整体的性质（品质）。"② 作为理论的科学，它有两个特点：一是关注普遍的和永恒的不变存在；二是以求真为目的的沉思。与之相对，实践面对的是可以经过努力而改变的事物，并且主要是以求善求好为目的的行动。实践的科学又不同于创制的科学。创制是使某事物生成的活动，以外在的事物为目的。实践是一种德行的活动，是以行为自身为目的，主要指人的伦理道德行为和政治行为。

就实践内涵来说，亚里士多德推崇行动。他认为我们拥有美德，不是通过沉思，而是通过实践。"明智不仅是要知而且要实践。"③"我们通过做公正的事成为公正的人，通过节制成为节制的人，通过做事勇敢成为勇敢的人。"④ 作为行动的实践概念，又是与目标联系在一起的。亚里士多德认为，

---

① 参见［古希腊］亚里士多德：《形而上学》，吴寿彭译，商务印书馆 2011 年版，第 133—135 页。

② ［古希腊］亚里士多德：《尼各马可伦理学》，廖申白译注，商务印书馆 2003 年版，"译注者序"第 11 页。

③ ［古希腊］亚里士多德：《尼各马可伦理学》，廖申白译注，商务印书馆 2003 年版，第 235 页。

④ ［古希腊］亚里士多德：《尼各马可伦理学》，廖申白译注，商务印书馆 2003 年版，第 37 页。

实践活动始终指向某个目的,在《形而上学》中,他说:"不完成目的的活动就不是实践。实践是包括了完成目的在内的活动。"①而这个目标就在于达到善治、良善的生活。于是,亚里士多德的实践就与伦理联系起来了:人间的至善在于实践。这里涉及亚里士多德的一个核心概念——明智(又译"实践智慧")。亚里士多德指出:"明智是一种同善恶相关的、合乎逻各斯的、求真的实践品质。"②亚里士多德要把明智上升到伦理的善这个终极目的层面,使得人的行为活动合乎德性和理性的决定。而至于什么是善,又是很难抽象定义的。正如亚里士多德指出的那样:"实践的逻各斯只能是粗略的、不很精确的。……而实践与便利问题就像健康问题一样,并不包含什么确定不变的东西。而且,如果总的逻各斯是这样,具体行为中的逻各斯就更不确定了。因为具体行为谈不上有什么技艺与法则,只能因时因地制宜,就如在医疗与航海上一样。"③因此,行动、目标、至善构成了亚里士多德的实践的内在逻辑:(伦理)美德使我们指向正确的目标,即用美德的行动来实现目标。

亚里士多德把实践提升为一种人的基本存在方式,这一实践观对马克思有比较大的影响。不过,亚里士多德的实践领域主要指的是政治伦理生活,而马克思的实践虽然也包括政治生活,但物质生产实践是其主导和核心部分,人只有经由物质生产实践才能过上真正的人的生活。这是马克思的实践观与亚里士多德的根本区别。

(二)康德论实践理性

康德是第一个真正意义上把实践上升到实践哲学高度的哲学家,开启了新的现代实践观的萌芽。康德对实践哲学的思考集中在他的三大批判之一《实践理性批判》一书中。康德在承继亚里士多德把实践纳入政治伦理领域当中来探讨的基础上,对实践哲学作了细致缜密的思考。他把实践

---

① [古希腊] 亚里士多德:《形而上学》,吴寿彭译,商务印书馆2011年版,第200页。

② [古希腊] 亚里士多德:《尼各马可伦理学》,廖申白译注,商务印书馆2003年版,第189页。

③ [古希腊] 亚里士多德:《尼各马可伦理学》,廖申白译注,商务印书馆2003年版,第39—40页。

理性作为主体的一种理性能力，它的目的在于人自身，从而有别于思辨理性要认识先验的客观原则。并且，康德在论证纯粹思辨理性与纯粹实践理性谁处于优先性地位时，突出了实践理性的优先性："在纯粹思辨理性与纯粹实践理性结成一个认识时，假定这种联结不是偶然的和任意的，而是先天地以理性自身为基础的，从而是必然的，实践理性就占据了优先地位。"① 对于理性的越界与僭妄，康德提出要为理性能力划界并用实践理性为之校正，体现出康德所认为的人出于自由意志的道德实践高于单纯认知的理论，他主张通过实践理性来校正纯粹理性，实际上把实践理性放在纯粹理性之前。这打破了以笛卡尔为代表的将理性和实践、认识和实践对立起来的认识论实践观，也预示着后来马克思关于实践理论的进一步发展。

在西方实践哲学发展史上，康德起着承前启后、继往开来的作用。康德哲学中的鲜明的实践主体性转向对马克思从主体、感性的角度来理解人的生存活动具有重大的启示意义。

（三）马克思的实践观对黑格尔、费尔巴哈的扬弃

对马克思的实践观产生重大影响的是黑格尔和费尔巴哈，而马克思对他们又有所超越。马克思的实践观点主要建立在历史的进程中。

在《1844年经济学哲学手稿》中，马克思指出："黑格尔的《现象学》及其最后成果——辩证法，作为推动原则和创造原则的否定性——的伟大之处首先在于，黑格尔把人的自我产生看做一个过程，把对象化看做非对象化，看做外化和这种外化的扬弃；可见，他抓住了劳动的本质，把对象性的人、现实的因而是真正的人理解为人自己的劳动的结果。"② 马克思高度肯定了"黑格尔把人的自我产生看做一个过程"的思想，指出"真正的人"是"他自己的劳动的结果"，也就是说，主体是实践的结果。

在主体的内涵上，马克思改变了黑格尔立足于抽象精神实体的辩证法的

① ［德］康德：《实践理性批判》，韩水法译，商务印书馆1999年版，第133页。
② 马克思：《1844年经济学哲学手稿》，载《马克思恩格斯文集》第1卷，人民出版社2009年版，第205页。

内涵："当现实的、肉体的、站在坚实的呈圆形的地球上呼出和吸入一切自然力的人通过自己的外化把自己现实的、对象性的本质力量设定为异己的对象时，设定并不是主体；它是对象性的本质力量的主体性，因此这些本质力量的活动也必定是对象性的活动。"① 这里的"人"不再是黑格尔那种"绝对理念"的衍生物，而是"现实的、肉体的、站在坚实的呈圆形的地球上呼出和吸入一切自然力的人"。这样，马克思把"德国哲学从天国降到人间"②，对实践的研究不是从想象的、思考的东西出发，而是立足于"从事实际活动的人"，实践成为人的对象化活动。

　　在《关于费尔巴哈的提纲》中，马克思批判了包括费尔巴哈在内的旧唯物主义的观点，认为他们离开人的实践活动观察客观事物，没有认识到社会生活在本质上是实践的，并明确表达了他的实践观念："从前的一切唯物主义（包括费尔巴哈的唯物主义）的主要缺点是：对对象、现实、感性，只是从客体的或者直观的形式去理解，而不是把它们当做感性的人的活动，当做实践去理解，不是从主体方面去理解。因此，和唯物主义相反，唯心主义却把能动的方面抽象地发展了，当然，唯心主义是不知道现实的、感性的活动本身的。费尔巴哈想要研究跟思想客体确实不同的感性客体，但是他没有把人的活动本身理解为对象性的 [gegenständliche] 活动。因此，他在《基督教的本质》中仅仅把理论的活动看做是真正人的活动，而对于实践则只是从它的卑污的犹太人的表现形式去理解和确定。因此，他不了解'革命的'、'实践批判的'活动的意义。"③ 费尔巴哈从直观的唯物主义出发，没有意识到实践劳动的能动作用，用静止的眼光来看待人类社会，局限于揭示宗教领域的人的异化。马克思对此并不满意，他认为，在自然面前，人不仅是受动的，而且还是能动的。这种能动性充分体现在人通过自由自觉的有意识的活动，不仅满足了自己生物性需求，同时

①　马克思：《1844年经济学哲学手稿》，载《马克思恩格斯文集》第1卷，人民出版社2009年版，第209页。

②　马克思、恩格斯：《德意志意识形态》，载《马克思恩格斯文集》第1卷，人民出版社2009年版，第525页。

③　马克思：《关于费尔巴哈的提纲》，载《马克思恩格斯文集》第1卷，人民出版社2009年版，第499页。

也改造了自然，使自然成为人的作品，成为人化自然，成为人的本质力量的确证，成为人的本质力量对象化的对象，主体"在他所创造的世界中直观自身"①。

二、马克思实践观的内涵

实践概念内涵所具有的包容性使人们可以从不同层面来理解和解释。马克思在研究实践问题时也有不同的侧重点。就实践作为一种"对象化的活动"来说，主客体的统一在于实践，这里的实践已具有本体论的意味。若将物质生产劳动作为实践的基本形式，并从物质生产劳动的角度探讨劳动所导致主体的异化及其社会的变革，那么，这种研究就偏向价值论。不过，无论对象化活动，还是物质生产实践，其内在联系就在于两者都是把实践建立在人与现实的关系上，都体现为人的本质力量的对象化。

（一）实践是一种"对象性的活动"

在欧洲哲学史上，一般都是在思维和存在、意识和物质的意义上使用主客体范畴的。马克思在《〈黑格尔法哲学批判〉导言》中也是在思维和存在的意义上使用主客体范畴，直到在《1844年经济学哲学手稿》等著作中，马克思才从本体论层面论证实践的内涵，把实践理解为感性的、对象性的活动，理解为主体现实地改变外部世界同时也改变自身的活动，把人与世界的关系、人与人的关系看成实践性关系，从而对主体和客体这对范畴作了新的阐述。

根据马克思的实践观，实践是一种"对象性的活动"，只有在对象性的活动中，现实才能成为人的本质力量的现实，人也才能在现实中确认自己的存在。"随着对象性的现实在社会中对人来说到处成为人的本质力量的现实，成为人的现实，因而成为人自己的本质力量的现实，一切对象对他来说也就成为他自身的对象化，成为确证和实现他的个性的对象，成为他的对象，这

---

① 马克思：《1844年经济学哲学手稿》，载《马克思恩格斯文集》第1卷，人民出版社2009年版，第163页。

就是说，对象成为他自身。"①这种将实践理解为对象化过程的阐述有助于跳出主客二分说的惯常思维，主客体的互相转化和互相塑造，构成了一个不断对象化的过程。

1. 主客体在实践中形成和发展

实践作为一个对象化的过程，是"主体的对象化"和"对象的主体化"的双向运动。所谓主体的对象化，就是将自身投射到客体当中，使自己的本质力量实现于对象之中；所谓对象的主体化，则是通过人的实践使客体从自在变成自为，并打上主体的印记。换句话说，人通过实践，把自身之外的存在变成自己活动的对象，变成自己的客体。所以，主体是对象化的主体，客体是主体的对象化，两者的统一就在于实践。在这个意义上，主体不等于意识，主体是在实践中形成的；客体也不等于存在，不是"物自体"，客体是主体的对象化；主体和客体都是人类实践的产物。

就主体的对象化而言，马克思强调只有通过人与对象、主体与客体的对象性关系，才能表现和确证自己是现实的人、真正的人。"只有当对象对人来说成为人的对象或者说成为对象性的人的时候，人才不致在自己的对象中丧失自身。"②人必须把自身的本质力量对象化，化为"现实的、感性的对象"，"创造对象世界"，通过人与对象、主体与客体的现实的关系，才能表现和确证自己的本质力量。这就是说，没有实践，就不可能形成完整的主体和客体。"因此，劳动的对象是人的类生活的对象化：人不仅像在意识中那样在精神上使自己二重化，而且能动地、现实地使自己二重化，从而在他所创造的世界中直观自身。"③从实践的角度看，自我意识产生于现实的他者性，主体只有在他创造的世界中才能反观自身。马克思还指出，人的感觉也是在对象化的过程中产生的："总之，那些能成为人的享受的感觉，即确证自己是人的本质力量的感觉，才一部分发展起来，一部分产生出来。因为，不仅五官感觉，

---

① 马克思：《1844年经济学哲学手稿》，载《马克思恩格斯文集》第1卷，人民出版社2009年版，第190—191页。

② 马克思：《1844年经济学哲学手稿》，载《马克思恩格斯文集》第1卷，人民出版社2009年版，第190页。

③ 马克思：《1844年经济学哲学手稿》，载《马克思恩格斯文集》第1卷，人民出版社2009年版，第163页。

而且连所谓精神感觉、实践感觉（意志、爱等等），一句话，人的感觉、感觉的人性，都是由于它的对象的存在，由于人化的自然界，才产生出来的。"① 人的审美能力正是在从事对象性的实践活动中形成的，其审美经验就是实践的结果，即使某种天赋也有基因的积淀。

马克思在强调人在实践中的能动性的同时，也指出客体在实践中的对象化。虽然自然先于人类而存在，虽然规律不完全以人的意志为转移，但没有人的活动或外在于人，就无法建立关系。"他（费尔巴哈——笔者注）没有看到，他周围的感性世界决不是某种开天辟地以来就直接存在的、始终如一的东西，而是工业和社会状况的产物，是历史的产物，是世世代代活动的结果。"② 马克思眼中的环境和自然界都是对象化的产物，离不开人的活动。并且人类认知的客体并非永恒不变或既定的事物，而是人类自身历史活动的产物，即客观世界在原则上是可以被改变的，与之相对，主体在改造客体的过程中实现了自身。

主体和客体都是在实践中形成和发展的。没有实践，不展开对象化的活动，就没有主客体，也不可能构成历史的进程。正如马克思所说："非对象性的存在物是一种非现实的、非感性的、只是思想上的即只是想象出来的存在物，是抽象的东西。"③ 实践中没有不变的主体，也没有不变的客体，两者都在对象化活动中同时得到改造，这就是实践的辩证法。而人类实践的历史就是人类社会发展的历史，实践作为一个基点，成为将主体与客体、限定性与超越性关系辩证统一的历史性活动。

2. 主客体都具有物质性

马克思在研究主客体的关系时并没有脱离他所一贯坚持的唯物主义立场。马克思写给恩格斯的信中指出："当我们真正观察和思考的时候，我们永远也不能脱离唯物主义。"④ 主客体之所以能够创造或构成对象，是因为主

---

① 马克思：《1844 年经济学哲学手稿》，载《马克思恩格斯文集》第 1 卷，人民出版社 2009 年版，第 191 页。

② 马克思、恩格斯：《德意志意识形态》，载《马克思恩格斯文集》第 1 卷，人民出版社 2009 年版，第 528 页。

③ 马克思：《1844 年经济学哲学手稿》，载《马克思恩格斯文集》第 1 卷，人民出版社 2009 年版，第 211 页。

④ 马克思：《马克思致恩格斯（1868 年 12 月 12 日）》，载《马克思恩格斯全集》第 32 卷，人民出版社 1974 年版，第 213 页。

体和客体、人和对象都是对象性的，都是"自然界"的自然存在物。马克思说："人和自然界的实在性，即人对人来说作为自然界的存在以及自然界对人来说作为人的存在，已经成为实际的、可以通过感觉直观的，所以关于某种异己的存在物、关于凌驾于自然界和人之上的存在物的问题，即包含着对自然界的和人的非实在性的承认的问题，实际上已经成为不可能的了。"①

实践的前提条件是自然界和现实的人的存在，马克思是在肯定"外部自然界的优先地位"的基础上把主体的活动规定为对象性的活动的。他说："没有自然界，没有感性的外部世界，工人什么也不能创造。自然界是工人的劳动得以实现、工人的劳动在其中活动、工人的劳动从中生产出和借以生产出自己的产品的材料。"② 这里特别要强调的是主体具有物质性。马克思认为，人"所以创造或设定对象，只是因为它是被对象设定的，因为它本来就是自然界"③。不过，组成人体的物质的特别之处就在于它具有独特的创造性和表现力，包括人的意识。就对象化的过程而言，意识并非某种高深莫测的神秘现象，而是我们能看到、听到并处理的事物，即意识的物质性。在这个意义上，主体也是客体。这是马克思超越黑格尔的又一方面。

当然，马克思对"唯物主义"这个词是有所限定的，即"运用在因果关系上"，而不是仅依赖于"先于人类历史而存在的那个自然界"④。在这个意义上，马克思把自己的"新唯物主义"规定为"实践的唯物主义"⑤。

---

① 马克思：《1844 年经济学哲学手稿》，载《马克思恩格斯文集》第 1 卷，人民出版社 2009 年版，第 196—197 页。

② 马克思：《1844 年经济学哲学手稿》，载《马克思恩格斯文集》第 1 卷，人民出版社 2009 年版，第 158 页。

③ 马克思：《1844 年经济学哲学手稿》，载《马克思恩格斯文集》第 1 卷，人民出版社 2009 年版，第 209 页。

④ 马克思、恩格斯：《德意志意识形态》，载《马克思恩格斯文集》第 1 卷，人民出版社 2009 年版，第 530 页。

⑤ 马克思、恩格斯：《德意志意识形态》，载《马克思恩格斯文集》第 1 卷，人民出版社 2009 年版，第 527 页。

（二）作为物质生产的实践与异化

与实践是一种"对象化活动"既有联系又有区别的是，马克思从物质生产的角度对实践的研究。马克思把物质生产上升到实践的核心要素，在所有实践活动中，物质生产是实践的基本形式，这一观点显然与亚里士多德以降的思想家鄙视物质生产劳动有重大的不同。在《1844 年经济学哲学手稿》中，马克思赋予物质生产实践以基础性的和首要性的地位，是物质生产实践使人成其为人，并且也是物质生产使历史成其为历史，"整个所谓世界历史不外是人通过人的劳动而诞生的过程"①。就社会层面而言，物质生产对人类社会发展乃至整个上层建筑起着决定性作用，在生产基础上形成的"宗教、家庭、国家、法、道德、科学、艺术等等，都不过是生产的一些特殊的方式，并且受生产的普遍规律的支配"②。

1. 实践与异化劳动

在马克思看来，真正的人类生产劳动是一种自由自觉的活动："动物只是按照它所属的那个种的尺度和需要来构造，而人却懂得按照任何一个种的尺度来进行生产，并且懂得处处都把固有的尺度运用于对象；因此，人也按照美的规律来构造。"③马克思是用"人的自由自觉的生命活动"来界定实践概念，即通过人的本质的对象化来确证自己的本质力量的活动。

异化劳动则与人的本质、人的自由自觉的创造性活动背道而驰。针对这种劳动，马克思明确表示："不仅在目前的条件下，而且就其一般目的仅仅在于增加财富而言，在我看来是有害的、招致灾难的。"④在论述实践时，马克思大多是与对异化劳动的批判联系在一起的。在《1844 年经济学哲学手稿》中，马克思用了大段的控诉性话语，揭露异化劳动现象是资本主义

---

① 马克思：《1844 年经济学哲学手稿》，载《马克思恩格斯文集》第 1 卷，人民出版社 2009 年版，第 196 页。

② 马克思：《1844 年经济学哲学手稿》，载《马克思恩格斯文集》第 1 卷，人民出版社 2009 年版，第 186 页。

③ 马克思：《1844 年经济学哲学手稿》，载《马克思恩格斯文集》第 1 卷，人民出版社 2009 年版，第 163 页。

④ 马克思：《1844 年经济学哲学手稿》，载《马克思恩格斯文集》第 1 卷，人民出版社 2009 年版，第 123 页。

经济社会中的普遍事实。"我们且从当前的国民经济的事实出发。工人生产的财富越多，他的生产的影响和规模越大，他就越贫穷。工人创造的商品越多，他就越变成廉价的商品。物的世界的增值同人的世界的贬值成正比。"①"工人生产得越多，他能够消费的越少；他创造的价值越多，他自己越没有价值、越低贱；工人的产品越完美，工人自己越畸形；工人创造的对象越文明，工人自己越野蛮；劳动越有力量，工人越无力；劳动越机巧，工人越愚笨，越成为自然界的奴隶。"② 工人同自己的劳动产品的关系就是同一个异己对象的关系，社会的物质财富和人的幸福感不成正比，这就是异化。

当然，实践中的异化问题不仅局限于生产劳动，而且弥漫于人类社会的各个方面，包括艺术和审美活动。异化问题在后来的西方马克思主义那里得到了更为全面的阐述。

2. 实践是真正的物质的革命性的力量

马克思从异化劳动入手揭示社会发展中的问题，在谴责异化劳动的同时看到了异化现象在历史上出现的必然性及其意义，推导出以"异化的积极扬弃"为核心的共产主义学说。"马克思于 1843 年底开始研究经济学，并很快受了赫斯经济异化史观的影响。赫斯认为，现存社会是一个经济异化的社会，这在货币异化中得到了深刻的表现。他认为，要走出这个异化了的社会，只有行动起来，因此提出行动哲学。赫斯说费尔巴哈提出了理论的人道主义，他自己则提出了实践的人道主义。虽然赫斯讲的行动，具有伦理冲击的意味。但他强调通过行动来改造世界的思想，直接影响到了马克思。"③ 马克思接受了赫斯的经济异化史观中蕴含的行动哲学，受此启发，马克思是在分析异化劳动和私有制之间的关系之后，提出解放工人阶级和全人类的命题。"从异化劳动对私有财产的关系可以进一步得出这样的结论：社会从私有财产等等解放出来、从奴役制解放出来，是通过工人解放

---

① 马克思：《1844 年经济学哲学手稿》，载《马克思恩格斯文集》第 1 卷，人民出版社 2009 年版，第 156 页。

② 马克思：《1844 年经济学哲学手稿》，载《马克思恩格斯文集》第 1 卷，人民出版社 2009 年版，第 158 页。

③ 孙伯鍨、张一兵主编：《走进马克思》，江苏人民出版社 2012 年版，第 120 页。

这种政治形式来表现的，这并不是因为这里涉及的仅仅是工人的解放，而是因为工人的解放还包含普遍的人的解放。"①这样，异化状态就成为人走向自由全面发展的必需的条件和必经环节，异化劳动也终将恢复为人的自由活动。这种"现实的共产主义行动"就是实践。只有实践，才能实现对私有制和异化劳动的扬弃。

作为一个革命者，马克思认为革命与解放不单单发生在观念的领域，更应该发生在现实领域。"哲学家们只是用不同的方式解释世界，问题在于改变世界。"②实践就是要参与到改造社会的现实斗争中去，"我们所称为共产主义的是那种消灭现存状况的现实的运动"③，"对实践的唯物主义者即共产主义者来说，全部问题都在于使现存世界革命化，实际地反对并改变现存的事物"④。"只有在现实的世界中并使用现实的手段才能实现真正的解放。"⑤也正是基于这一立场，马克思认为费尔巴哈"不了解'革命的'、'实践批判的'活动的意义"⑥。马克思强调说："我们看到，理论的对立本身的解决，只有通过实践方式，只有借助于人的实践力量，才是可能的；因此，这种对立的解决绝对不只是认识的任务，而是现实生活的任务，而哲学未能解决这个任务，正是因为哲学把这仅仅看做理论的任务。"⑦只有实践才是真正的物质的革命性的力量。

① 马克思：《1844年经济学哲学手稿》，载《马克思恩格斯文集》第1卷，人民出版社2009年版，第167页。

② 马克思：《关于费尔巴哈的提纲》，载《马克思恩格斯文集》第1卷，人民出版社2009年版，第502页。

③ 马克思、恩格斯：《德意志意识形态》，载《马克思恩格斯文集》第1卷，人民出版社2009年版，第539页。

④ 马克思、恩格斯：《德意志意识形态》，载《马克思恩格斯文集》第1卷，人民出版社2009年版，第527页。

⑤ 马克思、恩格斯：《德意志意识形态》，载《马克思恩格斯文集》第1卷，人民出版社2009年版，第527页。

⑥ 马克思：《关于费尔巴哈的提纲》，载《马克思恩格斯文集》第1卷，人民出版社2009年版，第503页。

⑦ 马克思：《1844年经济学哲学手稿》，载《马克思恩格斯文集》第1卷，人民出版社2009年版，第192页。

第二节　中国形态的实践观

中国学界关于研究马克思主义实践观的著述甚多，在哲学界、美学界包括文学理论界都有过热烈的论争，尤其在实践美学的研究上取得了不俗的成绩。有学者指出："实践美学不仅是 20 世纪中国思想史上能够占有一席之地的为数不多的具有深度的理论之一，而且也是 20 世纪中国思想家对于国际美学界乃至人类思想史做出的可以留下历史印迹的罕见贡献之一。"① 不过，这场论争也留下了一些有待进一步研究的问题。就中国文学批评而言，与实践范畴关联不多，运用实践维度观照和解释文学作品更是付之阙如，而正是这种缺失激发了我们从文学批评的角度研究实践范畴的热情。将实践范畴引入中国形态，根据社会的发展和时代的变化对实践作出创造性解释和运用，是具有实践精神的中国马克思主义文学批评的必然。

一、中国形态实践范畴的性质

中国形态的实践观是以马克思的实践论为基准，在实践范畴的性质和范围等方面，既有对马克思的实践观的继承，又有进一步的探究，并在这个过程中形成本体论的实践观。不过，中国形态很少从交换或异化的角度谈论实践，而是更强调主体性和精神层面，并从反对教条主义的角度强调实践的优先性，从而使中国形态的实践观念具有一种理想主义精神。

（一）实践活动包括人的物质活动和精神活动

就实践的内涵而言，物质生产劳动是实践概念最基本和最基础的含义。将物质生产实践视为实践活动的核心部分，是马克思超越亚里士多德之处。

---

① 王柯平主编：《跨世纪的论辩——实践美学的反思与展望》，安徽教育出版社 2006 年版，第 34 页。

生产劳动是实践的基本内容，人类在改造自然的过程中改变了社会和历史，也改变了自身。不过，马克思并不排斥其他实践活动，他在谈到生产时就提出了两种生产，即物质生产和精神生产，并在《〈政治经济学批判〉导言》中列举了人类头脑掌握世界的几种方式，提到了艺术的、宗教的、实践—精神的掌握方式。当今随着人类活动的丰富，实践的范围又一次扩大，其领域延伸到政治、伦理、宗教等人的现实活动，以及艺术、审美和科学研究等人的精神生产劳动。1937 年，毛泽东在《实践论》中明确指出："人的社会实践，不限于生产活动一种形式，还有多种其他的形式，阶级斗争，政治生活，科学和艺术的活动，总之社会实际生活的一切领域都是社会的人所参加的。因此，人的认识，在物质生活以外，还从政治生活文化生活中（与物质生活密切联系），在各种不同程度上，知道人和人的各种关系。其中，尤以各种形式的阶级斗争，给予人的认识发展以深刻的影响。"[1] 如果说马克思的实践观侧重于人的物质生产的话，那么，在中国马克思主义那里，除了最为基础的物质劳动之外，实践与政治、文化等有了更多的联系。这类实践与物质生产的实践虽有差异，但它们都被视为一种对象化的活动，这就是所有实践活动的共同之处。将人的实践活动从物质生产明确扩大到政治、文化乃至艺术活动，是中国马克思主义的贡献。

在高科技快速发展的今天，繁重的体力劳动正在逐步减少，闲暇的时间越来越多，对象化活动的范围将会越来越广。蒋孔阳先生曾谈道："劳动所创造的，不仅是物质的产品，而且也是劳动者的思想和感情、聪明和智慧等这样一些人的本质力量的实现。"[2] 从人的本质力量的实现这个意义上讲，实践不仅涵盖人的物质性活动，同时也包含了人的精神活动乃至情感活动。如果把实践理解为人的自由创造，那么，自由就和审美联系起来了，包括实践的情感方面、自由意志和创造力。因此，人的艺术和审美活动也属于人的实践活动的组成部分。由于实践所体现的主体的自由精神与艺术、审美有密切关系，因此实践之维进入文学活动就成为应有之义。

---

① 毛泽东：《实践论》，载《毛泽东选集》第 1 卷，人民出版社 1991 年版，第 283 页。
② 蒋孔阳："'人类也依照美的规律来造形'"，载《蒋孔阳全集》第 3 卷，上海人民出版社 2014 年版，第 524 页。

（二）主体的能动作用

受康德的影响，马克思在认可客体对象的现实性的同时，强调主体在实践中的基础地位，尤其突出主体感觉的重要性："任何一个对象对我的意义……都以我的感觉所及的程度为限"，"对于没有音乐感的耳朵来说，最美的音乐也毫无意义"。① 中国形态在继承马克思从主体方面去理解对象、现实的基础上，再从主体方面去理解实践活动又有自己的特色，它更强调主体的主动性和执行力，对象化被理解为人的能动的实践活动或历史活动，其中主体的经验和能力是十分重要和基本的。

这首先表现为，主体不是物质的附庸，它具有自由意志和生命的激情。而主体之所以能够实现本质力量对象化是因为它具有能够创造对象的能力。就文学活动而言："人民生活中的文学艺术的原料"只有"经过革命作家的创造性的劳动"，才能"形成观念形态上的为人民大众的文学艺术"。② 在这个过程中，创作主体具有能动性、目的性的特点，只有通过主体的自由情感和审美追求的能动作用，才能实现客体的主体化转换。其次，主体也不是历史的附庸。历史的本质在于它是人类活动的产物，没有离开人的主体的"纯客观规律"。中国形态实践观中的主体不是形而上学的思辨性的对象化主体，而是以每个具体的个体组成的人民主体，它将在改变环境的过程中实现自我改造，进而创造历史。中国形态的主体的能动性在对象化的过程中不仅改变着经济和社会结构，而且使自身的精神生活发生改变。

当然，主体的这种创造性不是无中生有，也不是为所欲为，而是在实践过程中实现自身的。创造是一个对象化的过程，是在关系中生成的。任何人类活动包括文学作品都是一个主客体之间相互作用的过程，完全没有任何对象是不可能实践的。并且，在肯定创作主体的超越性的同时，也要看到创作主体的历史规定性，警惕主体的膨胀所导致的对客体外化的削弱。主体过分的控制欲是需要遏制的。实践活动中的自由是一种选择的自主性，理想的实践活动应是主体的超越性和历史的规定性的统一。

---

① 马克思：《1844 年经济学哲学手稿》，载《马克思恩格斯文集》第 1 卷，人民出版社 2009 年版，第 191 页。

② 毛泽东：《在延安文艺座谈会上的讲话》，载《毛泽东选集》第 3 卷，人民出版社 1991 年版，第 863 页。

（三）实践的优先性

中国形态所肯定的实践的优先性是着眼于人类整个活动而言的，并不是仅就理论和实践的关系，也不是在传统的"知"和"行"的意义上 ① 而言。如果从通过人的本质力量的对象化来确证自身的活动这一界定来理解实践的话，那么，所有的活动都是实践，包括理论本身。关于这个问题，法国学者阿尔都塞也有类似的表述，他说："理论是一种特殊的实践，它作用于特殊的对象，并制造特殊的产品，即认识。" ② 在他看来，理论与实践关系不再被理解为两个对立的概念，都是实践活动，只不过理论是一种属于认识领域的特殊实践。由此，可以说，社会存在的一切层次都属于不同领域的实践，包括经济的实践、政治的实践、意识形态的实践、技术的实践和科学的实践，等等。

中国形态对实践优先性的推崇出于对理论上的教条主义的反拨。毛泽东批评那种"只会片面地引用马克思、恩格斯、列宁、斯大林的个别词句"的错误倾向，认为"这种对待马克思列宁主义的态度是非常有害的" ③。鉴于历史上对某些信条盲从的教训，毛泽东在《实践论》中指出："只有人们的社会实践，才是人们对于外界认识的真理性的标准。" ④ 也就是说，所有的出发点和结论都需要基于中国国情，都需要通过实践活动才能得到确认。1978 年，《实践是检验真理的唯一标准》引发的关于真理标准问题的大讨论更是体现了实践的优先性。在社会变革中，实践的优先性则表现为对改变现状的革命功能上。要实现人的全面解放，需要"现实的共产主义行动"（马克思语）。这些行动可以在政治、经济和意识形态等多个领域展开，而这些问题都需要通过实践解决。

实践活动的优先性绝非只强调经验事实，而是对对象的"具有许多规定性和关系的丰富的总体"的把握。马克思说，"具体之所以具体，因为它是许多规定的综合，因而是多样性的统一" ⑤，只有考虑到具体对象所拥有的多

---

① 中国传统强调"知行合一"，是着眼于不尚空谈，言行一致，并没有看到主客体之间的互相渗透和转化。

② ［法］阿尔都塞：《保卫马克思》，顾良译，商务印书馆 2010 年版，第 165 页。

③ 毛泽东：《改造我们的学习》，载《毛泽东选集》第 3 卷，人民出版社 1991 年版，第 797 页。

④ 毛泽东：《实践论》，载《毛泽东选集》第 1 卷，人民出版社 1991 年版，第 284 页。

⑤ 马克思：《〈政治经济学批判〉导言》，载《马克思恩格斯选集》第 2 卷，人民出版社 1995 年版，第 18 页。

个方面的因素，才不至于使实践成为荒谬。也就是说，实践的优先性是具体的总体，即马克思所说的"从抽象上升到具体的方法"①，用思维来掌握具体，这样的实践才具有优先性。中国形态倡导的"实事求是"中的这个"是"就是抽象上升到具体的方法，是多种因素的综合考量。在这个过程中，实践的优先性是离不开理性和方法的。

二、实践维度的文学观

马克思主义实践范畴具有本体论的性质，表现出对旧的唯物主义和唯心主义的超越。正如马克思所指出的："我们在这里看到，彻底的自然主义或人道主义，既不同于唯心主义，也不同于唯物主义，同时又是把这二者结合起来的真理。"②这种本体的实践的介入为建构中国形态提供了新的理论参照，引发我们进一步思考文学的性质，进而重新审视过往的理论和批评，在反思中加深对文学活动的理解。

(一) 文学产生于对象化的关系中

就实践作为对象化这个意义上说，文学既不仅仅是偏重于客体的对生活的摹写，也不全是侧重于主体的作家心灵的创造，更不是独立于社会和作者之外的某个形式系统。文学作为人的本质力量的体现，是主客体对象化的产物。它产生于对象化的关系中，体现为创作主体与对象之间的互相转化、互相建构。

就创作主体与社会生活而言，两者在实践过程中处于互相依存、互相塑造的关系之中。没有创作主体，社会生活就不可能成为创作源泉；反之，没有创作材料和对象，创作主体也就失去了依托，无法确认自身。在创作实践中，创作主体具有能动性的特点，他可以充分发挥内在潜能，创造出

---

① 马克思：《〈政治经济学批判〉导言》，载《马克思恩格斯选集》第2卷，人民出版社1995年版，第2页。

② 马克思：《1844年经济学哲学手稿》，载《马克思恩格斯文集》第1卷，人民出版社2009年版，第209页。马克思当时所说的"彻底的自然主义或人道主义"虽然是用费尔巴哈的术语表述的，但提出了一种新的哲学方向。

具有审美价值和思想意义的文学作品，并引发自身的改变。社会生活也不是一个固定的坐标，它将在创造主体的作用下展现出不同的面貌，由此创作主体与社会生活形成一个双向重构的过程。与此同时，作家和作品也构成了一个对象化的过程。文学作品是作家的对象化产物，在创作过程中，不仅创作主体创作出作品，而且主体自身也悄然发生变化，生成一个新的自我。

（二）实践论文学观视野下的相关批评理论

创作主体、社会生活和文学作品，这三者存在于对象化的相互关系中，忽视它们之间的关系，或过分强调其中任何一方，就会沦为庸俗唯物主义或唯心主义，这是马克思主义文学批评的实践范畴带来的最大启发。把实践的观点引入文学理论与批评，反思这些理论中存在的问题，有助于我们重新审视和矫正认识论和语言论的偏颇。

1.从实践的观点审视反映论

20世纪50年代以来，受苏联文艺学的影响，我国文学理论上占主导地位的是能动的反映论模式。反映论主要关注文学与社会生活的关系，重视文学的认识价值，强调主体的能动性和文学作为意识形态对社会的推动作用，要求作家艺术家参与和体验人民的生活和斗争，去了解熟悉各种人，并且努力追踪新的生活，这些观念对于推动中国文学艺术的发展起到了重要作用。可以说，以认识论为基点的反映论建构了一个相对完整的理论体系，因为它建立在物质本体论的基础上，主张文学是社会生活的反映，文学需要用形象真实地反映现实生活。但从实践的观点看，反映论存在一些与生俱来的内在矛盾。

第一，反映论建立在主客二分的基础上。反映论将主体和客体分割开来，作家是主体，社会生活是客体，主体应该而且只有深入社会生活，才能创作出有价值的文学作品。在这个描述中，主客体关系是一种认识与被认识的关系，或者说是一种描写和被描写的关系，这种区分实质上有机械唯物主义之嫌，因为机械唯物主义就是以主体和客体分割的二元论为基础的。就强调主客二分这一点而言，唯物主义与唯心主义并不对立，两者都承认存在主体和客体，区别仅在于前者强调客体，后者强调主体而已。关于这类反思，美学前辈① 已经作出了开拓性的研究和贡献。

第二，反映论对客体的把握有偏颇之处。反映论把社会生活视为一个矿藏，一个有待人们不断深入挖掘的对象。从实践的观点看，这种认识缺乏对社会生活的对象性观照，因为客体不是存在于主体之外，而是在主体的对象化中逐步形成的。并且就文学的职能而言，文学不仅仅是求真，它需要融入情感和理想，表现出对人生的思索和对现实的超越。在艺术创作中，社会生活为什么会在不同主体的笔下呈现不同的风貌和色彩，这正是不同主体的自由情感和审美追求在对象化中的体现，是对社会生活的对象性观照，同时也是社会生活向主体转换的结果。

第三，反映论虽然强调了主体的能动作用，但立足点是主体和主体作用的发挥问题，并未看到主体和客体之间的对立、互动和互塑。实践的观点对主体的强调不同于文学理论中的表现论所主张的那种艺术是艺术家主观精神的张扬，而是强调主体的投射需要受到对象化的制约，不能忽视作为对象化的现实生活的制约。从实践的观点看，社会生活与文学的关系不仅仅是来源与创造，也不是背景与作品，而是一种对立面的转化。审美过程是一种对象化的精神创造，主客体在这个过程中通过不断接近又不断抵抗、调整、适应，从而得到改造、重塑和提升。

当然，对反映论的反思不是完全否认认识论，更不是用实践的观点去取代认识论。应该说，认识论自有其合理和深刻之处，它构成了研究文学活动的一个重要方面。但若从更新批评理论和研究模式的角度看，实践的观点则更具历史性和开放性，因为主客体的对象化不仅构成了主客体建构的历史，而且实践过程所体现的动态性可导向文学活动多种发展的可能。

2.实践的观点与语言本体论的文学批评

20 世纪 80 年代以来，中国文坛受到西方语言学转向的影响，在文学批

---

① 朱光潜的"美是客观与主观的统一"观点，李泽厚的"美是客观性与社会性的统一"观点，蒋孔阳的实践创造论美学，都是力图打破主客二分的思维方式，既不完全依赖物的自然属性，又不以从人的主观情感来寻找美的根源，凸显人与现实的审美创造性关系。这些理论各有千秋，彼此并不完全一致，但他们的研究均为建设有中国特色的马克思主义美学作出了重要的学术贡献。

评领域，语言由以往的媒介或工具上升为文学的本体性属性，成为文学理论与批评推崇的对象。语言本体论将一切都高度符号化了，世界由语言划分，主体在符号系列中建构，而意义则产生于符号之间的关系。若用实践论的观点观照这种以语言本体论为理论武器的各种形式主义批评，发现同样存在一些问题。

建立在语言本体论基础上的形式主义批评将世界完全符号化，无论主体或客体都由符号建构，这样就消弭了主客体的界限，表现出对主体的摒弃。作家的创作过程、创作激情在形式主义文学批评中被排除，文学创作不再是人写书，而变成了"书写人"。20 世纪 40 年代盛行于美国高校的新批评则更为极端，把文学视为非个人的系统。维姆萨特和比尔兹利合写的《意图谬误》和《感受谬误》在衡量文学艺术的价值时不仅排除作者，而且将读者也从批评领域排除。这些批评原本是为了反驳 19 世纪的实证主义和浪漫主义，但矫枉过正。事实上，完全无视主体的存在和主体的能动性并不符合文学批评的实际，这些新批评家本身所从事的批评就是一种实践活动，并具有主体的能动性。

语言本体论基础上的形式主义批评的另一个问题是主客体被虚化。形式主义批评虽然也注重文本的内在关系，但它们强调文本只是词语，于是在符号化的过程中悄然取消了所有对象的物质性，文学批评沦为言人人殊的文字游戏。实践论所主张的物质性和对象化过程可视为对这种语言本体论主导下的形式主义批评的纠偏。

第三节　文学批评的实践维度

在讨论了实践范畴的理论特征后，中国形态的实践维度再度进入"具体"①，将实践的观点贯穿于文学批评的整个活动是中国形态的又一探索。

---

① 这里的"具体"是多样的总体的具体。

一、实践维度与文学活动

文学批评作为实践活动的一种形式，同样是凝聚着人的对象化创造的关系整体。不过文学批评实践又具有特殊的性质，因为其对象——文学活动是一种充盈着感性和想象的"自由的生命活动"。而中国形态的实践维度更强调批评过程中批评主体的能动性，由此也给文学批评带来了新的变化。

（一）实践维度与文学活动的主体

文学活动的主体既包括创作主体，又包括欣赏主体。这些主体将通过一种具有创造性的精神活动，在创作和接受的过程中改变世界，也实现自身。在实践维度的观照下，批评家须仔细地辨别文学活动的主体如何与现实进而与文本发生关系，如何把自身的审美激情、价值观念投射到文本中，以及主体与对象之间如何互相渗透和互相转化的一系列错综复杂的关系。

由于文学活动的创作主体较之其他主体更具审美的自由度和超越性，故创作主体的能动作用是实践维度首先要关注的方面。创作主体在对象化的过程中具有审美的超越性和对社会的重塑力。英国诗人雪莱说，"诗人们是世界上未经公认的立法者"①，这是对创作主体的高度肯定。文学活动中创作主体的主观情感和价值选择对人的情感诉求和现实行为的指导具有深刻影响，尽管创作主体的这种创造性没有直接对象化为改造现实的物质实践，但他们创作的那些优秀作品对人的影响力是潜移默化和难以估量的。与此同时，文学创作作为一种实践活动，也绝不仅仅是一种制作和表达，而是一种自我实现的过程。创作主体在创作过程中会经历痛苦、感动乃至激越的过程，并在这个过程中得到净化，不少作家在谈创作体会时都深有感触。

接受主体同样具有创造性。接受主体的创造性首先表现为接受活动中对文本的阐释和发现，即揭示文本中那些被忽略的东西。例如，以往阅读鲁迅的《狂人日记》，人们多看到的是狂人用"吃人"的呐喊来表达对封建社会的控诉，几乎没有意识到狂人对自己的反思。有人在鲁迅《狂人日记》中发

---

① ［英］雪莱：《诗辩》，载伍蠡甫主编：《西方文论选》下卷，上海译文出版社1988年版，第57页。

现了"我是否吃过我妹妹的肉"这一句，并对之作了新的解读——封建社会不仅是一个"吃人"的社会，而且社会中的许多人包括"狂人"本人也成为"吃人"的一员，这就有了很深刻的反省意味和现实针对性。这是接受主体对对象的发现和发挥，由此文本呈现出新意。接受主体的创造性还表现为在与文本的互动中的生产性特点，即生成一种新的文本，像巴特在《S/Z》中将巴尔扎克的《萨拉辛》变成碎片后的重新阐释一样。① 而文学接受作为一种对象性的活动，文学文本内的"召唤结构"同样可以刺激接受主体，对接受主体造成一种冲击力，使其在欣赏的过程中被改造或净化。同时，我们也要看到接受主体的差异性，一个有阅读经验的读者和一个不谙世事的孩子读《红楼梦》，其收获是大不一样的，主体的丰富性在一定程度上决定了对象的意义和价值，也就是说，主体实际上参与了客体的建构。

文学活动的主体性还具有复合主体的性质，它既是个人主体又是社会主体，因为任何个体的活动都是在一定历史条件下和一定社会关系中进行的，个人主体中不可避免会带有社会主体的痕迹。同时，个体总是历史中的个体，他置身于历史的语境中，主体性的自我实现往往具有那个时代或民族的精神特征的烙印。由此，文学活动的这种主体性是个人主体与社会主体、个人自我实现与时代民族精神相契合、相统一的主体性。从实践维度研究主体，不仅可以更好地把握主体自身的变化，而且可以更好地感受到社会的变迁和发展。

（二）实践维度与作为精神产品的文本

文学批评的对象——文本是一种特殊的精神产品，一种多姿多彩的审美对象。实践维度的引入将不再把文学文本仅看成一个客体，而是看到它凝聚的人的对象化的创造。作为一种审美创造，它较之其他对象化的创造更具审美的自由度和超越性，并且是一种具体的富有个性的审美对象。

文本这种特殊的精神产品对批评主体提出了更高的要求。实践维度下的批评主体，在面对文本时，不再仅是欣赏或评价，而是一种投射和倾注。文本也不再是独立于社会和作者之外的某个形式系统，而是一个不断将意义外化的过程。一方面，批评主体将自己的情感体验和价值理想注入文本，在文

---

① 参见［法］罗兰·巴特:《S/Z》，屠友祥译，上海人民出版社 2000 年版。

本分析中实现自己；另一方面，文本也在批评家的观照中不断将意义外化，呈现出特有的面貌。并且，这种对象化不是一次完成的，批评主体不可能一次把握优秀的文本的全部意义，而是需要在多次研读中不断获得新的发现，赋予这个文本多种意义。不同的批评主体也可以在与同一文本的对话中发现、丰富和改变作品的意义，由此赋予其多种意义。

文学批评与文本的这种相互作用是多样的，并不局限于伦理或政治方面，还有审美的愉悦和哲理的反思。在每一次研读中，批评主体和文本都会完成一次互相映照。正是在这样一次次对象化的过程中，批评主体完成了自己的塑形，文本也因此显得更为丰富。而在这个过程中，文学批评与文本实际上被互相塑造和互相提升。

需要正视的是，实践维度下的文学批评与文本的互塑是在批评主体和作品之间完成的。批评家在享受这个对象化的过程中，可能在获得感悟和生动的同时也在一定程度上失去了对文学活动的宏观整体的观照。

（三）实践维度与理想的生存方式

文学批评的实践维度不仅与文本形成对象化的关系，而且马克思主义的实践品格决定了文学批评总是要指向社会、指向现实的，这是马克思主义文学批评的一个特质。实践维度对主体和文本的对象化研究最终是通过实践重塑社会。因此，实践维度的文学批评就不会也不可能完全是"文学"的批评，而是要借助文学指向文学"之外"的东西，通过文本这个中介与现实世界发生关系并相互影响。

文学批评的实践维度可借助文学作品所具有的反异化性质，促使现实世界向更符合人的需要的方向发展。"我们把艺术的实践性看做是一种双重创造，认为它不仅创造了作品，而且通过对人的改造，最终实现改造世界的目的。"[1] 不过，这种对世界的改造是通过对文学作品的揭示重塑社会风气和理想，影响人们的人生观和价值观。并且，实践的目的不仅体现为人的自我肯定，而且具有使人快乐的使命。于是，文学批评的实践维度就将对文学作品的观照与人的日常存在方式结合起来了。

---

[1]　王元骧：《文学理论与当今时代》，浙江大学出版社2002年版，第58页。

就文学批评而言，它与文学作品乃至社会生活均存在着互塑和互动的关系，主体通过自由情感和审美追求的能动作用实现客体的主体化转换。与之对应，社会生活不仅在创作过程中被文学重塑，而且也可以被文学批评重塑，即文学批评通过对文学作品的评论重塑社会风气和社会理想。

二、对实践性质的进一步思考

实践概念是一个不断发展的历史概念，对实践的反思本身构成了实践的一部分。反思也是人类所独具的能力，从某种意义上讲，不反思的实践是片面的。随着社会的发展和时代的变化，马克思主义文学批评中国形态的实践观会不断调整和深化，并在回顾和前瞻中不断思考实践的有关问题。这种不断反思和对话应成为马克思主义文学批评中国形态实践观的常态。

（一）实践活动中的意识与无意识

实践被认为是一种有目标、有意义、有价值的人类活动，但人类的无意识活动是否包含在实践之中，这是需要讨论的问题之一。

卢卡奇在《审美特性》一书的扉页上曾引用了马克思《资本论》中的一句话——"他们没有意识到这一点，但是他们这样做了"[1]，并设专章从审美发生学的角度讨论了原始社会里的节奏、比例、对称，以及装饰纹样的生成。这种形式感的形成机制实际上涉及审美无意识。根据弗洛伊德的观点，"心理过程主要是潜意识的，至于意识的心理过程则仅仅是整个心灵的分离的部分和动作"[2]。弗洛伊德所说的无意识是指隐藏于我们内心的被压抑或遗忘的精神状态，包括梦境和文学作品中潜在的欲望。如果把这些现象都斥为动物的本能，那么，人类很多精神活动包括政治无意识、伦理无意识等都被排除在实践之外了。另外，人的意识活动与无意识的界限本身就是模糊的，无意识一方面被理性或意识所抑制，同时它又十分活跃，当理性出现松弛时，无意识会冲破理性的闸门进入意识活动。人类很多艺术实践活动常常

---

① [匈] 卢卡奇：《审美特性》（上），徐恒醇译，社会科学文献出版社 2015 年版，扉页。
② [奥] 弗洛伊德：《精神分析引论》，高觉敷译，商务印书馆 2009 年版，第 8 页。

介于意识和无意识之间，因此，人类的艺术实践将会对已有的实践概念有所修正。

与之相关的是，实践作为人的一种对象化活动，是否全部合乎目的？其实也不尽然。虽然实践的目的是使现实世界向符合人的需要的方向发展，但实际上大多数关涉人的活动都是利弊参半的，人在对象化的过程中获得的东西与失去的不相上下。有人说，错误的东西不属于实践，这是需要商榷的。对象化的过程并不意味着都是绝对无误的，有些实践活动的目的和结果甚至南辕北辙，带给人类的可能是异化或灾难。不过，即使是失败的实践，也不是毫无意义的，它在带给人们一些经验或教训的同时，也带来了思考，人们将通过自我否定来实现新的自我肯定。此外，一些实践活动可能当时觉得是合目的性的，经过一段时间后又发现了问题和局限。康德曾提出，鉴于理性的越界与僭妄，需要实践理性为理性能力划界并校正。那么，谁来为实践理性校正呢？也许只有实践本身。作为一种人的自由的生命活动，实践应具有尝试和探索之义。探索中必然会出现这样或那样的问题和错误，故应该允许实践的可错性。这样，实践被赋予另一种能力——纠错能力。因此，具有实践精神的中国马克思主义文学批评必然会随着社会的发展和时代的变化而不断调整，并在这个过程中产生新的理论、新的范畴。纠错能力同样体现了马克思主义文学批评的智慧和勇气。

我们不妨这样说，实践是一种自由的活动，但不一定是自觉的活动。由此，康德的实践观就成为一个问题，实践的无意识和无目的性将对实践的定义提出挑战。

（二）实践的有限性和无限性

实践的有限性和无限性的关系同样受到对象化活动的审视。人的实践总是一定历史条件下的实践，不可能超出历史的限定。对实践活动的制约，一是来自客体的潜在制约，即"自在之物"；二是来自主体自身条件的限制，主体并不是无所不能的，完全无视自身的局限就可能导致毁灭。此外，还需要考虑对象化过程中的内外诸种因素的限制，因而主客体之间在互相转化的过程中彼此设限和彼此尊重是非常必要的。

实践的有限性和无限性必然涉及异化问题。人们在实现自身的同时常常违反自身，异化存在于实践之中，或者说，实践本身构成了异化。尽管如今的异化现象与马克思《1844 年经济学哲学手稿》里的异化在形式上有了差异，但其实质没有根本区别。当代科幻影片所展示的因人类无节制的扩张所造成的可怕情景对我们来说是一个很好的警示：对科学研究和社会发展的过度追求带来的可能只是灾难性的后果，"花未尽开月未圆"也许是最好的境界。实践是不能无节制的，这是不少文学作品留给我们的思考。不过，我们又不能为了逃避异化而停止探索的脚步，这样做无异于"斩首而疗头风矣"。放眼历史长河，异化中也有进步，资本主义社会造成了工人的异化，而工人在异化过程中又创造了巨大的物质财富，这种物质财富为社会的进步奠定了基础，这就是异化的辩证法。人生的悖论无处不在，我们只有通过异化回归自身，或者说在异化中实现向自身的回归。

实践的有限性和无限性还与理想有关。理想的魅力恰在于它的无限性和不可接近性，就像绝对真理，它永远在前方，激励人们奋斗，但理想往往是可望而不可即，我们可以做的是通过无数个有限的对象化过程构成向无限、向理想进发的轨迹。文学批评的实践维度就是要借助艺术作品激励每个个人向符合人的需要的方向发展。而强调实践的历史性、开放性就构成了马克思主义文学批评实践维度的又一特征。

简言之，中国形态对实践范畴的接纳和运用，其价值在于文学批评须从对象化的关系中把握文学，而不是仅仅关注文学本身或文学的某一个或几个方面。归根结底，中国形态的实践论将引导人们通过文学之路向人的全面解放迈进。马克思在《1844 年经济学哲学手稿》中有一段著名的话："为了人并且通过人对人的本质和人的生命、对象性的人和人的产品的感性的占有"①。这一句话包括了这样几层意思：一是强调要对人的本质和人的生命等的"占有"，而不是被异化或被全面异化；二是如何实现这种"占有"，还是要"通过人"，即通过人的实践活动；三是"为了人"，这就是实践的目的，即为了实现人的全面自由发展，这正是中国形态实践维度的根本任务。

---

① 马克思：《1844 年经济学哲学手稿》，载《马克思恩格斯文集》第 1 卷，人民出版社 2009 年版，第 189 页。

第五章　高科技时代的马克思主义文学批评

　　文学与科技的关系是中国形态不得不面对的时代课题。在中国前所未有的工业化、现代化的转型过程中，最严峻的问题之一就是高科技带来的深刻变化。这里所说的高科技主要指20世纪以来所产生的现代科学理论和技术①。在当今时代，现代科技大举进入人类社会的各个方面，包括文学活动。传统的文学研究可以忽略这个问题，一方面是因为当时的科技并未真正进入人们的生活，科技的作用被遮蔽或压抑；另一方面，人们对于科学技术对文学活动的影响还未引起重视。随着科学技术巨大威力的日益显现，它几乎渗透到社会生活的方方面面，甚至渗透到文学艺术、文艺理论和马克思主义文学批评的领域。因此，对文学批评而言，文学与科技的关系这一研究就显得尤为必要和紧迫。研究科学技术对文学乃至文学批评的影响与冲击以及在这种冲击下马克思主义文学批评如何应对，就成为一个有待认真研究的新问题。

　　要研究文学与科技的关系，需要吸收多方面的思想资源。马克思恩格斯研究科学技术的立场和洞见为今天中国形态研究文学与科技的关系提供了理

---

① 科学与技术原本为两个概念，科学属于理论形态，其目的是推进知识的进展，技术则体现为人与自然的实践关系，其目的是改造现有的存在（参见［法］让·拉特利尔：《科学和技术对文化的挑战》，吕乃基等译，商务印书馆1997年版），本章所说的技术则是与现代科学直接相关的现代技术，而不是一般的技艺。现代科学和技术又互相依存，科学是技术产生和形成的基础，技术是对科学的应用和实践，技术水平的提高又促进科学发展。这说明，技术的发展为进一步的科学活动提供了物质支持，同时技术发展中遇到的问题又成为科学发展的动力。科学与技术都是历史性的范畴，其内涵随着社会历史的发展而不断丰富、更新。如今科学与技术两者的边界越来越模糊。例如等离子加速器本身既是科学又是技术。简言之，科学与技术的关系互相区别、互相支撑，如今两者边界相对模糊。

论基点。西方马克思主义对高科技产生的问题的反思也可作为有益的参照。更重要的是，中国形态还应在深入研究当今新的文学创作和阅读现象的基础上，提出有针对性的批评理论和观点，在不断调整、不断扬弃中对文艺与科技的关系作出中国形态的新阐释。

第一节　马克思主义文学批评与科技

在马克思主义整个思想体系中，关于科学技术的研究占有重要位置。尽管马克思恩格斯主要关注资本和无产阶级等问题，但他们所思考的领域必然涉及大工业生产特别是科技带来的剩余价值以及生产关系的改变等方面。马克思恩格斯关于科学技术以及科技与文学艺术的关系的论述主要见于《1844年经济学哲学手稿》《德意志意识形态》《政治经济学批判（1857—1858 年手稿）》《哲学的贫困》《资本论》《反杜林论》《自然辩证法》《机器。自然力和科学的应用》等著作中。经典作家从当时资本主义社会现状入手，分析机器大工业时代的科技发展与社会生产的关系以及由此带来的社会的诸多变化。

一、马克思恩格斯论科学技术

马克思恩格斯是从历史唯物主义和辩证法的基本原则出发研究科学技术的性质和发展的。与德国古典哲学主要限于理论思辨不同，马克思恩格斯在对资本主义社会的批判中，非常重视自然科学与技术科学，关注科学技术的发展及其在物质生产中的应用。荷兰学者舒尔曼指出："如果不从马克思主义哲学的观点来考察技术的发展，那么，任何技术和未来的研究都将是不完备的。"[1]

恩格斯在《在马克思墓前的讲话》中指出："在马克思看来，科学是一

---

[1]　[荷兰] E. 舒尔曼：《科技文明与人类未来——在哲学深层的挑战》，李小兵等译，东方出版社 1995 年版，第 246 页。

种在历史上起推动作用的、革命的力量。任何一门理论科学中的每一个新发现——它的实际应用也许还根本无法预见——都使马克思感到衷心喜悦，而当他看到那种对工业、对一般历史发展立即产生革命性影响的发现的时候，他的喜悦就非同寻常了。例如，他曾经密切注视电学方面各种发现的进展情况，不久以前，他还密切注视马赛尔·德普勒的发现。"① 每当看到科技的发展，马克思的"喜悦就非同寻常"，因为科技的发展直接影响到生产关系和生产力的变革，如果不对物质生产力的巨大进步和科技的大量应用有足够的敏感性，就不能很好地说明资本主义社会的问题和变化。

（一）科学技术与社会

马克思恩格斯对科学技术及其与社会的关系有过深刻的洞见和预言。在《资本论》中，马克思明确把自然科学和与之相应的技术作为生产力的重要组成部分，"劳动生产力是由多种情况决定的，其中包括：工人的平均熟练程度，科学的发展水平和它在工艺上应用的程度，生产过程的社会结合，生产资料的规模和效能，以及自然条件"②，文中所提到的"科学的发展水平和它在工艺上应用的程度"就是劳动生产力的一部分。经典作家从当时资本主义社会现状入手，分析机器大工业时代的科技发展与社会生产的关系，由此也规定了科学技术的社会属性。

马克思恩格斯看到了科学技术对社会的依赖关系，科学技术的产生和发展源于社会的需要。在论述科学技术发展史时，他们指出科技发展源于现实生活、生产的需要，科学的发生和发展是由生产决定的。恩格斯说："如果像您所说的，技术在很大程度上依赖于科学状况，那么，科学则在更大得多的程度上依赖于技术的状况和需要。社会一旦有技术上的需要，这种需要就会比十所大学更能把科学推向前进。"③ 并且，恩格斯还在《自然辩证法》中

① 恩格斯：《在马克思墓前的讲话》，载《马克思恩格斯文集》第3卷，人民出版社2009年版，第602页。
② 马克思：《资本论》第1卷，载《马克思恩格斯文集》第5卷，人民出版社2009年版，第53页。
③ 恩格斯：《恩格斯致瓦尔特·博尔吉乌斯（1894年1月25日）》，载《马克思恩格斯文集》第10卷，人民出版社2009年版，第668页。

分析了 15 世纪科学为什么发展起来的社会原因。他说:"如果说,在中世纪的黑夜之后,科学以意想不到的力量一下子重新兴起,并且以神奇的速度发展起来,那么,我们要再次把这个奇迹归功于生产。第一,从十字军征讨以来,工业有了巨大的发展,并随之出现许多新的事实,有力学上的(纺织、钟表制造、磨坊),有化学上的(染色、冶金、酿酒),也有物理学上的(眼镜),这些事实不但提供了大量可供观察的材料,而且自身也提供了和以往完全不同的实验手段,并使新的工具的设计成为可能。可以说,真正系统的实验科学这时才成为可能。第二,这时整个西欧和中欧,包括波兰在内,已在相互联系中发展起来,虽然意大利由于自己的从古代流传下来的文明,还继续居于首位。第三,地理上的发现——纯粹是为了营利,因而归根到底是为了生产而完成的——又在气象学、动物学、植物学、生理学(人体的)方面,展示了无数在此以前还见不到的材料。第四,印刷机出现了。"[1]

科学的产生和发展虽然源于社会,但相对于现实又有其抽象的一面。也就是说,科学虽然在社会需要中产生,但科学不是一直依附于社会,它会在发展中变成一种独立的力量,与现实世界逐渐脱离,变得强大而抽象。恩格斯在《反杜林论》中揭示了科学走向抽象和独立的过程。"和其他各门科学一样,数学是从人的需要中产生的,如丈量土地和测量容积,计算时间和制造器械。但是,正像在其他一切思维领域中一样,从现实世界抽象出来的规律,在一定的发展阶段上就和现实世界脱离,并且作为某种独立的东西,作为世界必须遵循的外来的规律而同现实世界相对立。"[2]

科学技术一旦产生,反过来又可以推动生产和社会的发展。马克思恩格斯从历史发展的高度指出,科学技术作为潜在的生产力,是最根本最活跃的因素,它直接作用于生产力,带来了资本结构的变化以及资本的积累,进而作用于生产关系,改变经济基础,并带来上层建筑和意识形态的变化。在这个意义上,科学技术具有革命性质,是推动社会发展和进步的重要力量。

英国是最早进行和完成产业革命的国家,法、德紧随其后。18 世纪

---

[1] 恩格斯:《自然辩证法(节选)》,载《马克思恩格斯文集》第 9 卷,人民出版社 2009 年版,第 427—428 页。

[2] 恩格斯:《反杜林论》,载《马克思恩格斯文集》第 9 卷,人民出版社 2009 年版,第 42 页。

五六十年代，英国各主要工业部门先后开始从手工生产向机器生产、从工场手工业到机器大工业过渡。各种新工具（如珍妮纺纱机）、新能源（如焦炭）、新技术（如在炼铁中运用鼓风设备去除硫黄和杂质）、新动力（如蒸汽）的使用，极大地促进了生产力的发展。到 19 世纪二三十年代，英国所展示的前景被认为"已经超出了理智所能达到的界限"①，工业不折不扣地创造了一个奇迹。马克思恩格斯高度肯定了英法出现的这些科学技术，并对工业文明的巨大成就发出感叹："资产阶级在它的不到一百年的阶级统治中所创造的生产力，比过去一切世代创造的全部生产力还要多，还要大。自然力的征服，机器的采用，化学在工业和农业中的应用，轮船的行驶，铁路的通行，电报的使用，整个整个大陆的开垦，河川的通航，仿佛用法术从地下呼唤出来的大量人口——过去哪一个世纪料想到在社会劳动里蕴藏有这样的生产力呢？"②马克思看到了科学技术以及新的工业生产机器对资本主义生产的推动作用，以及由此带来的社会生产力的飞跃。

科学技术不仅内在地推动了生产力的发展，而且带来了生产方式、生产资料、劳动对象和市场格局的诸多变化。马克思在《经济学手稿（1861—1863 年）》中提到，"'机械发明'。它引起'生产方式上的改变'，并且由此引起生产关系上的改变，因而引起社会关系上的改变，'并且归根到底'引起'工人的生活方式上'的改变。"③恩格斯在致瓦尔特·博尔吉乌斯的信中也看到了生产和运输的技术对生产关系的作用。"这种技术，照我们的观点看来，也决定着产品的交换方式以及分配方式，从而在氏族社会解体后也决定着阶级的划分，决定着统治关系和奴役关系，决定着国家、政治、法等等。"④在这个意义上，科技对社会的推动一点也不亚于法国大革命。"当革命的风暴横扫整个法国的时候，英国正在进行一场比较平静，但是并不

---

① ［德］于尔根·库钦斯基：《生产力的四次革命：理论和对比》，洪佩郁译，商务印书馆 1984 年版，第 50 页。

② 马克思、恩格斯：《共产党宣言》，载《马克思恩格斯选集》第 1 卷，人民出版社 2012 年版，第 405 页。

③ 马克思：《经济学手稿（1861—1863 年）》，载《马克思恩格斯全集》第 47 卷，人民出版社 1979 年版，第 501 页。

④ 恩格斯：《恩格斯致瓦尔特·博尔吉乌斯（1894 年 1 月 25 日）》，载《马克思恩格斯文集》第 10 卷，人民出版社 2009 年版，第 667 页。

因此就显得缺乏力量的变革。蒸汽和新的工具机把工场手工业变成了现代的大工业，从而使资产阶级社会的整个基础发生了革命。"① 马克思还在《大不列颠在印度的统治》一文中提出了这样一个观点，真正改变印度结构的是印度的铁路。从科学技术推动社会进步这个意义上讲，因为有了印度的铁路，才使印度从一个个小邦贯穿了起来，是铁路建设促进了印度社会性质的变化。

（二）资本主义制度与科学技术的异化

马克思恩格斯在看到科学技术作为生产力给社会带来革命性变化的同时，又清醒地认识到资本主义制度下科学技术的异化。马克思吸收了黑格尔关于技术使劳动异化的思想②，"科学对于劳动来说，表现为异己的、敌对的和统治的权力"③。在《资本论》中，马克思将手工业和机器工业作了比较："在工场手工业和手工业中，是工人利用工具，在工厂中，是工人服侍机器。在前一种场合，劳动资料的运动从工人出发，在后一种场合，则是工人跟随劳动资料的运动。在工场手工业中，工人是一个活机构的肢体。在工厂中，死机构独立于工人而存在，工人被当作活的附属物并入死机构。"④科学技术以大分工提高效率，但实际上掩盖了工人阶级的生活。"机器的采用加剧了社会内部的分工，简化了作坊内部工人的职能，集结了资本，使人进一步被分割。"⑤ 由于分工，使每个人的劳动只是整体的一部分，"他们当中没有一

---

① 恩格斯：《反杜林论》，载《马克思恩格斯文集》第9卷，人民出版社2009年版，第277页。

② 黑格尔指出："个人的劳动通过分工而变得更加简单，结果他在其抽象的劳动中的技能提高了，他的生产量也增加了。同时，技能和手段的这种抽象化使人们之间在满足其他需要上的依赖性和相互关系得以完成，并使之成为一种完全必然性。此外，生产的抽象化使劳动越来越机械化，到了最后人就可以走开，而让机器来代替他。"（[德]黑格尔：《法哲学原理》，商务印书馆1961年版，第210页。）这实际上已触及了工业、技术的发展所导致的技术异化。

③ 马克思：《经济学手稿（1861—1863年）》，载《马克思恩格斯全集》第47卷，人民出版社1979年版，第571页。

④ 马克思：《相对剩余价值的生产》，载《马克思恩格斯全集》第44卷，人民出版社2001年版，第486页。

⑤ 马克思：《哲学的贫困》，载《马克思恩格斯选集》第1卷，人民出版社2012年版，第247页。

个人能够说：这是我做的，这是我的产品。"①

　　大工业生产的最大弊端是导致了人的片面性，这正是马克思要着力批判的。"大工业的机器使工人从一台机器下降为机器的单纯附属物。"② 不仅如此，资本主义制度下的这种大工业生产还使人的智力和体力都受到限制和伤害。"机器劳动极度地损害了神经系统，同时它又压抑肌肉的多方面运动，夺去身体上和精神上的一切自由活动。甚至减轻劳动也成了折磨人的手段，因为机器不是使工人摆脱劳动，而是使工人的劳动毫无内容。……正如前面已经指出的那样，生产过程的智力同体力劳动相分离，智力转化为资本支配劳动的权力，是在以机器为基础的大工业中完成的。变得空虚了的单个机器工人的局部技巧，在科学面前，在巨大的自然力面前，在社会的群众性劳动面前，作为微不足道的附属品而消失了；科学、巨大的自然力、社会的群众性劳动都体现在机器体系中，并同机器体系一道构成'主人'的权力。"③ 工人变成了机器的附庸，劳动变得毫无内容，这是大机器生产带给人的异化。"现在在工厂所出产的纱、布、金属制品，都是许多工人的共同产品，都必须顺次经过他们的手，然后才变为成品。"④ 今天这种现象依然存在，科学技术将这种机器分工的理论身体化，使得劳动者在一种无意识状态中自觉认同于技术理性的资本主义设置，形成一种与资本主义生产方式具有异质同构关系的消极主体形式。

　　马克思在研究科学技术时，把矛头直指资本主义制度。他认为，异化不是科学技术的错，而是资本主义制度的错。"同机器的资本主义应用不可分离的矛盾和对抗是不存在的，因为这些矛盾和对抗不是从机器本身产生的，而是从机器的资本主义应用产生的！因为机器就其本身来说缩短劳动时间，而它的资本主义应用延长工作日；因为机器本身减轻劳动，而它的资本主义应用提高劳动强度；因为机器本身是人对自然力的胜利，而它的资本主义应

① 恩格斯：《社会主义从空想到科学的发展》，载《马克思恩格斯文集》第3卷，人民出版社2009年版，第549页。

② 恩格斯：《反杜林论》，载《马克思恩格斯选集》第3卷，人民出版社1995年版，第642页。

③ 马克思：《资本论》第1卷，载《马克思恩格斯文集》第5卷，人民出版社2009年版，第486—487页。

④ 恩格斯：《反杜林论》，载《马克思恩格斯文集》第9卷，人民出版社2009年版，第285页。

用使人受自然力奴役；因为机器本身增加生产者的财富，而它的资本主义应用使生产者变成需要救济的贫民……"① 马克思以火药的使用为例，认为主要责任在于掌握科学技术的人，"利用机器的方式和机器本身完全是两回事。火药无论是用来伤害一个人，或者是用来给这个人医治创伤，它终究还是火药"②。

不过，尽管科学技术本身具有客观性的一面，但只要为人所用，科学技术就必然带有社会属性，这也是科学的宿命。科学技术一旦被人掌握，就具有了某种意识形态性，"单是科学——即财富的最可靠的形式，既是财富的产物，又是财富的生产者——的发展，就足以使这些共同体解体。但是，科学这种既是观念的财富同时又是实际的财富的发展，只不过是人的生产力的发展即财富的发展所表现的一个方面，一种形式"③。这里科学作为"观念的财富"表明，每个时代的科学成果背后都有科学思想的支撑，而特定的科学思想代表着特定时代人们对自然的认识。马克思关于科学技术作为"观念的财富"的思想以及下面对科学技术悖论的阐发成为西方马克思主义关于科技意识形态性的先导，值得我们更深入地研究和阐发。

（三）科学技术的悖论

科学技术的发展以及大机器的应用，带来了资本结构的变化和资本的积累，在推动资本主义大工业生产发展的同时也带来了种种难以化解的矛盾。

显而易见的是分工形成的悖论。科学技术一方面导致分工越来越细，"一个工业部门生产方式的变革，会引起其他部门生产方式的变革。这首先涉及因社会分工而孤立起来以致各自生产一种独立的商品、但又作为一个总过程的各阶段而紧密联系在一起的那些工业部门"④。另一方面，分工又需要

---

① 马克思：《资本论》第 1 卷，载《马克思恩格斯文集》第 5 卷，人民出版社 2009 年版，第 508 页。

② 马克思：《马克思致帕维尔·瓦西里耶维奇·安年科夫（1846 年 12 月 28 日）》，载《马克思恩格斯选集》第 4 卷，人民出版社 2012 年版，第 412 页。

③ 马克思：《经济学手稿（1857—1858 年）》，载《马克思恩格斯全集》第 30 卷，人民出版社 1995 年版，第 539 页。

④ 马克思：《资本论》第 1 卷，载《马克思恩格斯文集》第 5 卷，人民出版社 2009 年，第 440 页。

加强合作。由于分工的每一个部分的变化将导致整个结构的变化，因此引发了在生产中新的协作或结合，"把从前是各自独立的生产部门联合起来"①。

最根本的是科学的探索精神所形成的无止境与有限性的悖论。科学技术的发展没有"Stop"，科学研究不会停止探索的脚步。"现代工业从来不把某一生产过程的现存形式看成和当做最后的形式。因此，现代工业的技术基础是革命的，而所有以往的生产方式的技术基础本质上是保守的。现代工业通过机器、化学过程和其他方法，使工人的职能和劳动过程的社会结合不断地随着生产的技术基础发生变革。这样，它也同样不断地使社会内部的分工发生革命，不断地把大量资本和大批工人从一个生产部门投到另一个生产部门。"② 科学的这种浮士德精神一方面体现的是不断追求、不断革命的精神，另一方面又对自然包括人本身造成威胁。反观 20 世纪科学技术的迅猛发展和由此带来的问题，人们开始意识到是否应该反思"人类不能停止探索的脚步"的这种浮士德精神了。

马克思在看到科学带来的异化的同时也看到了科学作为一种独立力量的价值："科学分离出来成为与劳动相对立的、服务于资本的独立力量，一般说来属于生产条件与劳动相分离的范畴。并且正是科学的这种分离和独立（最初只是对资本有利）成为发展科学和知识的潜力的条件。"③ 马克思预言，科学技术的发展所带来的财富涌现将逐步成为埋葬资本主义的物质基础；科学技术在带来人们日常生活改变的同时将为人类全面解放打下基础。"自然科学却通过工业日益在实践上进入人的生活，改造人的生活，并为人的解放作准备……自然科学将抛弃它的抽象物质的方向，或者更确切地说，是抛弃唯心主义方向，从而成为人的科学的基础，正像它现在已经——尽管以异化的形式——成了真正人的生活的基础一样"④。随着科学技术的发展带来了生

---

① 马克思：《经济学手稿（1861—1863 年）》，载《马克思恩格斯全集》第 47 卷，人民出版社 1979 年版，第 454 页。
② 马克思：《资本论》第 1 卷，载《马克思恩格斯文集》第 5 卷，人民出版社 2009 年版，第 560 页。
③ 马克思：《经济学手稿（1861—1863 年）》，载《马克思恩格斯全集》第 47 卷，人民出版社 1979 年版，第 598 页。
④ 马克思：《1844 年经济学哲学手稿》，载《马克思恩格斯文集》第 1 卷，人民出版社 2009 年版，第 193 页。

产力的极大发展，最终将推动人类社会进入"自由人的联合体"的和谐社会，走向人的全面解放。

二、马克思恩格斯论科技与文艺的关系

马克思主义经典作家对科学技术与文学艺术关系的研究同样是在历史唯物主义和辩证法的总体框架下展开的，他们既看到历史发展的必然趋势，又意识到两者之间的矛盾性和非同步性，而后者更显示出经典马克思主义的睿智和深刻。

（一）科学技术对文学艺术的影响

关于科学技术与文学艺术的关系，马克思恩格斯从不认为哲学、历史和文学艺术可以单独发展。在谈到德国古典哲学时，恩格斯指出了科学技术对哲学的影响："在从笛卡儿到黑格尔和从霍布斯到费尔巴哈这一长时期内，推动哲学家前进的，决不像他们所想象的那样，只是纯粹思想的力量。恰恰相反，真正推动他们前进的，主要是自然科学和工业的强大而日益迅猛的进步。"① 也就是说，从笛卡尔到霍布斯到费尔巴哈，这些思想家的思想并不仅限于哲学的传承，其中"真正推动他们前进的"，"主要是自然科学和工业的强大而日益迅猛的进步"刺激了思想家。以往我们多是从哲学史内部考察哲学家的扬弃，而忽略了一个更广阔的层面，即哲学家们真正受到启发的或许不完全是哲学本身，而在哲学之外，尤其是科学技术的馈赠。恩格斯的这段话对我们今天的启发是，文学研究不仅仅要看到文学内部的继承和翻新，而且应该看到文学之外的因素，包括科学技术的深刻影响。如今科学技术已成为文学存在和变革的物质基础。在《德意志意识形态》一书中，马克思恩格斯曾以意大利文艺复兴时期绘画艺术的繁荣为例，说明文艺复兴时期的艺术成就与他那个时代的技术进步有关。"拉斐尔的艺术作品在很大程度上同当时在佛罗伦萨影响下形成的罗马繁荣有关……和其他任何一个艺术家一样，

---

① 恩格斯：《路德维希·费尔巴哈和德国古典哲学的终结》，载《马克思恩格斯文集》第4卷，人民出版社2009年版，第280页。

拉斐尔也受到他以前的艺术所达到的技术成就、社会组织、当地的分工以及与当地有交往的世界各国的分工等条件的制约。"①

面对科学技术的快速发展对人类社会的全方位冲击，文学艺术不可能独善其身。马克思在《〈政治经济学批判〉导言》中指出，科学技术的发展会摧毁童年的想象，某些具有重要意义的艺术形式只有在社会不发达阶段上才是可能的。"成为希腊人的幻想的基础，从而成为希腊［艺术］的基础的那种对自然的观点和对社会关系的观点，能够同走锭精纺机、铁道、机车和电报并存吗？在罗伯茨公司面前，武尔坎又在哪里？在避雷针面前，丘必特又在哪里？"②随着蒸汽机、电报等的出现，古老的文学艺术门类或形式必然会消失。并且随着科技的发展，先民们的一些想象和幻想失去了存在的基础，导致古希腊的神话以及在此基础上产生的史诗在新的历史条件下是无法被继续创造出来的。③

（二）科学技术与文学艺术的非同步性

关于科学技术与文学艺术的不平衡关系，马克思主义经典作家的论述也没有脱离唯物史观的轨道。"根据唯物史观，历史过程中的决定性因素归根到底是现实生活的生产和再生产。无论马克思或我都从来没有肯定过比这更多的东西。……经济状况是基础，但是对历史斗争的进程发生影响并且在许多情况下主要是决定着这一斗争的形式的，还有上层建筑的各种因素"④。马克思主义经典作家在主张经济发展对文学艺术领域起最终支配作用的同时，也看到社会发展中多种因素的复杂性，社会发展有多种因素起作用，物质生产与精神生产的关系不是简单的决定与依附、支配与从属的关系，物质生产所生产出来的物质财富和精神生产的"非物质价值"存在差异，它们不受同

---

① 马克思、恩格斯：《德意志意识形态》第 1 卷，载《马克思恩格斯全集》第 3 卷，人民出版社 1960 年版，第 459 页。

② 马克思：《〈政治经济学批判〉导言》，载《马克思恩格斯选集》第 2 卷，人民出版社 1995 年版，第 28 页。

③ 关于这个问题，我们有新的看法，科学技术一方面的确泯灭了人们的某些想象力，但同时又催生了新的想象力和新的神话。

④ 恩格斯：《恩格斯致约瑟夫·布洛赫（1890 年 9 月 21—22 日）》，载《马克思恩格斯选集》第 4 卷，人民出版社 2012 年版，第 604 页。

一规律支配。在谈到社会发展与文学艺术不平衡关系时，马克思有一段著名的话："关于艺术，大家知道，它的一定的繁盛时期决不是同社会的一般发展成比例的，因而也决不是同仿佛是社会组织的骨骼的物质基础的一般发展成比例的。……在艺术本身的领域内部的不同艺术种类的关系中有这种情形"①。这里，马克思指出了不平衡的两种情况：一是文学艺术与社会、与物质基础的一般发展的不平衡；二是"艺术本身的领域内部的不同艺术种类的关系"存在的不平衡现象。这正是历史发展的复杂性和历史本身的具体性的体现。

关于社会发展包括物质基础与艺术生产存在非同步性的现象，早已被文化史和文学史的事实所证明。古罗马时期人们穿着绸缎，挥金如土，但它的整个艺术成就远远赶不上古希腊，土地贫瘠的古希腊却产生了无与伦比的艺术。19世纪后半期的挪威和俄罗斯，物质生产显然落后于英、法、美等国家，但挪威却出现了以易卜生为代表的戏剧的繁荣，俄罗斯则出现了以托尔斯泰、陀思妥耶夫斯基为代表的小说创作的"灿烂的一群"。中国也有类似的情况，社会政治黑暗而文学昌盛，所谓"国家不幸诗家幸"就是这个意思。或者物质生活十分充裕，而艺术精神则显得苍白。这说明，"归根到底起决定作用的经济因素从来都不是单独起作用的"②。

（三）艺术的永恒魅力

关于科学技术与文学艺术的关系，马克思还提出了一个值得深思的著名命题，即艺术的永恒魅力的问题。一方面，"在艺术本身的领域内，某些有重大意义的艺术形式只有在艺术发展的不发达阶段上才是可能的。"③例如，希腊神话和史诗的繁荣只能产生于生产力和社会发展水平较低的古希腊时期。另一方面，这些在不发达的社会条件下产生的古老艺术形式却包含着极为丰富的精神内涵，它们并不因时代的变化而失去其艺术魅力。"困难不在

---

① 马克思：《经济学手稿（1857—1858年）》，载《马克思恩格斯全集》第30卷，人民出版社1995年版，第51—52页。

② ［法］路易·阿尔都塞：《保卫马克思》，顾良译，商务印书馆2010年版，第103页。

③ 马克思：《〈政治经济学批判〉导言》，载《马克思恩格斯选集》第2卷，人民出版社1995年版，第28页。

于理解希腊艺术和史诗同一定社会发展形式结合在一起。困难的是，它们何以仍然能够给我们以艺术享受，而且就某方面说还是一种规范和高不可及的范本。"①古希腊的神话、悲剧、喜剧，不仅在当时是高峰，而且至今仍能给我们带来美妙的艺术享受，并成为一种不可企及的范本。

　　为什么古典艺术会具有长久的魅力？如何解释这种非历史性的文学现象？马克思这样回答："一个成人不能再变成儿童，否则就变得稚气了。但是，儿童的天真不使成人感到愉快吗？……为什么历史上的人类童年时代，在它发展得最完美的地方，不该作为永不复返的阶段而显示出永久的魅力呢？"②对童年的怀念和偏好是人类的一种普遍情感。从这个角度讲，也许这类艺术与在其中生长的那个不发达的社会阶段并不矛盾。并且就资本的性质而言，它与艺术存在某种敌对性，因此在资本主义社会，已经不具备产生这类艺术的土壤了。同时，我们也可以从恩格斯关于经济基础与上层建筑的复杂关系中找出部分答案。在特定时期，艺术除受社会发展的制约外，还有其自身的规律。

　　马克思提出的"进步这个概念决不能在通常的抽象意义上去理解"③，也为我们思考这个问题提供了新的思路和答案。马克思的这一观点在人文科学尤其是文学艺术中表现得更为突出。解释古典艺术之所以具有长久魅力这个问题，我们在看到历史阶段的"永不复返"的同时，还需要回到文学本身。文学的魅力就在于文学作品的不可重复性、天才作家的不可模仿性乃至其艺术形式的不可复现性，这些特性使得文学史上的经典作品很难用"进步"作为尺度来衡量。而这样一来，我们的视野则从历史进入价值层面，文学艺术既是历史的产物，又可以跳出特定的历史而指向未来。这种超越性所蕴含的某种普遍性冲破了时空的限制，这种弥足珍贵的超越性因素恰恰是文学创作和文学批评追求的目标。这也许正是马克思所说的"永久的

---

① 马克思：《经济学手稿（1857—1858年）》，载《马克思恩格斯全集》第30卷，人民出版社1995年版，第52—53页。

② 马克思：《经济学手稿（1857—1858年）》，载《马克思恩格斯全集》第30卷，人民出版社1995年版，第53页。

③ 马克思：《〈政治经济学批判〉导言》，《马克思恩格斯选集》第2卷，人民出版社1995年版，第27页。

魅力"的重要启示。

此外，马克思恩格斯还天才地预见了科学技术的发展将会为更多的人提供闲暇和工具，从而极大地促使文学艺术更为广泛的生产和消费。由于科学技术"直接把社会必要劳动缩减到最低限度，那时，与此相适应，由于给所有的人腾出了时间和创造了手段，个人会在艺术、科学等等方面得到发展。"①恩格斯预言，工业革命后的未来，"在所有的人实行明智分工的条件下，不仅生产的东西可以满足全体社会成员丰裕的消费和造成充足的储备，而且使每个人都有充分的闲暇时间去获得历史上遗留下来的文化——科学、艺术、社交方式等等——中一切真正有价值的东西；并且不仅是去获得，而且还要把这一切从统治阶级的独占品变成全社会的共同财富并加以进一步发展。"②这是马克思主义经典作家对科学技术高度发达后的未来社会的畅想。

限于当时的生产力水平和马克思所关注的主要问题是无产阶级与资产阶级的矛盾，马克思恩格斯没有对科技特别是文学和科技的关系有更多的关注，他们主要针对的是资本主义原始积累时期机器工业时代的科学技术的性质，在论及文学与科技的关系时也多看到的是科学技术对文学创造力的限制。但马克思主义经典作家在研究科学技术及其与文学艺术的关系时所持的历史唯物主义立场和相关理论观点对于今天的研究具有方法论的意义。

三、西方马克思主义论科技与文学

西方马克思主义关于科技与文学艺术关系的研究直接继承了马克思关于大工业社会科学技术的看法，不过他们是身处西方文化环境在反思中继承马克思的遗产的。与马克思所身处早期资本主义社会的历史语境相比，西方马克思主义包括法兰克福学派置身于发达工业社会，他们面对的是科学技术的

---

① 马克思：《政治经济学批判（1857—1858 年草稿）》，载《马克思恩格斯全集》第 46 卷下册，人民出版社 1980 年版，第 219 页。

② 恩格斯：《论住宅问题》，载《马克思恩格斯文集》第 3 卷，人民出版社 2009 年版，第 258 页。

突飞猛进，以及科学技术对西方物质生活、精神生活和政治生活所带来的变化和冲击，因此，他们在看到高科技带来进步的同时，更为关注和思考高科技带来的问题，他们忧虑的是科技的高速发展会给文学创作活动乃至人的完整性带来伤害，而有关科技对文学创作的革命性影响认识不足①。卢卡奇的《历史与阶级意识》，本雅明的《摄影小史、机械复制时代的艺术作品》，霍克海默、阿多尔诺的《启蒙辩证法》，马尔库塞的《单向度的人》《审美之维》，詹明信的《晚期资本主义的文化逻辑》等著述对文学与科技问题都有着独到的研究，其中不乏深刻的批判和分析。

（一）科技与异化

西方马克思主义吸收了马克思关于大工业社会科学技术对人的异化的观点，并作出更为深入的剖析。他们认为，现代科技在其发展中走向了它的反面，转化为统治人的工具，甚至成为危及人类自身生存的否定性因素。卢卡奇作为西方马克思主义的先驱之一，他把物化（异化）作为对资本主义批判的中心问题，并认为批判物化正是共产主义运动具有吸引力之所在。在《物化和无产阶级意识》一文中，卢卡奇对物化理论作了全面研究，可视为对马克思异化理论的重新发现和阐释。卢卡奇认为物化现象虽然在其他社会形态中有，但不突出，只有在资本主义社会，随着机械化分工的细致，特别是一切变成商品之后，物化就成为现代资本主义的一个特有的关键问题，并且延伸到资本主义社会的方方面面。

于是，物化构成了卢卡奇对资本主义社会的批判维度。卢卡奇指出，在劳动过程中，人的作用与机器的螺丝钉没有本质的差异。"人无论在客观上还是在他对劳动过程的态度上都不表现为是这个过程的真正的主人，而是作为机械化的一部分被结合到某一机械系统里去。他发现这一机械系统是现成的、完全不依赖于他而运行的，他不管愿意与否必须服从于它的规律。"②"分工中片面的专门化越来越畸形发展，从而破坏了人的人类本

---

① 本雅明是 20 世纪西方马克思主义者中极少数注意到摄影和电影的出现对传统艺术冲击并肯定其革命性影响的人。

② ［匈］卢卡奇：《历史与阶级意识——关于马克思主义辩证法的研究》，杜章智等译，商务印书馆 1992 年版，第 150—151 页。

性。"① 卢卡奇还将马克思的异化理论扩展运用到各个方面。例如他继承了马克思关于土地等的"物的异化"的观点，"私有财产不仅使人的个性异化，而且也使物的个性异化。土地与地租没有任何共同之处，机器与利润没有共同之处。对于土地占有者来说，土地只有地租的意义，他把他的土地出租，并收取租金……机器也是如此。"② 土地本来有其基本属性，例如它用于种庄稼的肥力等，但在资本主义社会，它就仅作为地租的形式，而失去了它原来的真正的物性。卢卡奇还讨论了社会上的多种物化现象，其中意识即心理特征被物化尤为触目惊心。由于物化被"合理化"抽象，具有了某种可计算性，因此所有的东西都可以成为被计算的物件，包括"爱情"。卢卡奇关于建立在现代科学技术之上的物化现实的批判，对法兰克福学派产生了很大影响，在马尔库塞《单向度的人》中也可以明显看到卢卡奇思想的痕迹。

在《启蒙辩证法》中，霍克海默、阿多尔诺认为，科学技术的发展带给人们高度的不自由使现代人日益异化。科学技术按照一种机械原则、泰罗制③和数学化的分工方式来塑造劳动者，不但现实地造成某种原子化与零散化的生存状态，而且将这种机器分工思想予以身体化，使得劳动者在一种无意识状态中自觉认同于技术理性的资本主义价值设置，最终取得一种与资本主义生产方式具有异质同构关系的消极主体形式。如何避免人的异化，经典马克思主义与西方马克思主义给出的药方是不一样的。马克思主张通过无产阶级革命，而西方马克思主义提出的解决方案包括审美救赎、交往理论或新感性等等。弗洛姆则表示宁愿回到手工业时代，他认为在手工业社会中，手工业者是生产活动的中心，他们决定如何生产、生产多少等。而现代人虽然"已成为大自然的主人，但却沦为他自己亲手创造出来的机器的奴隶"④，"人在机器生产中的劳动异化比在手工制造业和手工业中的异化强烈

---

① [匈] 卢卡奇：《历史与阶级意识——关于马克思主义辩证法的研究》，杜章智等译，商务印书馆 1992 年版，第 162 页。

② [匈] 卢卡奇：《历史与阶级意识——关于马克思主义辩证法的研究》，杜章智等译，商务印书馆 1992 年版，第 155 页。

③ 泰罗制是美国工程师弗雷德里克·泰罗创造的一套测定时间和研究动作的工作方法。19世纪末 20 世纪初在美国以及西欧国家流行。其基本内容和原则是：科学分析人在劳动中的机械动作，研究出最经济而且生产效率最高的所谓"标准操作方法"。

④ [美] 埃里希·弗罗姆：《寻找自我》，陈学明译，工人出版社 1988 年版，第 4 页。

得多"①。在资本主义社会的机器化生产中，不是机器围着人转，恰恰相反，工厂里的工人整天围着作为资本的一种形式的机器转，工人不用思想，不用创造，一切计划和安排已经由管理者制定好了，生产者只需机械地动动手就够了。当然，这种退回去的观点只是一厢情愿，并不是西方马克思主义的主流观点。

（二）科技的意识形态性

揭示科技的意识形态性是西方马克思主义的又一贡献。霍克海默在《科学及其危机札记》中明确地指出，科学技术也是一种意识形态。哈贝马斯进一步发展了霍克海默的观点，在《作为"意识形态"的技术与科学》中，哈贝马斯认为，科学既成了"第一位的生产力"，又"具有意识形态意义"。②也就是说，科学技术具有双重功能，既作为生产力又具有意识形态性。哈贝马斯主要是从否定的意义上来谈论科技作为意识形态性质的，因为原作为工具和手段的科学技术最后成了目的本身，人成为技术的奴隶，人类的精神越来越空虚、压抑。

科技的这种意识形态性首先表现在通过科学技术为现存制度辩护，成为资本主义制度的同谋。在资本主义社会，人们在享受科技带来的便利的同时，也认可了现存社会的合理性。卢卡奇说："世界的这种表面上彻底的合理化，渗进了人的肉体和心灵的最深处，在它自己的合理性具有形式特性时达到了自己的极限。"③现代科技通过满足人们的物质需求，使人们安于现状，逐渐丧失超越现实的能力。也正是从这个意义上，霍克海默认为科学技术是意识形态的，因为它带有一种阻碍人们发现社会危机的特别的形式，"任何一种掩盖社会真实本质的人类行为方式，即便是建立在相互争执的基础上，

---

① ［美］埃里希·弗罗姆：《马克思关于人的概念》，载复旦大学哲学系现代西方哲学研究室编译：《西方学者论〈一八四四年经济学—哲学手稿〉》，复旦大学出版社1983年版，第62页。

② ［德］哈贝马斯：《作为"意识形态"的技术与科学》，李黎、郭官义译，学林出版社1999年版，第58、73页。

③ ［匈］卢卡奇：《历史与阶级意识——关于马克思主义辩证法的研究》，杜章智等译，商务印书馆1992年版，第164页。

皆为意识形态的东西"①。马尔库塞的《单向度的人》对这一问题作了更为尖锐的批判，科学技术的高速发展使人们的思想意识与现存制度一体化了，技术实现了对人的统治，控制和操纵了人的意识。"一种舒舒服服、平平稳稳、合理而又民主的不自由在发达的工业文明中流行，这是技术进步的标志。"②

科学技术不仅通过与社会的同谋和辩护而体现其意识形态性，而且还表现在对文学创造力的钳制上。在资本主义社会，在为资产阶级利益所操控的科学技术以及工具理性的作用下，不仅劳动要通过可计算性来加以调节，而且所有不能被计算的东西都遭到摒弃或不被承认。同时，科学技术限制了人们的想象力以及在文学艺术中的自由发挥。在《审美之维》中，马尔库塞认为，超越本是艺术的一个重要特征，现代科技的发展驯服了艺术的超越性与异在性，充满了浪漫的想象和梦想的超越性的文艺形象正在被现代技术消除。也正是在这个意义上，他强烈呼唤新感性和新技术的出现。

科技的意识形态性还表现为科学技术的解放潜能，而解放本身就是意识形态。这是科学技术意识形态性的又一个侧面。本雅明在《摄影小史、机械复制时代的艺术作品》中最早意识到机械复制时代对艺术活动带来的革命性颠覆及其所具有的解放潜能与悖论。他认为，机械复制技术使艺术走向了大众，并且以科技为依托的艺术形式如电影，冲击了人们旧的感知和想象，更新了人们的感觉。马尔库塞甚至呼唤，科学技术本身也需要解放，因为"这个自由的社会的首要条件应当是现存社会的所有成就，尤其是它们在科学和技术方面的成就。这些成就一旦由屈从于压迫的奴婢地位解放出来，它们就会为消除全球的贫困与劳苦而竭尽全力"③。也就是说，应该把科学技术从各种束缚中解放出来，为未来的社会服务。"解放的意识将高扬科学和技术的发展，使它们在保护生命和造福生命中去自由地发现并实现人和事物的可能性。"④

西方马克思主义虽然对文艺与科技的关系有过深入的探讨，但他们主要

---

① [联邦德国]马克斯·霍克海默：《批判理论》，李小兵等译，重庆出版社1989年版，第5页。

② [美]赫伯特·马尔库塞：《单向度的人——发达工业社会意识形态研究》，刘继译，上海译文出版社2014年版，第3页。

③ [美]赫伯特·马尔库塞：《审美之维》，李小兵译，广西师范大学出版社2001年版，第98页。

④ [美]赫伯特·马尔库塞：《审美之维》，李小兵译，广西师范大学出版社2001年版，第98—99页。

着眼于批判和反思，其理论观点往往存在矛盾性或两重性。不过，他们关于科技与文艺关系的研究仍为中国形态研究文学和科技的关系提供了富有启示的借鉴和参照，同时也留下了进一步拓展的空间。

第二节　高科技时代中国形态的理论重构

中国作为一个工业化起步较晚但发展速度较快的国家，与西方马克思主义所处的后工业化社会是有区别的。中国形态需要根据中国当代的文学和文化现象，深入辩证地认识文学与科技的关系，重新思考那些已有定论或尚未探讨的问题，通过形成新的批评理念、理论、标准和术语，对新的文艺现实加以梳理、概括和总结，以应对、推动和引导文学活动的新发展，为解决中国当代文学与科技的关系提供新的思路和智慧。

一、中国形态的科技观

中国科学技术的发展与现代化的进程相伴而行。中国共产党人对科学技术的性质、地位和作用给予了充分的肯定和历史的辩证的分析，提出了一些具有中国特色的思想和观点，这些理论成为马克思主义文学批评中国形态研究高科技与文学关系的理论基石。

（一）科学技术与强国梦

现代中国对科技的重视是与民族的解放和复兴联系起来的。中国传统历来重农抑商，轻视科技。近代以来，我国掀起了一波又一波学习西方现代科学技术的浪潮，通过科学技术让祖国强大起来，成为一代仁人志士的共同心声。到了五四时期，以《新青年》为代表的新文化运动，以惊人的热情欢迎"德先生"和"赛先生"，科学技术观念日益得到知识分子包括民众的认可，"德先生"和"赛先生"成了中国现代化开端的重要因素。从某种意义上讲，恰是西方现代科学技术的巨大压力和出于挽救民族危亡的焦虑，中国社会才逐步转型并走向现代化。

在中国革命和建设中，中国马克思主义者表现出对科学技术的强烈渴望和虚心。面对积贫积弱的旧中国，毛泽东总结了中国近代社会以来落后挨打的重要原因："我国从十九世纪四十年代起，到二十世纪四十年代中期，共计一百零五年时间，全世界几乎一切大中小帝国主义国家都侵略过我国，都打过我们，除了最后一次，即抗日战争，由于国内外各种原因以日本帝国主义投降告终以外，没有一次战争不是以我国失败、签订丧权辱国条约而告终。其原因：一是社会制度腐败，二是经济技术落后。"① 新中国成立后，毛泽东高瞻远瞩，从国家安全的战略出发，十分重视科学技术，尤其是强调国防尖端科学技术。正是毛泽东的运筹帷幄，我国在尖端科技方面取得了突出成就，奠定了中国的大国地位，并为中国经济的腾飞奠定了国防基础。

把科学技术提到社会结构首要位置的是改革开放的总设计师邓小平。1978 年 3 月，邓小平在全国科学大会开幕式上，强调"四个现代化，关键是科学技术的现代化"②。他通过对世界经济发展趋势的观察与思考，指出当今世界"社会生产力有这样巨大的发展，劳动生产率有这样大幅度的提高，靠的是什么？最主要的是靠科学的力量、技术的力量。"③ 在这次大会上，邓小平明确提出"科学技术是生产力"，"知识分子是工人阶级一部分"等著名论断。全国科学大会后，中国迎来了新时期"科学的春天"。

回顾中国共产党人有关科学技术的论述，可以强烈地体会到，科学技术与国家的强盛、人民的幸福紧密相关，科学技术是国民经济的重要支撑。

（二）科学技术是第一生产力

邓小平不仅提出科学技术是生产力，而且把科学技术放在国民经济建设的突出地位，突出"科学技术是第一生产力"。他明确表示，"中国要发展，

---

① 毛泽东：《把我国建设成为社会主义的现代化强国》，载《毛泽东文集》第 8 卷，人民出版社 1999 年版，第 340 页。
② 邓小平：《在全国科学大会开幕式上的讲话》，载《邓小平文选》第 2 卷，人民出版社 1994 年版，第 86 页。
③ 邓小平：《在全国科学大会开幕式上的讲话》，载《邓小平文选》第 2 卷，人民出版社 1994 年版，第 87 页。

离开科学不行。"①1988 年 9 月 5 日，邓小平在会见捷克斯洛伐克总统胡萨克时对科学技术的重要性作了具体阐述："世界在变化，我们的思想和行动也要随之而变。过去把自己封闭起来，自我孤立，这对社会主义有什么好处呢？历史在前进，我们却停滞不前，就落后了。马克思说过，科学技术是生产力，事实证明这话讲得很对。依我看，科学技术是第一生产力。我们的根本问题就是要坚持社会主义的信念和原则，发展生产力，改善人民生活，为此就必须开放。否则，不可能很好地坚持社会主义。拿中国来说，五十年代在技术方面与日本差距也不是那么大。但是我们封闭了二十年，没有把国际市场竞争摆在议事日程上，而日本却在这个期间变成了经济大国。"②"科学技术是第一生产力"是中国共产党人根据当代科学技术发展的趋势和现状作出的科学论断，是对马克思"科学技术是生产力"的发展。③

关于"科技是第一生产力"的问题，邓小平本人已经说得非常清楚："在发展科学技术方面，我们要共同努力。实现人类的希望离不开科学，第三世界摆脱贫困离不开科学，维护世界和平也离不开科学。"④首先，就社会与科技的关系而言，社会的发展、人民的幸福都与财富增长直接相关，而在社会财富的增长中科学技术具有越来越大的比值，已成为经济发展最重要的推动力量。其次，科学技术对经济的推动又必然促进精神文化的发展，在提高人们物质生活水平的同时提高人们的精神生活质量，改变着人们的精神面貌乃至日常生活，进而推动社会的全面发展与进步。最后，从维护世界和平的意

---

① 邓小平：《中国要发展，离不开科学》，载《邓小平文选》第 3 卷，人民出版社 1993 年版，第 183 页。

② 邓小平：《科学技术是第一生产力》，载《邓小平文选》第 3 卷，人民出版社 1993 年版，第 274 页。

③ 参见龚育之：《论旗走笔》，学习出版社 1997 年版，第 107—108 页。胡乔木引述马克思《政治经济学批判大纲（草稿）》的话："社会的劳动生产力作为资本所固有的属性而体现在固定资本里面；这所谓社会的劳动生产力，首先是科学的力量，其次是在生产过程内部联合起来的社会力量，最后是从直接劳动转移到机器、转移到死的生产力上面去的技巧。"

④ 邓小平：《中国要发展，离不开科学》，载《邓小平文选》第 3 卷，人民出版社 1993 年版，第 183 页。

义上看，科学技术所打造的护国之剑是和平的保证，各国科学技术的发展构成了彼此制衡的力量。

（三）科学技术的意识形态建构功能

科学技术的意识形态性，在我国有不同意见。孤立地看，科学技术本身似乎不具备意识形态性，不过必须承认，"技术本身不能独立于对它的使用"①，科技与控制它的人是不可分割的，没有独立于人之外的科学技术。只要科学技术被人使用，就不可避免具有意识形态的功能。马克思虽然提出要把火药与使用火药的人区别开来，但也看到科学技术作为"观念的财富"的一面。西方马克思主义则是清醒地看到了科学技术的意识形态性，并大多对科技的意识形态性持否定态度。

在研究科学技术的性质时，我们应既看到科学技术作为生产力的一面，又看到它的意识形态属性，并要注意两者的转换关系。从历史的角度看，科学技术作为一种革命的生产力，体现了对以土地为依托的封建社会的解构和对封建价值观念的解构。正是在这个意义上，科学技术不仅仅是物质的，它还具有革命的性质和历史的价值。就社会发展的角度来说，科学技术作为现代化的别称，推动了社会的变革和发展，同样体现为革命性。而"科技是第一生产力"本身就具有意识形态性质，因为它要求在社会生活中实现自己的主导地位。从历史和辩证的角度对科学技术双重性质的揭示和转化，是中国形态的科技观的一个探索和发展。

当今科学技术的意识形态性又有新的特点。科学技术不仅从机器时代进入电子时代，而且扩展到生活的方方面面，扮演着日益重要的角色。科技逐步变成了一个与普通劳动相对立的东西，科技的控制无孔不入，从控制人的工作，到控制人的闲暇，乃至到控制人的感觉和思想。波兹曼在《娱乐至死》的"前言"中曾忧心忡忡，若一切劳动均由机器完成，人类就会在技术带来的快感中变得愚蠢而麻木。同时由于科技的发展使人们的劳动更为简单，闲暇时间将越来越多，人们会在舒舒服服中放弃思考。美国有一篇后现代短篇

---

① ［美］赫伯特·马尔库塞：《单向度的人——发达工业社会意识形态研究》，刘继译，上海译文出版社2014年版，"导言"第6页。

小说，名字叫《迷失在开心馆里》，就是这一现象的隐喻，人们虽然生活在开心馆里，但却迷失了方向，现代科技所提供的生活方式使人们失去进一步奋斗的欲望。警惕现代科技在其发展中走向反面，防止科技转化为统治人的工具或成为危及人类自身生存的否定性因素，这是西方马克思主义格外关注的问题，这个问题对当今中国具有警示意义。

二、现代科技与文学的"生存"

人们在为高科技带来的新生活欢呼之时，也深切地感受到工业化和信息化对文学艺术的冲击，威胁到文学艺术的生存，包括对个人的侵害。李约瑟曾说："在欧洲科学革命时期，亚里士多德的'终极原因'被抛弃了，伦理学被逐出科学，情况变得十分不同与可怕。"[①] 而如今，科学技术飞速发展并进入一个全面掌控的时代，工具理性、技术理性的过分张扬可能使社会掉入"物质繁荣、精神痛苦"的陷阱。文学与科技的关系就成为一个不得不面对的现实问题和需要在理论上加以审视和提炼的问题。从事文学艺术创作和研究的人很难置身事外。

（一）数字技术对文学的挑战

如今科学技术的发展已不同于马克思那个时代。如果说以往机器对人的控制主要在工厂的话，那么当代科技不仅控制了人们的工作生活，而且渗透到社会生活的所有领域。这里重点探讨的是与文学关系最为密切的数字技术。《数字化生存》的作者尼葛洛庞帝曾把世界分为原子世界和比特世界[②]，即"由原子构成的真实物理世界与基于数字技术基础上的数字媒体文化共同构建的社会"[③]。这也是工业时代与高科技时代的重大区别之一。

---

① ［英］李约瑟："英文版序言"，载［美］罗伯特·K.G.坦普尔：《中国：发明与发现的国度——中国科学技术史精华》，陈养正等译，21世纪出版社1995年版，第10页。

② 参见［美］尼葛洛庞帝：《数字化生存》，胡泳、范海燕译，海南出版社1997年版，第21—31页。

③ 李四达编著：《数字媒体艺术概论》（第2版），清华大学出版社2012年版，"第一版前言"第8页。

数字化如今已悄然改变着包括文学在内的人们的精神生活。随着数字技术的延伸，高科技与人们的生活乃至人的感觉联系更为紧密，包括人的心理"这一私人空间已被技术所侵占和削弱。大量生产和大量分配占据个人的全部身心"①，在浑然不觉中公共和私人领域已经一体化了。面对数字技术尤其是虚拟现实（VR）和人工智能（AI）的冲击，文学艺术的基本属性受到挑战，高科技时代文学的生存就成为一个问题。

虚拟现实主要是指由计算机生成的沉浸的、交互的体验，它是综合利用计算机图形学、光电成像技术、传感技术等创建的一个具有视听触嗅味等多种感知的虚拟环境。人们借助各种设备沉浸其中，在交互中产生类似于真实环境下的体验和感受。例如人们戴上 VR 眼镜，手持一个控制柄，就可以从不同的位置观看不同空间，并且仿佛身临其境，感受到不同的心境和节奏。多感官的感知也属于虚拟现实的范围，除计算机图形技术生成的三维立体图像带来的视觉感知外，虚拟现实还可以给人们带来听觉、触觉乃至嗅觉和味觉等感官体验。流水潺潺，鸟语花香，巨兽出现，洪水滔天，这些人造的世界景观同样引起人们的惬意、兴奋和惊恐等等。在虚拟现实中，物理世界是缺位的，由此，文学与现实的关系以及由此带来的一系列问题将需要重新审视。

人工智能是科技对文学活动的又一严重冲击。人工智能是通过符号运算对人的意识、思维的信息过程的模拟。虽然人工智能这个词在 20 世纪中叶才出现，但其发展速度惊人，应用领域不断扩大，一些通常需要人类才能完成的复杂工作开始由机器担任，甚至一些重要的决策也依靠大数据作出。如今，人工智能已构成了对文学创作主体的挑战，用计算机写作成为现实。②2017 年，机器人小冰学习了 1920 年以来 519 位诗人的现代诗，通过深度神经网络等技术手段模拟人的创作过程，花费 100 小时，训练 1 万次以后，就拥有了现代诗歌的创作能力。只要人们给一点提示，如一幅图片或

---

① ［美］赫伯特·马尔库塞：《单向度的人——发达工业社会意识形态研究》，刘继译，上海译文出版社 2014 年版，第 10 页。

② 1986 年，笔者在撰写《叙事学》时，曾有过让计算机走进写作的设想，并试图建立一套四步骤的程序以完成计算机的写作过程。但初涉这个领域后，发现已有的数学模型不可能模拟人脑，深感在作家写作和机器人写作之间存在一道深深的壕堑。（参见胡亚敏：《叙事学》，华中师范大学出版社 2004 年版，第 183—186 页。）

几个关键词，它就可以从数以万计的诗歌中寻找合适的字词组成诗句，写出的诗几乎可以达到乱真的程度。

也是在 2017 年，韩少功在《发现》杂志上发表《当机器人成立作家协会》一文，声称机器人写作已经不再是臆想了。[①] 不过韩少功仍很自信，他认为只有人才拥有情感和思想。关于这一点，帕斯卡尔也说过："人是一根会思想的苇草"，其中"思想"成为人的高贵的本质特征。但是，当今人工智能的研究并没有止步，机器人已开始在大数据的基础上自行选择、学习和转换，从而具有某种富有创造力的行为，尤其是研究者们的下一个目标就是机器人如何同时具有 IQ 与 EQ，就像美国影片《人工智能》和《机械姬》所展望的那样。当拥有了高级智慧的机器人出现时，它（她或他）不仅能够思考而且具有情感后，那么"思想""情感"就再不是人的专利了。而这样一来，在改写人的定义的同时也将带来对文学性质的改写，甚至构成对人类的威胁。

德里达曾感叹，就对文学的冲击而言比政治更强大的是科学技术。"在特定的电信技术王国中（从这个意义上说，政治影响倒在其次），整个所谓文学的时代（即使不是全部），将不复存在。哲学、精神分析学都在劫难逃，甚至连情书也不能幸免……"[②] 因为政治是可以人为操控的，而科技的力量无法控制，它就像潘多拉的盒子，要收回来已经很困难了。科技的盲目发展将产生可怕的前景，甚至给人类带来毁灭。因此，对人工智能等高科技是否需要设限和划界，就成为讨论科技问题的重要话题。

（二）文学与科技相向而行

关于艺术终结的问题，艺术史上不绝于耳。黑格尔在 19 世纪上半叶曾预言，由于精神的发展势必超越物质，理性内容的膨胀必将冲破感性形式，因此，艺术在经历了象征型、古典型和浪漫型的发展阶段之后，不可避免地走向衰落，被抽象的概念认知方式——哲学所取代。黑格尔从他的有限发展的历史观出发，描述了一个非常暗淡的艺术前景。

---

① 韩少功：《当机器人成立作家协会》，《发现》2017 年第 7 期。

② Derrida, Jacques, *The Postcard*, Chicago: University of Chicago Press, 1987, p.197.

高科技是否真的是文学的梦魇，人们经常引用美国学者 J. 希利斯·米勒教授的《电子媒介时代的到来文学将要终结》发言及相关论文《全球化时代文学研究还会继续存在吗?》来证明文学的窘境。其实，这篇论文需要完整理解，米勒教授在开篇引用了德里达在《明信片》中主人公说的一段话，"在特定的电信技术王国中（从这个意义上说，政治影响倒在其次），整个的所谓文学的时代（即使不是全部）将不复存在。"① 不过，与黑格尔所预言的艺术终结的观念不同，米勒本人在表达了这种担忧之后，又认为这是一种常态，"文学从来不是正当时"。文学的发展也印证了这一点，文学从来就不是一个幸运儿，它总是面临种种挑战。正如米勒所描述的那样："文学是信息高速公路上的坑坑洼洼、因特网之星系上的黑洞——作为幸存者，仍然急需我们去'研究'。"②

文学作为高科技的"幸存者"，之所以能够顽强地存在自有其存在的缘由。从人类的精神生活需求来看，文学不可能消失，因为人们的感情、感觉、想象需要寄托。美国一位学者曾说："自从十八世纪小说问世以来，批评家们谈论某种形式即将死亡就已周期性地成了一种时尚。"③ 但无论是尼采宣称"上帝死了"，还是巴特宣告"作者死了"，或是加塞特所谓的"小说死了"，整个文学史的发展仍在不断地交替和创新中向前推进。我们深信，将来的文学也许会改头换面，但它的特质依然存在，文学始终是人类想象和激情的家园。

詹姆逊在谈到阿多尔诺关于音乐发展史的研究时，对文学与科技的关系提出了一个与众不同的观点："科学和技术发明是与艺术建构同步的。"④ 他认为，现代先进技术能够推动艺术不断更新与发展，两者的发展具有某种"同步性"。詹姆逊的"同步说"的合理性在于，现代科技的确可以为审美活

① [美] J. 希利斯·米勒:《全球化时代文学研究还会继续存在吗?》，国荣译，《文学评论》2001 年第 1 期。

② [美] J. 希利斯·米勒:《全球化时代文学研究还会继续存在吗?》，国荣译，《文学评论》2001 年第 1 期。

③ [美] 约翰·霍洛韦尔:《非虚构小说的写作》，仲大军、周友皋译，春风文艺出版社 1988 年版，第 6 页。

④ F. R. JAMESON :《詹姆逊文集（第 1 卷）·新马克思主义》，王逢振主编，中国人民大学出版社 2004 年版，第 250 页。

动提供强有力的支撑，从历史长河中也可以依稀辨别出两条平行线。但就特定语境而言，詹姆逊的"同步说"需要修正。在有些情况下，艺术与科技的发展可能不完全一致，高科技时代艺术的精神内涵不一定随之丰富与发展，文学艺术甚至可能会出现彷徨、迷惘，并且也不排除文学的高峰出现在科技并不发达的时期。不过，尽管科技和文学有着不同的轨道，但两者时有交集，文学会在蜿蜒的道路上倔强地前行。因此，文学与科技两者同向而行应该符合历史发展的规律。

在文学与科技的关系中，还存在二律背反的问题。现代科技总是试图压抑人们发自生命本能的文艺想象与虚构，但是后者总是不甘屈服，竭力反抗、批判、反思、否定、超越前者。而这样一种抵抗又促进了文学的发展。这就是说，对科学技术的质疑、反感、批判可以促进新的文学艺术的产生。

三、文学和科技的内在联系与相互塑造

诚然，现代科技与文学艺术处于社会结构的不同位置，就马克思曾提及人类掌握世界的四种方式而言，文学与科技也分属于不同的掌握世界的方式。也许马克思那个时代，科学技术和文学艺术的界限相对清晰，但到了高科技时代，两者的界限就不那么分明了。不仅艺术需要技术的支撑，而且技术也需要艺术的滋养，出现了科技日常化、审美化的趋势。从某种意义上讲，艺术和技术的这种互相塑造动摇了经济基础和上层建筑的边界，或者说如今需要重新思考两者的边界。

（一）文学与科技的内在联系

现代科技与文学这两个领域有着共同的基础。从实践的角度看，作为人类实践的形式，科技与文学都是人的本质力量的对象化，人们能够从它们身上发现和确证自己的本质力量，从而产生美感和诗意。杨振宁和莫言有一个对话，杨振宁说，科学和文学都以不同的方式，显现自己的结构之美、表述之美、思想之美。在许多科学家看来，审美准则同样是科学的最高准则。莫言说，科学和文学虽然探索的方式不同，但从本质上讲都在探寻真理和秩序，洞察宇宙和人心的奥秘。也就是说，文学与科学都在用不同的方式追寻

真理。科学家和作家彼此在说对方的话，杨振宁说科学是审美的，莫言说文学在探寻真理和秩序。①

科技与艺术最为根本的基础是两者都包含着审美和自由的天性。马尔库塞说："科学自始就包含着审美的理性，包含着自由的游戏，甚至还包含着异想天开和变形的幻想。"②物理学家关于自然现象的所有理论包括所描述的"定律"都是精神的产物，在某种程度上也具有虚构的性质。就终极目的而言，文学的使命是为人类寻找和提供精神家园和情感归宿，科学技术的未来也是为了给人类寻找更适宜的生存空间。两者可谓是殊途同归。因此，无论科学还是艺术都是人类的基本需要。当然，研究文学与科学之间的共通之处并不是为了泯灭差异，而是为了使人类今天的生活更加丰富、更加完整。

（二）科技的艺术化和艺术的技术化

科技的艺术化和艺术的技术化，这一理念西方马克思主义者已经提到。而在当今现实中，这种互相吸收已成为一种趋势。艺术进入科技和科技成为艺术创作的支撑，成为高科技时代的科技与文学发展的重要现象。

科技的艺术化表现为科技具有审美因素。或者说，科技中加入了审美的成分。信息时代的技术与工业时代的技术本身已经有了质的区别，工业时代的技术主要用于改造客观世界，更强调技术的工具性的一面，而信息时代的技术则与日常生活日益接近，为了更有竞争力，生产者往往在审美符号上下很大功夫。有些商品索性将产品做成作品，例如一些手机、汽车的设计都具有强烈的形式感，特别是那些虚拟空间给人们带来了前所未有的震撼，这些展示本身就具有艺术的性质。并且科技的艺术化还不仅仅只是采用某种美的形式，更重要的是把价值因素带入科技，最大限度地突出人文关怀，这一现象马尔库塞称之为"新技术"。"这种对现实的重构，要借助一种快乐的科学（gaya scienza），即一种摆脱了为毁灭和剥削服务的科学和技术，进而，让

---

① 参见杨振宁等：《科学巨匠与文学大师的对话——在北京大学的演讲》，《中国青年》2013年第13期。

② ［美］赫伯特·马尔库塞：《审美之维》，李小兵译，广西师范大学出版社2001年版，第84页。

这些科学技术自由地为想象力的解放紧切性服务。"[1]科学技术通过吸收艺术中蕴含的自由和超越实现对旧技术中的工具理性和技术理性的颠覆。这种不同于旧技术的"新技术",摆脱了"为毁灭和剥削服务的科学和技术",以快乐的方式实现了科技的价值和意义向度,人成了作品的目的。在这个意义上,科技就拥有了"艺术的特质"[2]。

同样,艺术的技术化表明,在当代社会,技术成为艺术的重要因素。技术不仅为艺术提供质料及其特有的媒介和手段,如当今数字文学中的超链接技术,而且艺术还可以借助科学技术将尚未实现的可能性的想象加以改造,如虚拟世界的海阔天空。艺术甚至可以通过设计层面直接进入日常生活,使现实变成艺术品,如此等等。而要做到这些,对创作者本身就有了更高的要求。

文学艺术与科学技术作为当代社会的双翼,缺一不可。不发展高科技,民族难以自立;不提升和繁荣文学艺术,这个社会将变得病态或畸形。互相吸收而又互相塑造,这将是文学与科技发展的未来。

第三节　中国形态与高科技时代的文艺创作

从科学技术作为生产力这一历史唯物主义的立场看,当代科学技术的发展不仅深刻地改变着社会面貌,而且也在改变人们的思维方式、价值观念、行为习惯,包括塑造着新的文化和文学。在关于文学与科技的研究中,人们主要关注的是高科技带来的问题,而对于高科技对文学创作的革命性影响认识不足。其实,高科技在改变人们日常生活的同时,也给人们带来了崭新的体验,包括新的感知、想象和虚构方式,并在新的环境下使作家的体验和感知方式得到重组和重塑。高科技到底给文学属性和文学创作带来怎样的变

---

① [美] 赫伯特·马尔库塞:《审美之维》,李小兵译,广西师范大学出版社 2001 年版,第104 页。

② [美] 赫伯特·马尔库塞:《审美之维》,李小兵译,广西师范大学出版社 2001 年版,第99 页。

化，在高科技时代如何促进文学的更新和发展，如何恰当地处理文学与高科技的关系等等，这些需要认真对待和研究。

一、高科技对文学创作的革命性影响

狄更斯在小说《双城记》的开端这样描述 19 世纪："这是最好的时代，这是最坏的时代，这是智慧的时代，这是愚蠢的时代；这是信仰的时期，这是怀疑的时期……"当今的高科技同样为文学创作创造了这样一个最有破坏性也最具创造性的环境。在文学与科技的关系中，研究者多关注高科技带来的问题，而对于高科技对文学创作的革命性影响认识不足。而创作实践表明，高科技对文学艺术的影响是双重的，它在使旧的文学萎缩的同时，也促使文学走向新变。

就当今的创作实践来看，文学与科技的关系是"破坏和补偿"同时进行的过程。一方面，高科技使传统文学文本的内容、结构和表达方式遭到瓦解；另一方面，它又为文学打开了新的窗口，使作家的感知方式和体验方式得到重组和重塑，促使文学改变原有的结构方式和表现手段，以新的面目呈现在人们面前。文学与科技的这种"破坏与补偿"的双重关系对于探讨高科技如何推动文学艺术的发展具有重要的启发意义。

（一）刷新对世界的认识

19 世纪末 20 世纪初，自然科学出现了一系列发现和发明，X 射线、电子的发现和电子学说的建立、量子论的创立，尤其是 1905 年爱因斯坦"相对论"的发表，在物理学领域掀起了一场新的革命。这些对世界、对自然、对宇宙的探索和发现活动修正或否定了过去被认为是无可辩驳的真理的科学结论和定理，不断更新人们对世界和自我的认识，直接或间接地影响到人文社会科学的研究，也包括文学与世界的关系。

以往人们将时间视为线性的、不断伸展的、不可逆的，小说往往表现为一定的时间序列中的人物或事件，即使叙述中有闪回和预叙，也可以通过梳理情节发展来勾勒出故事的时间轨迹。而在爱因斯坦的"相对论"中，时间与人的运动、人所处的位置有关，在不同的速度中有不同的时间。这一理论从根本上刷新了人们对时空的感觉，引发了思维方式和思想方法的革命。"相对论使绝对时间的观念寿终正寝"①，人们发现了时间旅行的奥秘，表现在文学创作上，最为突出的就是时空处理上的恣肆。在 20 世纪的文学艺术作品中，时间不仅可以被凝固，而且可以自由穿梭，现实与非现实神奇地交织在一起。当我们看到西班牙画家达利所创作的各种扭曲的、怪诞的时间雕塑时，就能更深切地体会到这一点。"这种对运动、空间和变化的回应，为艺术提供了新句法和跟传统形式的错位。"②与相对论一起构成现代物理学基础的量子力学则揭示了微观世界粒子的运动，它同样不同于经典物理学的定律。"物理学的历史是寻找物质的终极单位；但最终，它也许会证明根本没有这样的实体，只有随观察者位置不同而改变的一系列关联，或随粒子本身的衰减率（作为它们变化关系之函数）的不同而改变的一系列关联。我们则也许可以像阿那克西曼德（Anaximander）那样，最后终止于'无限'，而不是有限。"③受这些科学发现的启发和刺激，作家艺术家们对现象世界和自我产生了怀疑和迷惘，并开始了一系列艺术探险活动。他们努力探寻前人未意识到、未涉足的领域和世界，导致文学艺术的结构、表达方式乃至对世界的看法的变化。荒诞派戏剧所表现的各种不可思议的场景就强烈地体现出对当下现象世界和人生的怀疑。

可以说，几乎所有具有真正创新意义的科学技术的发明创造，都包含着新的哲学思想、思维方式、研究方法等，而其中最重要的是否定精神。波普尔在《猜想与反驳——科学知识的增长》一书中提出，科学的精神不是昭示无法反驳的真理，而是在坚持不懈的批判过程中寻找真理。科学的特征在于批判思维，不迷信、不盲从的批判和探索精神是科学的精髓④。证伪和否定正是科学对文学创作的最大馈赠，文学创作同样需要探索和创新。这种哲学

---

① [英] 史蒂芬·霍金、列纳德·蒙洛迪诺：《时间简史》（普及版），吴忠超译，湖南科学技术出版社 2006 年版，第 28 页。

② [美] 丹尼尔·贝尔：《资本主义文化矛盾》，严蓓雯译，江苏人民出版社 2012 年版，第 49 页。

③ [美] 丹尼尔·贝尔：《资本主义文化矛盾》，严蓓雯译，江苏人民出版社 2012 年版，第 102 页。

④ 参见 [英] 卡尔·波普尔：《猜想与反驳——科学知识的增长》，傅季重等译，中国美术学院出版社 2003 年版，第 244—247 页。

意义或方法论才是高科技作用于文学的关键。

还应该看到的是，现代科技的发展不仅仅给这个世界带来了清晰性、可证实性和可认知性，而且也给这个世界带来了新的超验性、不确定性、不可知性等。尼尔·波斯曼指出："技术的运行和上帝之道一样，既令人敬畏，又神秘莫测。"① 由此，现代物理学与东方神秘主义发生了某种意向关联。现代科学理论发展的这一面同样对文学创作的运思产生了深刻影响。

（二）产生新的审美体验

高科技时代人们的审美经验显然不同于农业时代，也不同于工业时代。在农业社会，人们主要亲近的是大自然，是春夏秋冬、日出日落。而到了工业社会，"人约黄昏后，月上柳梢头"那种传统农业社会的意境逐渐远去，人们对时间、距离的判断更依赖实物包括时钟或公里数而不是经验。技术社会的出现使前技术时代对世界的经验变得过时②。本雅明在《摄影小史、机械复制时代的艺术作品》中引用了一段瓦雷里的话："如同水、瓦斯和电流可从远处通到我们的住处，使我们毫不费劲便满足了我们的需求，有一天我们也将会如此得到声音影像的供应，只消一个信号、一个小小的手势，就可以让音像来去生灭。"③ 如果说工业时代人们主要与实物亲近的话，那么，随着以计算机技术、通信技术为基础的网络技术、人工智能技术、虚拟技术的发展，人们已经在数字化空间中生存了。现代科技作为"人体器官的延伸""身体能力的扩展"④，从整体上塑造着人们的审美感知、内心体验。各种原有的美感体验包含感性、想象在新的科技环境下被削弱，新的感觉和体验则不断产生。

前面所说的虚拟现实作为一种人工造景，已不再是本真世界了。可以

---

① ［美］尼尔·波斯曼：《技术垄断：文化向技术投降》，何道宽译，北京大学出版社 2007 年版，第 34 页。
② 参见［美］赫伯特·马尔库塞：《单向度的人——发达工业社会意识形态研究》，刘继译，上海译文出版社 2014 年版，第 54 页。
③ ［德］瓦尔特·本雅明：《迎向灵光消逝的年代：本雅明论艺术》，许绮玲、林志明译，广西师范大学出版社 2011 年版，第 61 页。
④ ［英］特里·伊格尔顿：《马克思为什么是对的》，李杨等译，新星出版社 2011 年版，第 226 页。

说，在虚拟现实中，消失的已不仅仅是本雅明所说的"灵晕"，还有实在的现实环境。但从虚拟现实与人的感觉的关系来看，信息技术所创造的拟真环境同样可以让人们享受到快感，甚至使人仿佛置身在魔幻世界之中，造成有震撼力的冲击。不仅如此，虚拟现实还可以冲破时间和空间的限制，把人们带到现实不可能有的场景中去体验和感受。从这个意义上，虚拟现实影响和扩大了人们对艺术的感知，冲击和更新了人们的审美感知和审美愉悦。由此，虚拟现实与审美的这种新关系将导致我们对美感的产生作出新的阐释。

碎片化是对审美体验的又一冲击。在互联网时代，世界被裂成了不计其数的信息碎片，未来学家托夫勒这样描述道："从个人角度说，人们都在经受互相矛盾的，无关的，支离破碎形象的包围与刺激，不完整的，无形的'瞬间即变'的形象在袭击我们，使我们的旧思想受到震动。的确，我们生活在'瞬间即变文化'的时代。"① 那种通过古老叙事方式所建立起来的时间和逻辑的联系，以及由此形成的经验连续体正在消失，高科技极大地丰富了人们的感觉。人们每天面对五光十色的符号和图像，特别是随着 QQ、微信等移动即时通信的问世，通过手机可以快速发送和接收文字、语音、图片和视频等。这种碎片化直接改变了人们的知觉方式，并造成了一种迷乱的欣快症，形成一种新的审美体验。当然，碎片化的世界带来的并非总是愉悦，也许会使人们在令人眩目中失去焦点，在真假难辨的信息迷雾之中引发焦虑和虚无。如何看待碎片化中的审美就成为需要正视的又一问题，而在研究中我们突然发现，需要改变的也许恰是人自身。

（三）引发新的文学想象

高科技是削弱了文学的想象还是刺激或激发了文学的想象，这是需要思考的又一问题。由于高科技使人类认识世界、把握世界的能力不断增强，外部世界的日益清晰和确定，从而遏制了某些想象，使神话变得荒谬。如人类登月以后，嫦娥的故事自然破灭；通信的发达消解了"顺风耳""千里眼"生存的土壤；牛顿以后，瑰丽的彩虹可以用光谱来分析；等

---

① ［美］阿尔温・托夫勒：《第三次浪潮》，朱志焱等译，生活・读书・新知三联书店 1983 年版，第 226 页。

等。同时，图像化的盛行也消解了文学的朦胧性和非确定性，进而限制了人们的想象。在这些方面，高科技的发展在一定程度上消除了文学的虚构和幻想的成分。

尽管如此，文学与科技的"破坏和补偿"的原则在这里依然有效。仍以神话为例，现代技术在抑制或破坏人们原有的幻觉、想象和消解传统神话的同时，又通过提供新的技术条件为作家艺术家理解世界提供了新的可能，开启新的想象空间。也就是说，科学的发展一方面拒绝了过去的神话，但是作为补偿，它又在更高的层面为人们对外部世界的新感知、新想象、新虚构创造了条件，激发作家艺术家的想象力和惊奇感，产生新的创意，从而更新原来虚构故事的方式，催生具有现代意义的新神话。如影片《星际穿越》的构思就与"虫洞理论"[①] 有直接关系。"虫洞"这个宇宙学的术语之所以引起编剧的注意，是因为它为星际航行提供了一条捷径。例如，从一个星球到达另一个星球可能需要 4 光年的旅程，而通过虫洞只需要几个小时就够了。影片《星际穿越》展示的正是借助这一高科技理论的支撑而讲述的人类活动。在不远的未来，地球气候环境急剧恶化、粮食严重紧缺，男主人公库珀等人被选中作为拯救人类未来计划的一员，前往太阳系之外寻找适宜人类居住的星球，为此库珀忍痛告别了女儿，开始了一段星际航行的历程。

高科技还为作家艺术家的虚构和想象创造了极大的自由。他们挣脱现实的羁绊，借助虚拟现实的技术可以创造"超真实"的"想象世界"，如诺兰执导的《盗梦空间》、斯皮尔伯格执导的《头号玩家》等都为人们提供了匪夷所思的奇幻场景，并且自然意象也被工业和科技意象所取代。[②] 在当代科幻影片中，代替古老故事中的骏马或牛车的是庞然大物，是宇宙飞船。艺术家们还利用数字技术，在银屏上创造出超凡入化的形象"蜘蛛侠""阿凡达"等等，这些人物成了新时代的神话英雄。可以说，艺术一旦插上科技的翅

---

① 虫洞（Wormhole），其概念于 1916 年由奥地利物理学家路德维希·弗莱姆提出，并于 1935 年由爱因斯坦及纳森·罗森加以完善，故"虫洞"又被称作"爱因斯坦—罗森桥"，其大意是宇宙中可能存在的连接两个不同时空的狭窄隧道。

② ［美］詹明信：《晚期资本主义的文化逻辑》，张旭东编，陈清侨等译，生活·读书·新知三联书店 1997 年版，第 345 页。

膀，就打开了通向未来的更为广阔的大门。

不仅如此，有些科幻作品甚至走在现实的前面，成为现实和科技的引领者，甚至成为现实包括科技模仿的对象。例如，一些睿智的作家艺术家通过设计一些新的情节和故事，引导科技发展，这种先导性的作品可以说是从科幻作品诞生之时就已开始。当然，更多的作家艺术家则是通过作品表达对未来科技发展的忧虑。

（四）创新文学样式和结构方式

文学与科技之间的"破坏与补偿"在文学结构和样式中也得到体现，一方面高科技拒绝和清除了一些古老的艺术形式和结构方式；另一方面它又在更高的层面为文学的虚构提供了条件，创造了具有现代意义的新的文学艺术形式。

在高科技时代，一些古老的文学样式和形式受到抑制。四通八达的交通运输和便捷的电子通信，使"天涯若比邻"成为常态，从而使"闺怨诗"这个曾是中国古典诗歌中占据重要位置的类型成为昨日黄花，"书信体"这个古老的叙事样式也将随着交通的便利和邮局的萎缩而成为文献。与此同时，在现代科技土壤上又不断形成新的文学样式，通过在线技术创造出来的超文本小说就是互联网时代的一种特殊的文学样式，它的出现不仅冲击和改变了文学的内在因素如叙事性质和结构，而且表现出对文学疆域的跨越。印刷文本由于纸张页码的规定，即使故事可以表现出时间的空间化，但其书写和阅读仍暗含一种线性秩序，而在线技术完全可以通过技术实践颠覆这一秩序，呈现非线性和无序化特征。并且，借助计算机技术的链接功能，作品可以在词语、图像乃至可随意浏览的档案之间转换。频繁的互文性、内容的拼贴、情节的碎片化构成了超文本的鲜明特征。而这种超文本小说的真正完成需要读者的参与，即作者与读者的互动。作者在创作中对节点及其关系加以设定，读者通过点击链接激活某个片断。正是作者的设定和读者的点击构成了故事的不同面貌和发展方向，由此使文本结构走向开放。

现代科技的发展还为艺术增加了极强的表现力和观赏性。巴西有位学者这样评价张艺谋的《英雄》，当看到"人在空中穿梭飞行，武士在水上来回行走，树叶瞬间由黄变红，雪花从天外纷纷飘至"时，她感慨道："从这个意义上讲，技术才是这部电影的真正英雄，是技术主宰和操纵着我们。"①这位学者是从批判的角度来审视技术对艺术的入侵和控制的，同时这也从一个侧面对创作者把握艺术与高科技的关系提出了更高的要求。今天的作家艺术家在运用高科技的手段时，仍需保持一定的独立性。"技术资源将他们带到未知的领土，对这个领土的探索还要靠他们自己。"②

二、高科技时代文学创作的"思"与"诗"

在文学与科技的关系中，一方面，高科技给文学带来了多重影响；另一方面，文学作为科技的"他者"，同样对科技产生了推动力。面对高科技的发展，文学可以通过自身特有的属性和优势表现出一定的反思性和超越性。警惕现代科技在其发展中走向反面，防止科技转化为统治人的工具或成为危及人类自身生存的否定性因素，这是时代给文学创作的使命和责任。

（一）文学创作对科技的警示

文学对科学技术的反思和警示早已有之。英国作家玛丽·雪莱（Mary Shelley）的《弗兰肯斯坦》（1818）被认为是第一部西方现代科幻小说，背景是 19 世纪初工业革命时代，各种新的发明和发现更新了人们对自然和自我的认知。主人公弗兰肯斯坦从小对科技感兴趣，13 岁开始搞科研，成年后创造出一个巨人。这个巨人有学习能力，渴望感情，但当他希望有一个女伴的要求没有满足时，便实施了疯狂的报复。这个巨人没有给造物主带来快乐，反而带来了灾难。这部早期作品表达了对科技异化的忧虑。19 世纪末，英国的另一著名科幻小说家赫伯特·乔治·威尔斯（N. G. Wells）也在他的《时间机器》《莫洛博士岛》《隐身人》等多部科幻小说中反思科技的两面性，并有预见性地展示出科学技术带来的人种变异等威胁。

---

① ［巴西］玛丽亚·伊丽莎·瑟瓦斯科：《文化批评在当代还有用武之地吗?》，载胡亚敏主编：《文学批评与文化批判》，华中师范大学出版社 2007 年版，第 123—124 页。

② ［法］马克·第亚尼：《非物质社会——后工业世界的设计、文化与技术》，滕守尧译，四川人民出版社 1998 年版，第 167 页。

当今，担心沦为科技控制物和牺牲品的恐惧更犹如噩梦般地萦绕人类。核武器是否毁灭地球，人工智能是否有朝一日可能控制人类，生物学的突破性进展如克隆技术对生物甚至"人"的复制与人的尊严的关系，乃至"精子银行"对于传统家庭关系的冲击，等等，人们为此忧心忡忡。针对科学技术对当代社会的一系列挑战，文学创作内在地表现出对科学技术的反抗，千奇百怪的科幻小说、科幻电影向人们展示了科学异化为人所不能控制的力量时人所面临的悲惨前景，并通过科幻情境中制造震惊的方式提醒世人保持对科技负面作用的警觉。

施瓦辛格主演的美国影片《第六日》展现了一幅可怕的图景。多年后，有人制造了很多"空白人"，把任何一个人的外貌特征和记忆注入一个"空白人"体内，"空白人"就会成为他（她）的完美的复制品。这样一来，即使一些亡命之徒受到严惩之后，还有备用的身体继续作恶。并且影片还提出了另一个严肃的问题，两个分毫不差的"施瓦辛格"，到底哪一个更应该拥有作为"人"的家庭和财富？基因技术也是当代科技发展的热点之一。如果人类完全破解了基因密码，掌握了生老病死的奥秘，会不会出现新的身份歧视。美国影片《变种异煞》就提出了这个问题。人们从头发中取出基因，据此把人分成两大类——健康的"贵族"和有缺陷的"贱人"，而所有高级的工作只能由健康的"贵族"担任。还有些科幻作品则进一步揭示科技与政治的合谋，带来的是对人性的谋杀与异化。这些科幻作品主要表现的是黑暗的、危机四伏的未来世界，作品中所流露的严重的危机意识给了人们必要的警示，提醒人们要关爱我们的家园，遏止盲目的发展，世界需要的是一个更加人道和合理的社会发展模式。

（二）高科技时代的诗意栖居

人类如何在高科技时代实现诗意的栖居，这是文学创作应该探寻和回答的带有终极性的问题。人类无论身处何时何地，都是渴望情感交流的，情感恰是文学的基本属性和优势。按照托尔斯泰的说法，艺术起源于感情交流的需要。文学之所以被需要，就在于它能够满足人们审美情感的需求。而这种情感需求又是高科技时代弥足珍贵的因素，一些西方马克思主义者之所以重视和呼唤人的感性也正是基于当代人情感维度的缺失。今天的文学创作不仅可以通过人间真情的揭示慰藉被数字钝化的心灵，而且即使描写超现实的世界，也可以注入情感因素，唤醒和展示被科技元素遮蔽的情感体验。我们看到，影片《星际穿越》不仅涉及物理学最前沿的"虫洞理论"，借助高科技的手段展示了宇宙恢宏的场景，而且通过太空中父亲对女儿的超时空俯视展示了人性的美，由此实现了科学幻想和人间情感的交融，这正是这部电影令人动容之处。

为了实现诗意的栖居，文学尤其需要有好的创意，即在对具体形象的审美观照中的独到发现。作家艺术家可以充分调动和发挥想象力，根据自己的理想，以独到的创意和有韵味的意境为这个世界增添更绚丽的色彩。应该说，中国当代文坛的作品还谈不上异彩纷呈，特别是当我们观看旅游景点里那些大同小异的山水实景秀、灯光秀时，就更深感创意的匮乏。呼唤梦想、呼唤灵动，这是高科技时代诗意的栖居的基本元素。

诗意的栖居离不开文学带来的沉思和超越。针对科学技术对人的一系列挑战，特别是将人变成方程式的趋势，文学创作需要内在地表现出对科学技术的反抗。昆德拉曾引用犹太人的一句格言："人类一思考，上帝就发笑。"这句话要求人类在上帝面前应该卑微，思考是可笑的举动，但试想如果人类完全不思考，则会沦入更加可悲的境地。同时，这个"思"还表现在价值层面的建设上。文学本身具有在异化社会中促进人性完善的因素，文学所具有的想象力和可能性不仅蕴含人类一些普遍的情感，而且隐含了人性中尚未被控制的潜能。对未来的忧虑和期待是人类的天性，优秀的文学并不满足于成为现实的注脚，它要努力通过对新的世界和新的人物的塑造，表达对宇宙、对生命的思考，努力在异化社会中维护人性的完善。并且文学创作应通过对未来社会的畅想影响科学技术的发展，展示出社会发展的多种可能性，促使科学技术最大限度地表现出人文关怀，促进人、自然、社会的和谐发展。在科技环境下去追求艺术之美和人生之爱，创造出诗人的辉煌和哲学的辉煌，这是文学的新使命。实现高科技时代诗意的栖居，共同面对人类向何处去之问，这是高科技时代文学创作的方向。

行文至此，笔者还想补充的是，高科技不仅更新了文学创作的环境，而且使文学的创作过程、社会功能都在发生变化，由此必将带来文学观念的重构。传统的文学定义已经很难解释当今的艺术了，本雅明很早就意识到了这个问题，当人们还在用传统的标准争论摄影是否是艺术时，他就明确指出："如果说，人们以前对照相摄影是否是一门艺术作了许多无谓的探讨，即没有预先考察一下：艺术的整个特质是否由照相摄影的发明而得到改变"①。对于高科技时代的文学创作，我们要做的不是努力使新的文学类型向传统门类靠拢，而是需要调整现有的文学观，重新审视高科技环境下的文学创作，用一种更为开放的姿态去探索文学发展的新路。

第四节　"读网"时代中国形态的阅读研究

进入 21 世纪以来，随着信息通信技术的飞速发展，电脑、手机的不断更新，数字媒体日益渗透到当代日常生活之中。就阅读②而言，如果说 20 世纪后半叶还处于一个由阅读印刷品的"读文"时代跃入形象爆炸的"读图"时代的话，那么，如今则开启了又一个新的时代，即进入一个全民数字化阅读的"读网"时代。这种网络在线阅读（包括电脑和手机）已不仅仅是媒介工具和阅读方式的转换，而是成为日常生活的一部分，甚至成为人们的一种生活方式。地铁上、饭桌前，乃至在给亲友拜年的间隙，人们都在刷手机，"读网"成为一种全民活动，青年学生、白领乃至退休的大妈成为"读网"的主力军。就文学阅读来说，"把图书馆装进口袋"这一梦想开始实现。电子书阅读率不断上升，Kindle 等电子书阅读器受到阅读者青睐。与之相反的是，实体书店大幅萎缩，一些纸质期刊也开始转型，如利用公众号和网站以扩大阅读量。互联网正在塑造一种新的文化包括新的阅读模式，人们的思维方式、价值观念、行为习惯在键盘的敲击和指头的触摸中被潜移默化地改变。如何看待和应对数字媒体时代的阅读，已开始引起中外批评家的注意，中国形态在这个研究中不应缺席。

---

① ［德］瓦尔特·本雅明：《摄影小史、机械复制时代的艺术作品》，王才勇译，江苏人民出版社 2006 年版，第 69 页。

② 随着文学边界的扩展，这里的"阅读"泛指具有文学性的文本，具体包括文学作品、新闻、历史、议论文和逸事等。

一、"读网"的特征

"读网"时代是一个崭新的时代，它不同于以纸质为媒介的时代，也不同于以电视和电影为代表的传播媒体时期。虽然纸质作品与影视艺术拥有不同的媒介，其展现方式也有文字和图像的区别，但它们有一个共同点，即无论读者还是观众只能称为接受者（目前，电视的接收方式正在发生改变，但仍不足以完全改变观众的被动接受局面）。而"读网"时代的传播媒体是互联网，这一平台赋予了读者新的权利，使阅读变得更具主动性，为读者提供了参与的空间，从而使文学创作和评论具有互动的性质。"读网"时代发生的变化为文学批评的阅读研究提供了新的话题。

（一）阅读的便捷性

数字媒体时代给人们的阅读带来的便利是有目共睹的。互联网所具有的信息储存能力和传播能力极大地满足了人们对信息的渴望，只要打开手机，各种信息扑面而来，足不出户天下事便尽收眼底。尤其是互联网所具有的强大的搜索引擎使其他媒介望尘莫及，人们要了解何种信息，只需轻轻动一下指头便能知晓一二。还有那日益增多的各类数据库，将不同时代或散落各处的文献资料集中起来，可谓"得来全不费功夫"，这不仅为人们阅读和研究节省了大量的时间，而且将使史料收集工作沦入边缘。

互联网的这种便捷性还冲破了等级的限制，一般信息不再是特定人群的专利，已成为拥有手机或电脑的每个个人都可以享用的权利。在数字媒体时代，公共空间的私人化与私人空间的公共化平行存在、互相渗透，现在盛行的即时交流平台，如微信和QQ，以"朋友圈""公众号"为代表的社交化分享式阅读，形成了一个又一个的波澜，在一定程度上满足了个人的表现欲。由于这些欲望是以公共平台的方式展现的，因此彼此之间也用不着害羞。"读网"最大的特点是不受时间和空间制约，只要网络可以延伸到的地方，人们都能即时阅读和交流。当下的人们可能不会因为背井离乡而感到难受，却会因为手机不在身边而备受煎熬。

（二）感知方式的多维性

数字媒体不仅改变了读者的阅读习惯，而且正在悄然改变着读者的感知方式和思维习惯，多媒体打破了仅由文字主宰的审美，给人们带来了多重审美体验。在互联网上，网民可以一边阅读文字，一边聆听音乐，还可以浏览画面，这比单纯阅读文字显然更为有趣。打开微信中的"朋友圈"或"公众号"，里面不乏令人垂涎的美景、美食和美人，同时也有让人捧腹的逸闻趣事和针砭时弊的犀利短文，它们带给人们的是刺激、震惊和兴奋。尤其是虚拟技术所带来的逼真感，在给人们带来诗情画意的同时，也带来了新的感官冲击。观看那些交集在一起的流动的历史画卷，恍然有一种置身时空隧道的穿越感。

数字技术也在改变着文学的表现形态，书籍的数字化正成为常态。下载的各类书籍被浓缩在一个小匣子里，可以随时随地随意翻看。即使一些新近出版的纸质本书籍，有些里面也加入了二维码，使阅读别有趣味。文学与图像、声音的结合正在改变着文学的书面语言特性，二维码的出现则可以带领读者跳出纸质的书本而通过手机链接到一个新的网页，形成一种翻转式的阅读。在这种情况下，媒介不单纯是传达信息、知识和内容的载体和工具，它本身就成为信息的内容构成和结构方式。人们在阅读过程中所得到的不再是线性的浏览，而是立体的、交叉的，甚至跳跃的审美体验。

（三）评论的即时性和交互性

就文学批评而言，"读网"时代也有新的特征。以往读者或观众在接收信息的过程中是沉默的，评价往往滞后。当今借助网络之便，创作门槛降低，批评也几乎无门槛，普通民众在接收信息的同时可以随时发声，例如，近年来网络上常见的一种评论方式——弹幕，在观看视频中时不时弹出几句即时的感想或评价，有的话语几乎与视频内容没有关系。但这些弹幕确实展示的是观者的最真切的感受，不仅成为一种新的评论样式，而且可以起到"观风俗之盛衰"的效果，有时还可能引来围观和轰动。

这些评论具有即时性和交互性的特点，作者与读者身份也可以互相转化。互联网为愿意写作的人提供了平台，也使人们有机会上网评论。在网络上，人人都可以成为生产者，都可以在网上发表作品，也可以评论或修改。

由此，网络中的作品不再是稳定的存在，而是流动的、未完成的。创作由专业化走向平民化，作者与读者的界限日趋模糊，用本雅明的话说："区分作者和读者就开始失去了根本意义。……从事文学的权力不再植根于专门的训练中，而是植根于多方面的训练，因此，文学成了公共财富。"①

在作为公共财富的文学读本中，文学批评不再是学者的特权。在网友的品头论足中，不时生发出多种创意乃至语体风格上的变异，有些评论还十分精彩和传神，因此"读网"时代文学批评的缺席就由网友填补了。在这些跟帖的评论链中，网民不知不觉成为新的生产者。不过，这些评论一般是随机的、零碎的，不乏争吵和论辩，有时还显得激烈或偏颇，大多稍纵即逝，很少有持久的影响。

二、"读网"的症候

互联网虽然给阅读带来了革命性影响，并具有一定的建构性功能，但也不能一味地欢呼，要在清醒地看到媒介的变化所显示的历史必然性的同时，也应看到"读网"时代的悖论。"读网"时代一方面给我们带来了新的阅读方式和审美体验，另一方面也给人们的生活带来了新的问题和威胁。数字媒体的优势与弊端如影随形，如果我们不认真对待，就很可能冲击和消解文学应有的人文精神和艺术品格，加重当代文学的精神危机。这里不妨从"文化病理学"的角度，对作为当下社会表征的"读网"时代作初步诊断，找出和分析当下阅读的多种症状。

（一）碎片化的迷宫

"碎片化"（Fragmentation）是描述当代社会现象的一种形象性说法。它作为一种社会现象一直都存在，只是到了互联网时代，这一现象就更加突出，因为"社会和文化发展的内在逻辑之一就是日益告别总体性而趋向于碎片化"②。

---

① ［德］瓦尔特·本雅明：《摄影小史、机械复制时代的艺术作品》，王才勇译，江苏人民出版社 2006 年版，第 81—82 页。
② 周宪：《时代的碎微化及其反思》，《学术月刊》2014 年第 12 期。

如今的人们处于各种信息的包围之中，人们每天可以通过电脑或手机浏览大量零碎的信息，同时也可以通过电脑或手机快速发送和接收语音、视频、图片和文字。同时，微信的朋友圈天天传送着五花八门的信息，这些不同身份、不同地域的人们，把各自的所见所闻乃至所想带到朋友圈。这些信息充斥人们的视听，使人们失去了方向感。在互联网时代，整个世界变成了一个迷宫，一切都被碎片化，人们每天接受的都是互相矛盾的、无关的、支离破碎的形象，几乎不可能获得完整的印象。

在这种分享与链接中，碎片化所导致的多头和播撒构成了对线性和中心的挑战，人们看到的是万花筒般瞬间变化的信息，尤其当人们面对碎片化的叙事游戏时，不得不对以往叙事所展示的逻辑性产生困惑，并引发出对文学存在方式和意义的质疑。当然，我们也看到，叙事的散点式特征在导致碎片化的阅读方式与习惯的同时，也为阅读活动的自由化和读者的选择性创造了条件。

（二）阅读与遗忘

遗忘是"读网"时代阅读的又一后遗症。遗忘之所以产生主要鉴于两方面的缘由：一是信息泛滥造成的遗忘；二是互联网的便利使人们几乎不需要记住知识性的东西。

遗忘首先与互联网的动态性有关。网上信息不断刷新滚动，刚刚还是新鲜的文字，很快就被后面的信息所遮蔽，挤压到目所难及的地方。在互联网中几乎没有什么可以永存的东西，以致人们常常忘记了返回的路。似乎新媒体的资讯功能就在于帮助人们遗忘，"今天大众媒介的作用不是使事件像传统的方式那样成为'可以记忆'的，而是在事件令人眼花缭乱地从四面八方向我们袭来时，消灭这些事件，帮助人忘记它们"①。以互联网为代表的新媒体的真正作用就是把这些新近的历史经验尽快地放逐到过去。这些新媒体实际上充当了推动人们历史遗忘症的代理人。

同时，互联网所拥有的巨大的数据库也为遗忘创造了条件。随着互联网

---

① [美]詹明信：《晚期资本主义的文化逻辑》，张旭东编，陈清侨等译，生活·读书·新知三联书店1997年版，第318页。

搜索引擎的日益强大，查找信息十分方便，从而使知识的记忆沦为不必要，这也加快了遗忘的进程。

（三）深度思考的弱化

"读网"时代不仅削弱人类的记忆功能，而且也逐渐导致人类丧失思考的渴望和能力。由于资讯的泛滥和无关紧要，快速浏览就成为"读网"时代的基本特征。现在人们关注文本的时间越来越短，形成一种阅读的"欣快症"。它"以了解信息、休闲消遣为目的，不需要太多思考，追求的是短暂的视觉快感和心理的愉悦，表现出快餐式、浏览式、随意性、跳跃性、碎片化的特征"[1]。人们习惯以分甚至秒为单位阅读网上的信息，而对时间略长的论文缺乏耐心。一般情况下，鼠标一滚动，发现文字太多，如果不是特别感兴趣的内容，往往忽略或点击收藏。可以说，现在真正能在网上看完一篇长文的人已经不多了。中国传统文人那种反复吟诵、品味诗文的阅读状态已经离我们远去，同时远去的还有那样一种闲适的心境。

这类阅读在使人们不费力气获得资讯的同时，也使其思维能力弱化。如今网络上的信息不仅过量细碎，而且泥沙俱下、鱼龙混杂，这些信息在占据人们大脑的同时也使其心境趋于浮躁，人们很少沉下心来对于眼前的这些资讯作进一步思考，缺乏深度就成为"读网"时代的又一大病症。美国一位知名科技评论家卡尔写了一本书，名叫《网路让我们变笨?》，在书中他提出了一个重要问题：网络是否牺牲了我们深度思考和阅读的能力？ [2]

三、中国形态的阅读策略

虽然数字媒体时代的阅读存在诸多问题，但并不意味着"读网"时代只能茫然无措，无所适从，也不意味着"读网"时代的信息都是垃圾，没有精品。问题的关键应该是"读网"时代人们如何阅读。这是一个需要提请重视的问题。在全球拥有最大数量网民和手机的国度，马克思主义文学批评拥有得天独厚

---

① 张亚军：《从深阅读到浅阅读的变迁》，《贵州大学学报（社会科学版）》2011 年第 6 期。
② 参见［美］卡尔：《网路让我们变笨?》，王年恺译，猫头鹰出版社 2012 年版。

的研究基础和先机。根据当代中国的文化和阅读现状，对数字媒体时代的阅读提出一些有益的建议和策略，这是中国形态的价值和生命力所在。

（一）对读者自主性的强调

应对"读网"时代弊端的最根本的策略是对阅读主体的塑造。作为网民的读者有着不同身份、不同经历和层次，不少人甚至通过虚拟形象隐匿了自身的身份、性别、种族，有的人在网上和网下也有不同面具。并且人们的审美趣味也变得更为多样化、私人化。不过，无论读者的身份、趣味表现出何等的差异性，作为"读网"时代的读者，自主性是基本也是首要的要求，这种自主性正是抵抗网上在线阅读各种弊端的有力保证。

读者的自主性可以表现为多个方面，最重要的有三个，即读者的选择能力、批判能力和生产能力。

选择本是人们生活中的常态，包括纸质阅读在内的所有阅读现象都有一个选择问题。而面对互联网浩如烟海的信息，读者的辨别、筛选就显得更为突出。在"读网"过程中，如何把自身从信息泛滥中解放出来，如何有效地辨析网上的妍媸好丑，是每个网民需要面对和思考的问题。可以说，选择是阅读的前提，它直接关系到阅读的质量。

虽然选择本身就包含了思考，但仅仅选择还是不够的，阅读的质量又与批判性的思考直接相关。这个能力尽管不是"读网"时代特有的，但由于互联网承担的信息比其他媒体更为多元，更具有微时代的个人色彩，因此更需要经过自身的辨析和思考，其中批判质疑就显得十分重要。数字媒体的"技术霸权"所承载的某些价值倾向会给读者产生某种潜在的影响，加拿大学者德克霍夫从电子文化对人影响的角度指出："我们的心理现实不是一种'天然的'东西。它部分取决于我们的环境——包括我们自己的技术延伸——对我们施加影响的方式。"[①] 在"读网"时代，读者的批判能力主要体现为对思想和知识的接受中的质疑和否定，不能被信息发布者的思考和分析代替了自己的判断。保罗·德曼认为阅读本身就是一种否定过程，他在论述雪莱的

---

① ［加拿大］德克霍夫：《文化肌肤——真实社会的电子克隆》，汪冰译，河北大学出版社1998 年版，第5—6 页。

《生命的凯旋》的文章中指出，阅读就是"理解、诘问、熟悉、忘却、抹去，使其面目全非和重复"。① 而网络在线阅读更应如此，即使是一些知识性词条也需要推敲。因为无论维基百科还是百度百科，都已不再具备传统的百科全书那样的权威。由于平台对所有注册的人开放，只要他有见解、有心得，都可以按照自己的理解给某个词条下定义，作出自己的诠释。当然，谁的诠释放在前或者后，则要依照人们的认同和支持度来动态地调整各种诠释的排列顺序（表现为"置顶"或者引用率等）。可以说，信息的权威性的丧失和对信息的怀疑就成为互联网时代的突出表现和特征。只有经过思考和质疑的知识和观点才能更被理解和掌握。因此，读者的批判能力是抵制遗忘的重要武器。

读者自主性的进一步拓展则表现为其生产性，在阅读过程中成为文本的共同创造者，这是"读网"时代读者最能发挥用武之地之处。面对信息的泛滥，我们需要调整对数字媒体时代阅读的认识和理解，在这个过程中，应该改变的可能是读者的思维方式和应对能力。"读网"时代的阅读不再是被动的感知，而成为一种积极的创造性活动。具有自主性的读者可以充分发挥自己的创造性，从纷繁的信息中去建构事物的关联性，进而在对象化关系中揭示事物的多个层面，并在对文本的延续、拓展乃至诘问中使读者成为文本的另一个生产者。在此基础上，"读网"时代的读者还可以通过这种创造拼凑出一个新的世界，再从多维角度理解社会的过程中寻找个人的位置。由此，"读者自主性"这一观念的提出和强调是中国形态数字媒体时代对阅读的理论贡献。

（二）对优秀文本的呼唤

"读网"时代提高阅读质量的另一重要基础是对优秀文本的呼唤。文本质量是优质阅读的保证，好书的价值就在于它能够滋养人们的心灵，使人们在焦虑和烦躁中获得某种宁静，并在与书中的智者对话中变得充实和睿智。而文本质量差，再好的网速也无济于事。应该说，在多媒体中，文字仍是"读网"时代最基本的媒介，因为只有文字才能更清楚地说明事件的过程。

不可否认，目前网络上的作品良莠不齐，一些盛行的文本过于娱乐或过

---

① ［美］保罗·德曼：《解构之图》，李自修等译，中国社会科学出版社 1998 年版，第 241 页。

于偏激，艺术质量和水准不高，缺乏隽永和深刻的作品。于是，阅读经典就被提上议事日程。叔本华说过："没有什么比阅读古老的经典作品更能使我们神清气爽的了。只要随便拿起任何一部这样的经典作品，读上哪怕是半个小时，整个人马上就会感觉耳目一新，身心放松、舒畅，精神也得到了纯净、升华和加强，感觉就犹如畅饮了山涧岩泉。"①这正是经典的魅力，因为经典作品毕竟是经过岁月磨洗留存下来的，它是人类的精华和历史的见证，在这个意义上，提倡阅读经典同样是"读网"时代阅读的重要一环。当然，倡导经典作品的优先性并不意味着不读其他书籍，并且有些经典文本也需要重新审视其价值。

此外，我们也不时听到回归纸质文本的呼声。纸质文本的阅读有着与电子阅读不同的感觉，它更有利于我们回味和反思。但完全回归纸质文本是不可能的。如今的电子书库已成为许多人特别是年轻人的首选，它的丰富性和便利程度都远远超过了纸质文本，并且在技术改造中的电子阅读器正在模拟纸质阅读的环境。现在可以做的是，纸质和电子文本并行不悖、各得其所。

"读网"作为一个正在进行的时代，它对阅读的影响还会有新的冲击，因此，现在要研究及未来需要面对的问题还很多。阅读作为人的一种精神需求，可以是多种多样的。阅读的深浅不应是评价阅读合适与否的标准，"读网"时代的阅读既可以是资讯式的浏览，又可以作欣赏式的观看，还可以是认知性的研究，甚至是生产型的创造。这里我们赞同尼采的"快乐的知识"的说法，提倡快乐阅读，使阅读成为享受。从这个意义上，只有或多或少合适或丰富的阅读，而没有一种阅读模式唯一正确。并且无论何种阅读，最终目的是服务于人们的精神需要，有助于人们心智的健全。如何使当今的人们既能得到物质需求的满足，又能获得心灵的自由飞翔，这就需要科学技术与人文的深度结合。互联网召唤着新的人文精神。对阅读的进一步研究将展示研究者的创造，进而增加文学批评的新质。

---

① ［德］叔本华：《叔本华美学随笔》，韦启昌译，上海人民出版社2014年版，第23页。

第六章　中国形态视域下的文学与资本

当今的社会是一个消费型社会，要研究当代文学艺术的发展，资本同样是一个绕不过的话题。我国传统讲求"君子喻于义，小人喻于利"，近代以来学界受到康德关于"审美是无目的的合目的性"观念的影响，中国的文学研究一直与金钱乃至资本保持一定的距离，对资本的性质和规律了解甚少。随着消费社会的到来，特别是文化产业的兴起，当今的文学活动与资本发生了密切关系，资本开始进入文学批评的研究视野。人们逐步认识到，只有了解和把握资本在当代文学活动中的性质和作用，才能应对当今消费主义对中国文学和文化的影响，也才能创造性地参与到中国文化产业的发展进程中。于是，马克思关于资本的研究就与文学批评建立了关联。

第一节　马克思论资本

自资本主义在西方出现以来，资本研究及对于资本的批判就已开始。在马克思之前，资产阶级经济学(包括重商主义、重农主义、英国古典经济学、庸俗经济学等)和德国古典哲学的集大成者黑格尔也研究过资本，马克思的贡献主要是从对亚当·斯密和李嘉图古典经济学家(即所谓的国民经济学家)等理论的批判中阐发他对资本性质的新的认识，并赋予资本在无产阶级革命中以重要意义。

一、马克思的资本概念

资本是马克思主义经济学的一个核心概念，马克思关于资本的研究深刻地揭示了资本主义社会运转的规律，包括它的痼疾。从《1844 年经济学哲学手稿》《德意志意识形态》《雇佣劳动与资本》到《共产党宣言》《经济学手稿（1857—1858 年）》，再到《资本论》的前两卷，马克思对资本的认识有一个内在的逻辑发展过程，从异化劳动的角度看待资本，到用劳动的二重性和商品的二因素来分析资本，最后明确提出剩余价值学说，资本的实质就是无止境地追求剩余价值，无偿地占有和支配工人的劳动。马克思的资本内涵非常丰富，这里仅通过梳理马克思关于资本性质的几个代表性观点，了解资本的特性和内涵，进而认识文学活动中资本的运作及相关问题。

（一）资本与货币的关系

资本在历史上起初是以货币形式出现，但资本和货币是有区别的。马克思对两者的区别给出了具体答案，这种资本与货币异同的比较初步揭示了资本的特性。

马克思在《资本论》中专门讨论了货币与资本的关系。"资本在历史上起初到处是以货币形式……现在每一个新资本最初仍然是作为货币出现在舞台上，也就是出现在市场上——商品市场、劳动市场或货币市场上，经过一定的过程，这个货币就转化为资本。"[1]资本以货币为起点，经过一定的过程，货币可以转化为资本。但是，"仅仅有了货币财富，甚至它取得某种统治地位，还不足以使它转化为资本"[2]。1847 年，马克思在《雇佣劳动与资本》中就指出："虽然任何资本都是一些商品即交换价值的总和，但并不是任何一些商品即交换价值的总和都是资本。"[3] 在《资本论》中，马克思区分了货

---

[1]　马克思：《资本论》第 1 卷，载《马克思恩格斯文集》第 5 卷，人民出版社 2009 年版，第 171—172 页。

[2]　马克思：《政治经济学批判（1857—1858 年手稿）摘选》，载《马克思恩格斯文集》第 8 卷，人民出版社 2009 年版，第 159 页。

[3]　马克思：《雇佣劳动与资本》，载《马克思恩格斯文集》第 1 卷，人民出版社 2009 年版，第 725 页。

币的两种性质，即作为货币的货币和作为资本的货币。"通过单纯的货币积累，还产生不出资本化的关系"，"作为资本的货币是超出了作为货币的货币的简单规定的一种货币规定"。①

作为货币的货币与作为资本的货币的区别在哪里？首先，作为货币的货币，其价值量在流通中并没有发生变化；而作为资本的货币的突出特点就是价值增值。其次，"简单商品流通以卖开始，以买结束；作为资本的货币的流通以买开始，以卖结束"②。具体说来，作为货币的货币，买卖主要限于使用价值，其目的是为了满足需要，货币没有增值，并且买回来就结束了；作为资本的货币，买回来的东西是为了将来增值后卖出去的，用来升值的货币就是作为资本的货币，作为资本的货币是需要卖出去才能实现其价值的。也就是说，买回来使用的是作为货币的货币，买回来作为资产等它升值再卖出去的就是作为资本的货币。"作为资本的货币的流通本身就是目的，因为只是在这个不断更新的运动中才有价值的增殖。"③ 作为资本的货币追求的是"价值的增值"而不是使用。马克思还提到，作为资本的货币需要一定的最低限额的货币，只有足够量的货币才能构成资本，否则很难转化成资本。这里通过对作为货币的货币与作为资本的货币的比较和区分，使资本在运动过程中价值增值这一特质得以凸显。

（二）资本的属性

在对资本的研究中，马克思通过对资本的定义、资本的本能或实质等问题的层层分析，揭示了资本主义生产方式所隐蔽的复杂的社会生产关系及其剥削关系。

在《1844 年经济学哲学手稿》中，马克思对"资本"的定义是："资本，

---

① 马克思：《经济学手稿（1857—1858 年）》，载《马克思恩格斯全集》第 30 卷，人民出版社 1995 年版，第 206 页。

② 马克思：《资本论》第 1 卷，载《马克思恩格斯文集》第 5 卷，人民出版社 2009 年版，第 173 页。

③ 马克思：《资本论》第 1 卷，载《马克思恩格斯文集》第 5 卷，人民出版社 2009 年版，第 178 页。

即对他人劳动产品的私有权","资本是积蓄的劳动"。① 显然,这一定义留有亚当·斯密的痕迹。亚当·斯密认为,资本是一个人"所有的资财,如足够维持他数月或数年的生活,他自然希望这笔资财中有一大部分可以提供收入;他将仅保留一适当部分,作为未曾取得收入以前的消费,以维持他的生活。他的全部资财于是分成两部分。他希望从以取得收入的部分,称为资本。"② 亚当·斯密在这里已经涉及剩余的财富带来的收入即增值的问题。在《资本论》中,马克思明确指出,"资本只有一种生活本能,这就是增殖自身,创造剩余价值"③。资本的目的不是为了生产,更不是为了人,而是为了自身的增值。"资本的增殖是资本主义生产的唯一目的"④,并且资本只有在运动、流动中才能实现其价值增值,如果离开价值增值的运动,资本就失去了灵魂。资本的实质就是无止境地追求剩余价值,即被资本家无偿占有的超过劳动力价值的价值。

与一般经济学家研究生产资源配置不同,马克思将资本概念从物质层面上升到了社会关系层面,研究的是资本主义生产方式以及与它相适应的生产关系,强调资本不纯粹是物而是生产关系。当时西方一些经济学家认为资本只是一种生产要素,马克思反对这一观点,"把表现在物中的一定的社会生产关系当作这些物本身的物质自然属性,这是我们在打开随便一本优秀的经济学指南时一眼就可以看到的一种颠倒"⑤。为此马克思对当时流行的经济学观点展开了一系列批判。"资本也是一种社会生产关系。这是资产阶级的生产关系,是资产阶级社会的生产关系。"⑥ 马克思批评李嘉图和西斯蒙第等经济学家,"他

---

① 马克思:《1844 年经济学哲学手稿》,载《马克思恩格斯文集》第 1 卷,人民出版社 2009 年版,第 129、130 页。

② [英]亚当·斯密:《国民财富的性质和原因的研究》上卷,载《亚当·斯密全集》第 2 卷,商务印书馆 2014 年版,第 265 页。

③ 马克思:《资本论》第 1 卷,载《马克思恩格斯文集》第 5 卷,人民出版社 2009 年版,第 269 页。

④ 马克思:《资本论》第 3 卷,载《马克思恩格斯文集》第 7 卷,人民出版社 2009 年版,第 270 页。

⑤ 马克思:《第六章　直接生产过程的结果》,载《马克思恩格斯全集》第 49 卷,人民出版社 1982 年版,第 56 页。

⑥ 马克思:《雇佣劳动与资本》,载《马克思恩格斯文集》第 1 卷,人民出版社 2009 年版,第 724 页。

们不是把资本看作处在特有形式规定性上的资本，即在自身中反映的生产关系，而只是想到资本的物质实体，原料等等"①。马克思认为托马斯·霍吉斯金、约翰·布雷等社会主义者也犯了类似错误，"资本被看作纯粹的物，而不是被看作生产关系"②。马克思肯定亚当·斯密关于"生产劳动是直接同资本交换的劳动"这个定义，指出这个定义显然"不是从劳动的物质规定性（不是从劳动产品的性质，不是从劳动作为具体劳动的规定性）得出来的，而是从一定的社会形式，从这个劳动借以实现的社会生产关系得出来的"③。

资本作为资产阶级社会的生产关系，实际上是一种以物为媒介的人与人之间的社会关系。马克思的《资本论》其主旨并不在于描述资本主义条件下经济发展的运行规律，而在于揭示物的掩盖下所形成的人与人之间的关系。资本内在地包含了资本家与工人的矛盾，即资本家对工人的剥削。"资本家就占有了活劳动，他无偿地得到了双重的东西：第一，得到了增加他的资本价值的剩余劳动，第二，同时得到了活劳动的质，这种质使物化在资本的各个组成部分中的过去劳动得到保存，从而使原有的资本的价值得到保存。"④由此，关于资本的研究从生产关系变成人与人之间的社会关系，从人与人之间的社会关系变成资本与劳动的对立，也就是资本家和工人的对立。在资本主义社会中，资本的目的不是为了人及人的生存和发展，"资本从一开始就不是为了使用价值，不是为了直接生存而生产"⑤。正如列宁所指出的那样："凡是资产阶级经济学家看到物与物之间的关系（商品交换商品）的地方，马克思都揭示了人与人之间的关系。"⑥

① 马克思：《经济学手稿（1857—1858年）》，载《马克思恩格斯全集》第30卷，人民出版社1995年版，第268页。
② 马克思：《经济学手稿（1857—1858年）》，载《马克思恩格斯全集》第30卷，人民出版社1995年版，第262页。
③ 马克思：《政治经济学批判（1861—1863年手稿）摘选》，载《马克思恩格斯文集》第8卷，人民出版社2009年版，第218—219页。
④ 马克思：《经济学手稿（1857—1858年）》，载《马克思恩格斯全集》第30卷，人民出版社1995年版，第333页。
⑤ 马克思：《经济学手稿（1857—1858年）》，载《马克思恩格斯全集》第30卷，人民出版社1995年版，第592页。
⑥ 列宁：《马克思主义的三个来源和三个组成部分（1913年3月）》，载《列宁专题文集·论马克思主义》，人民出版社2009年版，第69页。

（三）资本的内在矛盾

将资本的研究置于唯物史观的视野下，作为一定历史条件下的产物，马克思看到与资本相伴的资产阶级历史发展的必然性。他认为资本主义生产是特定历史时期的生产方式，是一种历史的必然，也可以说是一种进步。同时在这个历史进程中，马克思指出了资本的罪恶，并从剩余价值的角度揭示了资本家对工人剥削的奥秘。马克思还看到了资本主义生产方式产生的必然性即历史性。资本主义生产方式是一种特殊的、具有独特历史规定性的生产方式："资本主义生产不是绝对的生产方式，而只是一种历史的、和物质生产条件的某个有限的发展时期相适应的生产方式。"①在特定历史条件下，资本主义生产方式具有进步性。这种进步性主要表现为资本创造了雇佣的条件，由此产生了自由的人。"有了商品流通和货币流通，决不是就具备了资本存在的历史条件。只有当生产资料和生活资料的占有者在市场上找到出卖自己劳动力的自由工人的时候，资本才产生；而单是这一历史条件就包含着一部世界史。因此，资本一出现，就标志着社会生产过程的一个新时代。"②雇佣关系实际上就是一种契约关系，这种关系与封建社会农民和土地的关系是很不一样的，农民离开了土地就一无所有，而出卖自己劳动力的工人是自由的。在这个意义上，马克思说："资本的文明面之一是，它榨取这种剩余劳动的方式和条件，同以前的奴隶制、农奴制等形式相比，都更有利于生产力的发展，有利于社会关系的发展，有利于更高级的新形态的各种要素的创造。"③

资本的特性还在于它在实现价值增值的过程中促进了生产力的极大提高，创造了比以往社会总和还要多的物质财富，由此还带来了创新的冲动，这是由资本的天性决定的。为了追求更大的利润，需要不断地节省成本、更新设备和流程以提高效率和利润。而这样一来，则促进了生产力的发展。马克思清醒地意识到资本的世界性和不可阻挡性。资本"它迫使一切民族——如果它们不想灭亡的话——采用资产阶级的生产方式；它迫使它们在自己那

---

① 马克思：《资本论》第 3 卷，载《马克思恩格斯文集》第 7 卷，人民出版社 2009 年版，第 289 页。

② 马克思：《资本论》第 1 卷，载《马克思恩格斯文集》第 5 卷，人民出版社 2009 年版，第 198 页。

③ 马克思：《资本论》第 3 卷，载《马克思恩格斯文集》第 7 卷，人民出版社 2009 年版，第 927—928 页。

里推行所谓的文明，即变成资产者。一句话，它按照自己的面貌为自己创造出一个世界。"①

尽管马克思看到了资本在历史上的作用，但从无产阶级利益出发，马克思对资本是持批判态度的。在《资本论》中，马克思犀利地指出了资本的罪恶："资本来到世间，从头到脚，每个毛孔都滴着血和肮脏的东西。"② 资本的原始积累正是以暴力和劫掠为手段的"血和火"的过程，资本主义的本质就是不断榨取工人的剩余价值。由于资本以逐利为目的，其逻辑是追求利润的最大化，资本扩张造成的过剩必然带来经济危机，而"这一切发展都是对立地进行的"③。资本的矛盾就在于，"资本一方面确立它所特有的界限，另一方面又驱使生产超出任何界限，所以资本是一个活生生的矛盾。……资本必然自己排斥自己。"④ 资本的这种内在矛盾构成了资本的繁荣与狰狞、希望与绝望、理性和非理性的悖论。马克思对资本内在矛盾的分析对于认识资本主义经济危机的根源、分析资本主义的现状和前途具有重要意义。

资本的这种与生俱来的永不知足的贪婪，在驱动现代社会不断革新的同时，也导致经济危机的发生，甚至使整个社会丧失情感和伦理。由于资本的贪婪特性使人泯灭人性，几近疯狂。"在每次证券投机中，每个人都知道暴风雨总有一天会到来，但是每个人都希望暴风雨在自己发了大财并把钱藏好以后，落到邻人的头上。我死后哪怕洪水滔天！这就是每个资本家和每个资本家国家的口号。因此，资本是根本不关心工人的健康和寿命的，除非社会迫使它去关心。人们为体力和智力的衰退、夭折、过度劳动的折磨而愤愤不平，资本却回答说：既然这种痛苦会增加我们的快乐（利润），我们又何必为此苦恼呢？不过总的说来，这也并不取决于个别资本家的善意或恶意。自由竞争使资本主义生产的内在规律作为外在的强制规律对每个资本家起作

---

① 马克思、恩格斯：《共产党宣言》，载《马克思恩格斯选集》第 1 卷，人民出版社 2012 年版，第 404 页。

② 马克思：《资本论》第 1 卷，载《马克思恩格斯文集》第 5 卷，人民出版社 2009 年版，第 871 页。

③ 马克思：《经济学手稿（1857—1858 年）》，载《马克思恩格斯全集》第 30 卷，人民出版社 1995 年版，第 540 页。

④ 马克思：《经济学手稿（1857—1858 年）》，载《马克思恩格斯全集》第 30 卷，人民出版社 1995 年版，第 405 页。

用。"① 资本是"非人性的最高表现"②，在资本面前，每个人的贪欲暴露无遗，并且为了赚钱，资本家完全无视人的健康和生命，这种对人的漠视是资本的本质使然。马克思对资本的犀利揭露在今天仍未过时。

马克思关于资本本身矛盾和问题的深刻辩证的分析，对于审视资本的性质包括人性的弱点极富针对性。尽管当代劳资关系出现了新的变化，但资本的本质属性是难以改变的。另外，马克思预言了资本在未来的变化，资本家阶层将逐步从生产性领域退出，成为一个食利者阶层，股票、债券等金融资本成为资本的新形式，由此破除了"普遍永恒资本"的幻象。当代社会发展的事实证实了马克思的预言。

二、马克思论文学艺术与资本

马克思在讨论文学艺术与资本的关系时，特别强调历史的具体性，他所讨论的艺术生产主要指资本主义时期那种具有"直接同资本交换"的艺术生产，即文艺产品进入了资本运作过程的特定历史时期。在驳斥资产阶级政治经济学家施托尔希关于物质生产和精神生产之间关系的反历史态度时，马克思有一段经典的表述："要研究精神生产和物质生产之间的联系，首先必须把这种物质生产本身不是当作一般范畴来考察，而是从一定的历史的形式来考察。例如，与资本主义生产方式相适应的精神生产，就和与中世纪生产方式相适应的精神生产不同。如果物质生产本身不从它的特殊的历史的形式来看，那就不可能理解与它相适应的精神生产的特征以及这两种生产的相互作用。"③ 这里提到的"一定的""特殊的""历史的形式"，充分体现了马克思主义的历史意识和历史方法，只有将艺术生产置于特定的历史时期加以考察，才能使其论题不至于陷入"空洞的抽象"。把握特定历史时期是理解马克思关于文学艺术与资本的关系的基点。

---

① 马克思：《资本论》第 1 卷，载《马克思恩格斯文集》第 5 卷，人民出版社 2009 年版，第 311—312 页。

② 马克思、恩格斯：《神圣家族，或对批判的批判所做的批判》，载《马克思恩格斯文集》第 1 卷，人民出版社 2009 年版，第 308 页。

③ 马克思：《剩余价值理论》，载《马克思恩格斯全集》第 33 卷，人民出版社 2004 年版，第 346 页。

（一）资本为文学艺术的发展提供了物质基础和条件

如前所述，根据唯物史观的原则立场，马克思看到了资本在历史上的进步作用，资本主义生产力的极大发展所创造的巨大社会财富，为包括艺术生产在内的精神生产的发展提供了必要的物质手段和技术支持。

资本为艺术家真正自由个性的生成创造了物质条件。在资本主义生产条件下，人的依附关系不再存在，失去宫廷和贵族呵护的诗人要生存，就不得不用自己的劳动"直接同资本交换"，由此形成了"以物的依赖性为基础的人的独立性"。马克思注意到雇佣劳动的积极方面："一切所谓最高尚的劳动——脑力劳动、艺术劳动等都变成了交易的对象，并因此失去了从前的荣誉。全体牧师、医生、律师等，从而宗教、法学等，都只是根据他们的商业价值来估价了，这是多么巨大的进步呵。"[①] 尽管资本把艺术家变成了雇佣劳动者，在一定程度上阻碍和限制了自由的艺术创作，但是，"毫无疑问，这种物的联系比单个人之间没有联系要好，或者比只是以自然血缘关系和统治从属关系为基础的地方性联系要好。"[②] 现在艺术家可以用自己的劳动来交换，他创作的作品可以流通。并且专业分工和艺术自律也实际上暗含了交换的概念，因为"分工"和"自律"都需要市场来运作。在这个意义上，资本为艺术家的发展创造了物质条件。[③]

（二）资本与文学艺术相敌对

鉴于资本的控制力和逐利性必然与艺术的批判性、超越性形成矛盾和冲突，马克思不仅从历史的视角，而且从人的解放的价值论立场，考察了文学

---

① 马克思：《工资》，载《马克思恩格斯全集》第6卷，人民出版社1961年版，第659—660页。

② 马克思：《经济学手稿（1857—1858年）》，载《马克思恩格斯全集》第30卷，人民出版社1995年版，第111页。

③ 笔者曾认为，资本相对封建社会的进步性在于它使得人以物的依赖性取代了人的依赖性，从而使人获得某种自由。最近阅读了马尔库塞的《审美之维》（广西师范大学出版社2001年版），上面写着："束缚他的肉体和智慧以获取利润，却反而被看作是自由的自然活动。……出卖劳动力被看作是由于穷人自己的决定才产生的，他为他的雇主而劳动，他还要牢牢记住并神圣地看护着这种抽象自由：即他是他本人，并且摆脱了社会价值功用。"（见该书第26页）马尔库塞的这段分析十分深刻，并引发我对资本的进步性的再思考。这种以物的依赖性取代人的依赖性也许只是以自由的名义说"我是我自己的"，实际上"物的依赖性"仍是束缚人的枷锁，因为"内在自由被转换为一种外在的不自由而取消自己"（见该书第35页）。

活动与资本的关系，指出了资本主义生产体系与艺术的敌对性。"他（指施托尔希——引者注）没有能够超出泛泛的毫无内容的空谈。而且，这种关系本身也完全不像他原先设想的那样简单。例如，资本主义生产就同某些精神生产部门如艺术和诗歌相敌对。不考虑这些，就会坠入莱辛巧妙地嘲笑过的18世纪法国人的幻想。既然我们在力学等等方面已经远远超过了古代人，为什么我们不能也创作出自己的史诗来呢？于是出现了《亨利亚德》来代替《伊利亚特》。"①这里，马克思看到了历史进程中物质生产与精神生产关系的复杂性。由于资本主义社会里的一切关系服从于一种抽象的金钱关系，"只要存在资本权力，所有的东西——不仅是土地，甚至人的劳动、人的自身，以及良心、爱情和科学，都必然成为可以出卖的东西"②，这种金钱拜物教直接导致了人的异化和艺术的异化，艺术家被迫按照市场的需要和资本家的指令去进行艺术创作，他们的"一切情欲和一切活动都必然湮没在贪财欲之中"③。

艺术和审美就其本性来说是一种自由的生命活动，而在资本主义社会里，本应是艺术家"天性的能动表现"的文学作品沦为商品。因此，马克思认为，资本主义生产体系并不是艺术的沃土，"相敌对"的根本原因在于资本主义雇佣劳动的性质与精神生产的自由特性之间的矛盾和对立。

（三）资本主义生产方式下艺术生产的审美特性

马克思不仅看到了资本与文学艺术的敌对性的一面，而且探讨了资本主义生产方式下文学艺术的生存和反抗的问题，以及在资本主义生产方式中审美活动突破资本限制的可能性。马克思的这一观点对于今天的艺术生产具有深刻的启示。

1842年，在《第六届莱茵省议会的辩论（第一篇论文）》中，马克思曾

---

① 马克思：《剩余价值理论》，载《马克思恩格斯全集》第33卷，人民出版社2004年版，第346—347页。

② 列宁：《在第二届国家杜马中关于土地问题的发言稿》，载《列宁全集》第15卷，人民出版社2017年版，第153页。

③ 马克思：《1844年经济学哲学手稿》，载《马克思恩格斯文集》第1卷，人民出版社2009年版，第227页。

用一种不妥协的语气表明了他的观点:"作者当然必须挣钱才能生活,写作,但是他决不应该为了挣钱而生活,写作。……作者绝不把自己的作品看作手段。作品就是目的本身;无论对作者本人还是对其他人来说,作品都绝不是手段,所以,在必要时作者可以为了作品的生存而牺牲他自己的生存。"尽管马克思承认文学活动具有交换性质,但在价值判断上,他并不认为这是文学的理想存在形态。"一个真正诗人的劳动能够保持——至少在密尔顿时代——不异化,只要他不计较市场价值。这样一个诗人处于他的心灵深处的要求,只写他非写不可的东西,而让别人去把他写的诗变成生产利润的商品。"①

马克思在谈到"非物质生产领域"的时候,还提出了一个非常重要且被人们忽略的观点,即"在这里,资本主义生产只能非常有限地被运用","资本主义生产方式也只是在很小的范围内进行"。② 也就是说,资本对艺术生产的统辖权,可以被限制在一定的范围内。同时,从另一个角度看,我们不妨这样认为,作为一种自由的精神生产的艺术,即使在资本统治一切的地方,也有可能反抗资本,顽强地保持自身的独立品格。在马克思看来,"艺术的一个伟大效能,恰恰是它通过自己的存在方式对这种'拜物教'进行了抵抗;例如一个真正的艺术家,即使在现代条件下,也仍旧抗拒把自己变成社会支配集团的雇佣劳动者。"③

资本主义生产方式并不可能完全泯灭艺术的审美特性,换句话说,文学活动可以在一定程度上挣脱资本主义的生产方式而体现出审美品格。在《剩余价值理论》第一册附录关于"资本的生产性。生产劳动和非生产劳动"部分中,马克思具体分析了在资本主义生产方式下艺术生产所内在的审美特性:一是在艺术生产行为即艺术创造过程之中,由于艺术生产主要采取个体劳动的方式,而资本主义生产方式的集约性在这个领域难以奏效,从而使艺

---

① 〔英〕希·萨·柏拉威尔:《马克思和世界文学》,梅绍武等译,生活·读书·新知三联书店1980年版,第421页。

② 马克思:《政治经济学批判(1861—1863年手稿)摘选》,载《马克思恩格斯文集》第8卷,人民出版社2009年版,第417页。

③ 〔英〕希·萨·柏拉威尔:《马克思和世界文学》,梅绍武等译,生活·读书·新知三联书店1980年版,第422—423页。

术生产在一定程度上挣脱了资本主义生产方式的统治；二是体现在已脱离艺术家而单独存在的艺术作品中，这些艺术品一方面作为商品在生产和消费中循环流通，实现着物质交换的商品使命，另一方面，它们又作为艺术品实现着人类精神共享的价值；三是就受众而言，艺术生产满足了他们的审美需求，使他们获得艺术享受。如歌唱家对雇用他的剧院老板来说是生产工人，因为老板用他的资本交换歌唱家的劳动能力，并因此发财致富，但对于观众而言，歌唱家的演唱却是积极的、创造性的活动，是他的自由的生命表现，是他的天然禀赋和精神目的的实现。① 也正是在这个意义上，马克思认为钢琴制造者与钢琴演奏者是有区别的，虽然后者生产了音乐，但他的劳动并不是经济意义上的劳动。② 也就是说，文学活动在一定程度上并不是完全按照资本主义市场规律来运行的。资本对文学活动的统辖权可以被限制在一定的范围内，文学艺术可以而且能够挣脱资本的统治获得一定的自由度和独立性。这一观点为当今市场经济条件下艺术生产对资本的反抗提供了理论支持。

第二节　资本与当代文学活动

中国当今市场经济条件下文艺的生产方式和运营模式，十分接近马克思所说的那种为资本创造价值的具有商品特性的艺术生产。马克思关于文学与资本的研究至今仍具有强烈的现实针对性。在新的历史条件下，马克思关于资本的观点对理解和辨析当代文学活动有着重要指导意义。中国形态应在马克思资本理论的基础上进一步拓展，清醒认识当今消费主义对中国文学和文化的影响，借市场之力促进中国当代文学艺术的发展。

---

① 参见马克思：《政治经济学批判（1857—1858 年手稿）摘选》，载《马克思恩格斯文集》第 8 卷，人民出版社 2009 年版，第 416—417 页。

② 参见马克思：《经济学手稿（1857—1858 年）》，载《马克思恩格斯全集》第 30 卷，人民出版社 1995 年版，第 26—35 页。

一、资本概念的拓展

在今天，资本这个概念已远远超出生产领域，拓展到社会的各个层面，并在人们的阐释中获得了新质。马克思的资本理论是否还有生命力？当今的资本在不同的领域有哪些形式？这些都需要认真研究。

（一）马克思的资本理论没有过时

20世纪风云变幻，福山抛出了"意识形态终结"的观点。西方有些学者认为，马克思在《资本论》中谈到的资本和资本主义已经过时了，20世纪资本家和工人的关系也得到了一定改善。"《资本论》所提供分析资本主义的方法工具，是从对19世纪资本主义的观察出发而设计的，19世纪的工业资本主义对于马克思而言，构成了'资本主义生产的真正模式'。它几乎不能适用于对其他资本主义形式——商业资本主义、银行业资本主义、工场手工业资本主义——的认识，它也越来越不适于评价20世纪的工业资本主义。"[1]他们认为，当今资本主义制度已经作了很多调整，早已不是马克思当年描绘的那样了。

的确，今天的社会发展远非19世纪能比，但是马克思的资本概念真的过时了吗？答案显然是否定的。当今社会仍如马克思当年指出的那样，"资本的必然趋势是在一切地点使生产方式从属于自己，使它们受资本的统治。"[2]2008年前后，美国和欧洲相继爆发金融危机。金融信贷泡沫、贫富差距悬殊使得马克思关于资本的研究再次受到关注。一些西方学者纷纷重读《资本论》。"人们在这种情形下重新学习和讨论《资本论》，是因为它为当下的具体分析提供有益的理论支持。……马克思主义理论体系有助于分析当下的金融危机和经济危机、现实积累与金融市场的关系"[3]。"现代经济

---

[1]　[法]米歇尔·波德：《资本主义的历史——从1500年至2010年》，郑方磊等译，上海辞书出版社2011年版，第144页。

[2]　马克思：《经济学手稿（1857—1858年）》，载《马克思恩格斯全集》第31卷，人民出版社1998年版，第128页。

[3]　[德]埃尔玛·阿尔特法特：《马克思提供批判分析的"跳跃点"》，《人民日报》2013年1月31日。

增长与信息传播虽然规避了马克思理论演进结果的发生，但是并未改变资本深层结构与社会不平等的现实。"① 资本的力量所造成的不平等的现象不仅没有消失，有些地方反而愈演愈烈。"今天，一位墨西哥亿万富翁的收入相当于一千七百万最穷困的墨西哥人收入的总和。"② "马克思所指出的任何掠夺性行为都没有消失，而且，在某些情况下，它们甚至已经被丰富到了一个在马克思本身所处的时代不能想象的程度。"③ 美国导演迈克尔·摩尔（Michael Moore）通过拍摄的电影《资本主义：一个爱情故事》，真实再现了美国社会中下层人民受到金融危机冲击后的悲苦境遇。人们在重新审视资本主义的过程中，发现了马克思当时研究资本主义制度时所表现出的远见卓识，并希望从马克思对资本主义的批判中找到解决问题的途径。

金融危机后的 2011 年，耶鲁大学出版社出版了特里·伊格尔顿的《马克思为什么是对的》一书，该书采用了论辩式的写作方式，列出并批驳了十种常见的否定马克思主义的观点。伊格尔顿说："资本主义的捍卫者们在批评马克思主义陈旧过时的时候却忽视了一点，那就是当今资本主义世界的不平等程度甚至可以与古老的维多利亚时代相提并论。"④ 马克思主义退出历史舞台的前提是资本主义结束，但目前资本主义看上去迅速衰败的迹象并不明显，所以马克思主义必须继续存在。伊格尔顿还表示，只要资本主义制度还存在一天，马克思主义就不会消亡。他俏皮地说，"'马克思的时代过去了'这样的话可以使马克思主义者如释重负"⑤，因为马克思主义者为之奋斗的目标就是要让马克思主义过时。

如今，随着科技的迅猛发展和消费市场的拓展，资本得到极度扩张，詹

---

① [法] 托马斯·皮凯蒂：《21 世纪资本论》，巴曙松等译，中信出版社 2014 年版，"导论"第 1—2 页。

② [英] 特里·伊格尔顿：《马克思为什么是对的》，李杨等译，新星出版社 2011 年版，第 12 页。

③ [美] 大卫·哈维：《跟大卫·哈维读〈资本论〉》第 1 卷，刘英译，上海译文出版社 2014 年版，第 331 页。

④ [英]特里·伊格尔顿：《马克思为什么是对的》，李杨等译，新星出版社 2011 年版，第 7—8 页。

⑤ [英]特里·伊格尔顿：《马克思为什么是对的》，李杨等译，新星出版社 2011 年版，第 7—8 页。

姆逊在他的《晚期资本主义的文化逻辑》中对资本的无孔不入作了这样的描述:"资本的扩充已达到惊人的地步,资本的势力在今天已伸延到许许多多前此未曾受到商品化的领域里去。简言之,我们当前的这个社会才是资本主义社会最纯粹的形式。……可以说,就历史发展而言,我们直到今天才有机会目睹一种崭新的文化形式对大自然和潜意识的领域积极地进行统制与介入。"① 詹姆逊曾经认为,世界上有两个飞地是资本进不去的,一个是农业,另一个是人的潜意识。但后来他意识到,资本已经使地球上不再存在飞地了,资本不仅通过"绿色农业"挺进了自然,而且通过消费渗入到人的欲望之中。

(二)布尔迪厄与文化资本

在对资本的研究历程中,人们并没有在马克思的研究上止步。在信息化高度发展的今天,资本不再是一个简单的血汗工厂就能概括的概念,西方一些重要理论家根据当今出现的新情势对马克思资本概念和理论作了进一步思考和推进,扩大了资本的疆域。② 在马克思的经济资本的基础上,出现了不同形式的资本概念,其中皮埃尔·布尔迪厄(Pierre Bourdieu)提出"文化资本"概念,为解释我国文化研究和文学活动提供了新的理论视野。

"文化资本"这个概念是布尔迪厄在吸收马克思资本理论基础上的拓展,是对资本的非经济学的解读。尽管有人对这个概念持有异议,认为仅仅是个隐喻,但该概念的命名具有现实针对性。布尔迪厄把资本引入文化研究的一个重要原因是,他看到了文化与利益之间并非脱节或对立,恰恰相反,两者有着密切的联系。文化资本这一概念有助于人们认识隐藏在文化背后的具有资本性质的差异或不平等现象。在《资本的形式》中,布尔迪厄把资本分成三种基本类型:经济资本(Economic Capital)、社会资本(Social Capital)、文化资本(Cultural Capital)。所谓文化资本,用布尔迪厄的话说,泛指任何与文化及文化活动有关的有形及无形资产,主要包括文化能力、文化产品、

---

① [美]詹明信:《晚期资本主义的文化逻辑》,张旭东编,陈清侨等译,生活·读书·新知三联书店1997年版,第484页。

② 可参见[法]阿尔都塞:《读〈资本论〉》、[法]德勒兹:《千高原》、[法]鲍德里亚:《消费社会》、[美]詹姆逊:《重读〈资本论〉》、[美]大卫·哈维:《资本的空间》、[法]皮凯蒂:《21世纪资本论》等理论家著述。

文化制度等。具体说来，文化能力如一个人受家庭环境的影响所形成的内化于个人身上的学识和修养；文化产品以"图片、书籍、词典、工具、机器等"文化商品的形式显现，文化资本就是以这种客观化的方式而存在；文化制度是以体制化的形式存在，诸如被认定的学业证书或执照等。①

布尔迪厄提出的经济资本、社会资本、文化资本这三种资本虽然分属不同场域，且有虚实之分，但这三者的共同点就在于它们都具有资本的属性，即都有附加值。这种增值除了体现为经济资本外，社会资本包括各种关系资源也产生附加值，"这些实际或潜在资源的总和"均有增值的可能性。文化资本的增值在当今不可小觑，商品的品牌就是资本，一条丝巾若贴上"爱马仕"的标签，价格蓦地就上涨了几十倍。父母对子女的教育投入也可视为文化资本，他们是为孩子将来的成功投资。这些资本类型最终将转化为显示人们的社会地位和社会力量的象征资本。② 布尔迪厄对不同类型资本的阐发，揭示了行为者对不同符号资本追逐的功利性，体现了他对当今文化的睿见和批判精神。

二、资本的力量

在中国，文化资本概念的内涵已突破了布尔迪厄的限定，资本在中国当代的文学活动中扮演着越来越重要的角色，并渗透到文化的方方面面，使得一些属于文学和文化的产品，直接打上了经济的烙印。在当今，文化与资本交织在一起，以至于我们难以说清旅游景点的民间工艺品到底是一种商品还是一种文化。并且经济资本、社会资本与文化资本交织在一起，形成一种相互支撑、相互转化的循环过程。如在影视活动中，经济资本可以转化为社会资本，如投入巨资创立影视公司，影视公司的产品变成文化资本，而文化资本又可转化为经济资本，获利的是投资商和财团，由此影像制作成为经济资本、社会资本和文化资本的合流。在研究当代文学活动中的资本时，尤其需要运用马克思的历史的和辩证的观点和方法。

---

① 参见 [法] 布尔迪厄：《文化资本与社会炼金术——布尔迪厄访谈录》，包亚明译，上海人民出版社 1997 年版，第 192—193 页。

② "象征资本"是布尔迪厄的又一概念，主要指个人在信用、名望和认可上有用的资源等。

（一）文学与资本的联盟

在当代中国，文学活动的突出特征就是文学与资本的联盟。当代的文学活动多服从商品逻辑，处处可以看到资本的控制。文学活动尤其是文化产业被纳入整个社会的生产消费系统之中，作家、艺术家、批评家、策划者乃至收藏家都成为文化的生产和消费环节。并且"不仅文化产品的生产，而且还有文化产品的接受，都已经被价值规律所统摄"①。这种以市场为导向的文化经营方式与机制带来了中国文学艺术活动的一系列根本性变化。

就文学的生产方式而言，如今的文学生产已不仅仅是本雅明所描述的那种复制和批量化的生产，而是整个生产和运营模式被改变。资本对文学的控制突出表现在对文学活动的策划上。一些电视台栏目或文化产品的走红靠的是策划和炒作，其中资本的投入起到了很大作用。有些作家写小说不再是受到突如其来的灵感的冲击或日积月累的经验的勃发，而是根据市场需求，事先订制合同，这一点倒很像法国作家巴尔扎克的做法。过去的"批阅十载"和"藏之名山"的现象已经罕见了。传统和历史也变成了消费品，而对传统文化的过度消费将导致文化资源的死亡，这绝不是危言耸听。

文学的供求关系发生着颠覆性的变化，正日益向消费靠拢。文学或文化产品变成了生产的一个环节，以产出决定投入，经济效益被作为重要的考量指标。一部书，一出戏，在实施前要考虑卖点。慑于资本的力量，以审美意蕴的追求、个性创造等为主导的创作逐渐演化为以赢利为主导的创作。作者不得不考虑以市场需求、卖点来从事艺术生产，以保证投入与产出的平衡。尤其是电影制作，更是需要经济实力雄厚的投资者，而制片人主要考虑的，则是像马克思所说的作为资本的货币一样，投入是为了获得更大的效益。

当今的文学接受方式也出现了质的改变。面对五光十色的文学或文化产品，消费行为替代了欣赏行为，消费者消费的也不再是"艺术"而是"时尚"。其中通过策划、包装等营造一定数量的崇拜者来提高知名度的粉丝经济，在聚集人气的同时也损害着国民的文化素养，最坏的结果是导致文学创作能力和消费水平的整体降低。

---

① ［美］赫伯特·马尔库塞:《审美之维》，李小兵译，广西师范大学出版社 2001 年版，第 38 页。

（二）资本对文学的戕害

随着市场力图把一切东西都变为商品，资本对文学的戕害显而易见。首先是文艺创作的目的被严重扭曲，财富成为人们追求的目标，"著书都为稻粱谋"，审美成为逐利的手段。一些作家、艺术家为迎合市场、吸引眼球，不惜降格以求，生产出一些低俗乃至恶俗之作，艺术品失去最基本的属性。"劳动本身，不仅在目前的条件下，而且就其一般目的仅仅在于增加财富而言，在我看来是有害的、招致灾难的"①。马克思的这一批判，至今仍具有强烈的现实针对性。

资本进入艺术生产的另一危害是导致作者的创造性被抑制。"由于他生产出来的产品注定要进入将要消费它们的市场，他便不能忽视市场的迫切需要：这些需要通常既影响艺术品的内容，也影响艺术品的形式，于是艺术家便受到了局限，他的创造潜能和个性都会被窒息。"②而这样一来，作者便"人在江湖，身不由己"，其创作个性与批判性立场几乎丧失殆尽。这些情况也制约了中国当代文学艺术的健康发展。

与此相关的是评价标准实用化，资本作用下的评价方式发生了很大变化，收视率、票房价值、销售额等成为衡量作品是否成功的主要标准。而当完全用消费程度来衡量文学作品的时候，当文学、文化乃至人本身都变成了可计算、可出卖的物件的时候，整个社会就可能出现"劣币驱逐良币"的情况，一些并不优秀的人可以在市场中赚得盆满钵盈。这些问题的出现一方面与资本的操控有关，另一方面也呼唤市场机制的进一步完善。

（三）资本对文学活动的支撑和保障作用

资本对文学活动是一把"双刃剑"，既有敌对的一面，又有相互支撑的一面。与法兰克福学派对"文化工业"完全持否定立场不同，中国形态继承了马克思关于资本在历史上具有进步作用的思想，在研究文学与资本的问题时，一方面可以充分利用资本，另一方面则保持对资本侵蚀文化的警惕。

---

① 马克思：《1844年经济学哲学手稿》，载《马克思恩格斯文集》第1卷，人民出版社2009年版，第123页。

② 转引自［英］珍妮特·沃尔芙：《艺术的社会生产》，董学文等译，华夏出版社1990年版，第22页。

作为社会的精神生产，需要一定的物质基础以保证艺术家的生存和从事艺术创造的必要的物质条件。特别在当代，如果没有基本的经济支撑，是很难从事文学艺术的生产和再生产的。文学艺术的发展需要资本，或者说，资本甚至可以成为文学活动的强劲助推力。"日常生活审美化"这一命题本身就是与社会物质财富的增长联系在一起的。试想，没有资本的支撑，人们能看到电影大片、街心花园，还有那穿梭交织的车流、五彩绚烂的霓虹灯吗？而这一切恰是在资本运作下的必然结果。在这个意义上，物质财富还需要进一步充分发展，资本是当今日益增长的审美需求的物质力量。

资本的作用还表现在对文学活动创新的推动上。创新首先是出自文学艺术自身的发展需要，同时也与资本密切相关。一些影视作品为强化市场竞争力，往往与资本（包括资本支撑的技术）联手，它们通过高科技的运用革新了电影的制作，给观众带来了新的感官的享受。尤其是那些创意产业，更与资金的注入分不开，当然它们本身也成为资本增值的优选对象。与此同时，艺术创新也与消费市场有关。消费者日益增长的文化需求促进文学的翻新，文学作品只有通过不断创造各种新的艺术样式和表现手段，才能使其更显魅力。不在乎市场需求的人，他的作品可能会无人问津。

从艺术消费的角度来说，资本使艺术品从少数人的玩物变成了大多数人可以欣赏的东西，甚至变成了群众的生活方式。没有物质的充分涌现，是不可能做到的。"马克思在《德意志意识形态》中写道，用于满足人类物质的生产是历史的第一个活动。只有我们的基本物质需要得到满足之后，我们才会去学习弹琴、写诗词，或者装饰房间。没有物质生产也就没有文明。但是，马克思主义的主张不止于此，他们认为物质生产极端重要，不仅仅是因为没有物质生产就没有文明，还因为物质的生产将最终决定文明的性质"[1]。在文学艺术的传播上，资本的力量也不可小觑。当然，作品是否得到广泛流传首先在于作品的质量，但传播的广度和深度也有赖于市场的运作。只有借助市场才能被更多的人所了解和接受，产品的艺术价值也才能实现，若无视传播，再优秀的作品也只能"藏在深山人未识"。

---

① ［英］特里·伊格尔顿：《马克思为什么是对的》，李杨等译，新星出版社2011年版，第111页。

当文学、文化被用于与资本交换时，文学应在借助资本的同时有所反抗、有所超越。马克思主义经典作家对金钱"拜物教"的批判和抵制对于今天的艺术生产具有警示作用。应该说，艺术的一个伟大的效能，恰恰在于它通过自己的存在方式对各种"拜物教"进行了抵抗。一个真正的艺术家，即使在现代市场的条件下，也仍要抗拒把自己变成资本支配集团的雇佣劳动者。中国的文艺家应通过自由自觉的劳动以实现对资本的疏离和对抗，"文艺不能当市场的奴隶"①，把脚下的这片土地构筑成抗衡异化劳动的阵地，乃至在必要的时候，选择"为了作品的生存而牺牲他自己的生存"，使中国的文学艺术成为抗衡异化劳动的阵地。

第三节　市场经济与文学发展

在当代中国，文学活动与资本的关系被推至突出位置，文学活动在获得更多机遇的同时也受到商品化的巨大冲击，传统的文学观已经很难解释和适应文学的现状和发展了，有必要对文学的属性加以重新审视。同时，如何清醒地认识市场经济对文学的作用，在市场经济条件下提升精神文化建设，促进文学的艺术价值和市场需求的协调发展，也是中国形态所面临的一个亟待在理论和实践中探索的时代课题，并且直接涉及马克思主义文学批评的文化领导权问题。

一、文学属性的再审视

在长期的历史发展中，文学的属性发生了多次扩展和改变。一般认为，文学是审美的产物，文学充满感性、激情、想象，它是用形象表达的艺术，因此，审美是文学最重要的属性。不过，审美并非文学的唯一属性，历史地看，关于文学的审美功能在整个文学史上存在的时间并不是很长，亚里士多

---

① 习近平：《在文艺工作座谈会上的讲话》，人民出版社 2015 年版，第 20 页。

德就认为文学是伦理的、教化的，文学的审美功能主要由德国哲学家、美学家倡导。而当今，文学的审美内涵、范围与功能也都在悄然发生变化，用詹姆逊的话说，审美已成为"灯红酒绿的文化放纵"①。文学的意识形态属性也有一个认识的过程，文学作为一种思想、价值的载体，虽然很早就被人们意识到，但只有到马克思主义文学批评出现，文学的意识形态属性才被明确地提出来。伊格尔顿说："如何说明艺术中'基础'与'上层建筑'的关系，即作为生产的艺术与作为意识形态的艺术之间的关系，依我看来，是马克思主义批评当前面临的最重要的问题之一。"②如今文学的这两种属性已被人们接受，故不必赘述。

文学是否具有商品属性，这也许是一些从事文学理论批评的人们不愿正面回答的问题。事实上，在市场经济条件下，要将审美与资本完全分开已经是一件很困难的事情了。关于文学的多重属性特别是商品属性的正视和研究，不仅对于把握和解释当代的文学艺术活动十分必要，而且将使人们对文学的性质产生新的认识。

（一）文学生产的商品属性

根据马克思的资本理论，商品经济制约和改变了作家、艺术家以及所有精神劳动者的劳动性质，他们的劳动不再只是满足自己的需要，而是将其劳动成果投入到社会的经济运行机制中，成为一种"直接同资本交换"的精神生产劳动。因此，市场经济条件下的文学生产与以往历史上的文学艺术活动最大的不同之处就在于其商品属性。

进入资本主义之后，文学的商品属性已不可避免。虽然一些现代主义作品推崇艺术自律，并采取决然的姿态表现出对商品的拒绝和反抗，但商品因素这个他者已成为它们摆脱不掉的阴影，艺术自律的潜台词就是对外在因素包括对资本的对抗。而后现代主义则直接与市场联系在一起了，"美的生产也

---

① [美]詹姆逊：《文化转向：后现代论文选》，胡亚敏等译，中国社会科学出版社2000年版，第84页。

② [英]特里·伊格尔顿：《马克思主义与文学批评》，文宝译，人民文学出版社1980年版，第81页。

愈来愈受到经济结构的种种规范而必须改变其基本的社会文化角色与功能"①。新历史主义者怀特指出，当今的审美和经济已经捆绑在一起。文学活动呈市场化、产业化的趋势，尤其是影视，其商品价值日益突出。并且，不仅"艺术作品正成为商品，甚至理论也成了商品"②，在市场经济条件下，不仅各种审美活动大都以资本为后盾，而且有些理论的生产也受到资本的控制，它们所做的工作就是为资本张目，因为资本成为审美乃至理论产生的基础和条件。

由于以往人们对文学活动的商品属性缺乏认识，故导致在创作实践和理论批评上多有偏颇。有些作家艺术家为了迎合市场，不惜降格以求，文学作品出现低俗化乃至恶俗化的倾向。另一个极端则是完全无视市场规律和作用，特立独行，甚至剑走偏锋，因失去读者而导致了文学的衰微。这些极端不仅使审美趣味发生逆转，而且也引起了消费者的反感和抵制，若对这些现象不屑一顾，文学批评就会在当代文坛濒临失声的境地。因此，了解和恰当把握文学的商品属性，对于引导当代中国文学活动的健康发展就显得十分必要。

应该说，承认文学艺术的商品属性是马克思主义文学批评理论建设的需要，也给作家、艺术家和文学批评家增添了几分警醒，"问题只在于，能否对市场的诱导保持高度警惕，能否清醒地提防自己游离学术轨道，落入市场的陷阱。"③提出和分析文学的商品属性并不是为艺术的商品化摇旗，而是通过了解和把握艺术生产的商品性质，有效地拓展文学艺术活动的生存空间，并警惕资本对艺术的危害，防止资本在追求利益最大化的过程中扼杀了艺术的天性。

① ［美］詹明信：《晚期资本主义的文化逻辑》，张旭东编，陈清侨等译，生活·读书·新知三联书店 1997 年版，第 429 页。

② ［美］弗·杰姆逊：《后现代主义与文化理论——杰姆逊教授讲演录》，唐小兵译，陕西师范大学出版社 1986 年版，第 148 页。

③ 贾方舟：《以学术引领市场——2006·中国当代艺术文献展画集序言》，载殷双喜主编：《2006·中国当代艺术文献展》，湖南美术出版社 2006 年版，第 5—6 页。

（二）文学审美性、思想性和商品性的有机统一

在文学作品中，文学的诸多属性常常交织在一起，它们之间存在着各种张力。在理想的文学作品中，这些属性并不是完全对立的，从价值规律的角度看，文学的审美属性和商品属性并非水火不相容。作品的审美价值越高，其商品价值也会相应提升。同样，作品的商品性并不完全排斥审美性，它们一方面作为商品在消费中循环流通，另一方面，作品的价格从某种意义上讲也体现其审美价值。文学作品的意识形态属性则对当今中国文化产业过分强调商业价值具有纠偏作用。一些优秀的艺术作品之所以获得很好的社会效益和经济效益，就因为它们承载了深刻的思想和浓郁的情感，这样审美性、思想性和商品性就在实践中统一起来了。从理论上说，市场所具有的平等交换权还可以使文学创作真正成为"自由的精神生产"，而这种有机统一在一定程度上复归了文学创作的审美本性。

在当今，文学批评尤其要注意的是文学艺术的商品属性压倒审美属性的问题，要坚持审美属性的优先权，因为审美性是文学艺术区别于其他物质生产的独特之处，也是保持和提升文学艺术精神品格的前提。从文学活动的目的来看，它不完全是为了满足人们的物质需要，而是为了满足人们的审美需要和精神需求，特别是感觉的需求；从生产过程与生产方式来看，文学显然不能完全按照工业化的方式和工业化的标准进行，而是通过特有的制作方式创作出多样化、个性化、感性化的艺术产品。再者，文学消费毕竟不同于一般的物质消费，它更是一种精神上的享受和创造，寻求的是对象的精神和审美品位。因此，在充分考虑市场因素和了解市场运行机制的同时，提高艺术水准，创造出具有更高审美价值的作品，这就是研究文学属性的目的所在。

强调文学艺术的精神品格并不意味着反对人们在艺术形式上的探索。作为特殊生产方式的文学活动，尤其需要最大限度地发挥人的聪明才智，有更多的创新且更加开放。自由自觉的创造力是人类的根本特性，不断创造各种新的艺术样式和表现手段，为人们提供精美的艺术产品，这不仅使文学作品更显魅力，客观上也增加了市场的竞争力。

综上所述，文学是审美、资本和政治的综合体，这是中国形态的文学观在当代的拓展，而这一观点将在一定程度上导致艺术自律的终结，同时文学多重属性的研究也将为高校文学理论教科书中的文学性质增添新的内容。

二、市场经济与文学的精神品格

文化工业的繁荣并不等于文化的繁荣。在市场经济条件下能否保持文学活动的精神品格，对于今天的作家艺术家而言，既是挑战又是机遇。习近平总书记在《在文艺工作座谈会上的讲话》中指出："一部好的作品，应该是经得起人民评价、专家评价、市场检验的作品，应该是把社会效益放在首位，同时也应该是社会效益和经济效益相统一的作品。……优秀的文艺作品，最好是既能在思想上、艺术上取得成功，又能在市场上受到欢迎。要坚守文艺的审美理想、保持文艺的独立价值，合理设置反映市场接受程度的发行量、收视率、点击率、票房收入等量化指标，既不能忽视和否定这些指标，又不能把这些指标绝对化，被市场牵着鼻子走。"[①]这段讲话明确和辩证地阐述了文艺创作和资本的关系。社会效益与经济效益的统一是时代对当今文学艺术的要求。如何处理审美价值、社会效益和经济效益三者之间的关系，促进文学的艺术价值和市场需求的协调，这一问题既需要在理论上论证，又需要在实践中进一步探索。

（一）市场经济条件下文学精神品格的坚守

作为精神生产的特殊性，即使在市场经济条件下，作家创造出来的作品也应具有精神产品的特征，这是由文学的基本性质决定的。我们既重视市场，又不能做市场的奴隶。提高文学产品的精神品格和丰富人们的精神生活是当代文学活动的重要职责。

尽管中国文坛出现了一些有影响的好作品，但文学活动在精神层面上有所弱化是不争的事实，具有深刻的思想性和反思力的作品还不够多。即使有些投资巨大的作品，在恢弘绚丽的场面背后是内容的苍白空洞，在给受众以奇幻和震撼之余，很少留下回味和思索的东西。文学创作中对人的生存尤其是对普通人生存境遇的关注更少，甚至有些作品采用插科打诨的方式以嘲笑底层人为乐，这些都是需要自省的。

真正的艺术家应该坚守属于自己的那份社会责任，他可以冲破金钱的限

---

① 习近平：《在文艺工作座谈会上的讲话》，人民出版社 2015 年版，第 20—21 页。

制，追求心中的理想，给人们以精神上的慰藉和鼓舞。巴尔扎克尽管受到金钱的困扰，但他在写作时还是有所坚守的，他曾说："就所有行业而言，艺术家有一种难以克服的自尊心、一种艺术感情、一种难以磨灭的人对事物的良心。你败坏不了、也永远收买不了这颗良心。"①并且，作为一种特殊的生产方式，文学艺术与生俱来的对自由的追求和对愉悦的冲动，构成了一种否定性力量，促使其产生对资本的反抗和超越。人是需要理想的，一个社会也是如此，蒋寅曾说："就算文学死了，我也会做文学的最后一个守墓人。当死神来敲墓门的时候，我会回答，我在。"这是非常悲壮的，表达的就是这种坚守。在文学作品中，作家可以将独特的生存体验与思想观念融入文学创作的过程，在使人们心灵受到感动或给人们带来愉悦的同时给予人们信念和希望，通过对现实的某种超越以实现人的自我拯救。伟大艺术的产生，虽然与很多因素相关，但其核心所在，是里面所蕴含的思想，是对每个时代提出的问题的思考和回答。

创作出无愧于时代的优秀作品，是市场经济条件下保持文学艺术精神品格的关键。古罗马时期的学者朗吉努斯写了一本《论崇高》的书，在书中，他阐述了崇高风格的五大来源："第一而且是最重要的是庄严伟大的思想……第二是强烈而激动的情感……第三是运用藻饰的技术，藻饰有两种：思想的藻饰和语言的藻饰。第四是高雅的措辞，它可以分为恰当的选词，恰当地使用比喻和其他措辞方面的修饰。声喻的词采。崇高的第五个原因包括上述的四个，就是整个结构的堂皇卓越。"②文学创作的审美品格需要而且应该拥有这些因素。除"庄严伟大的思想"外，作者还应当拥有一片能产生玄思妙想的天空，在艺术创作中将自身独特的生存体验与思想观念纳入文学创作过程中，用深刻优美的方式表达对社会的认识和情感，展示出作品内在的生气和风骨，使人们在心灵受到感动或带来愉悦的同时，给人以沉思、信念和希望。

---

① ［法］巴尔扎克：《巴尔扎克论文选》，李健吾译，新文艺出版社1958年版，第157页。
② 伍蠡甫、胡经之主编：《西方文艺理论名著选编》上卷，北京大学出版社1985年版，第119页。

（二）市场经济与新的大众

随着艺术生成和传播媒介的变迁，文学活动面对的不再是少数精英，而是亿万普通的消费者。因此，关于普及与提高的研究在今天并没有过时。文学需要什么样的大众，这也是需要追问的问题。根据马克思关于"生产的目的是消费"的命题，文艺肩负着通过产品塑造和提升消费主体的重任，它应该"创造出懂得艺术和具有审美能力的大众"①。

鉴于文学艺术的求异性的特征，文学的目的不是培养千人一面的标准化大众。这一点毋庸置疑。而同样需要警惕的是，文学也不需要那种狂热的盲目的大众。本雅明在《摄影小史、机械复制时代的艺术作品》中提到了这类盲目大众的两种倾向，一是法西斯倾向，"电影资本""把这种大众主宰性的革命可能转变成了反革命的可能"②，即通过狂热和暴力激发大众的盲从和戾气；二是在对明星的追逐中迷失了自我，通过对明星的崇拜消弭大众的阶级意识，导致大众的堕落。对大众的两点提示显示出本雅明论述的深刻性，同时也需要引起人们对粉丝文化和粉丝经济的思考。文学应该通过创造精湛的艺术作品培养出懂得美、欣赏美并能创造美的大众，并让大众在艺术的熏陶中逐步形成一定的批判力和反思力，逐步获得精神自由和独立个性的大众。

文学作品的质量不仅是保持其审美精神的根本，而且是提升大众文化素养的保证。就消费者而言，真正的文化享受是阅读那些有思想内涵和审美品位的作品。这就要求作家艺术家在受到资本制约和支配的同时有所超越，通过优秀之作引导国人健康的文化消费，并通过创造更好更多的作品尽可能地满足消费者不断增长的精神需求，提升人们的审美能力和文化素养。其实，不少消费者是愿意花更多的钱去欣赏好作品的，经典作品的屡次再版，高水平的音乐会一票难求就是明证。随着消费大众艺术修养水平的提高，有创造性的、个性化的精神产品的市场需求也将会越来越多。

---

① 马克思：《经济学手稿（1857—1858年）》，载《马克思恩格斯全集》第30卷，人民出版社1995年版，第33页。

② ［德］瓦尔特·本雅明：《摄影小史、机械复制时代的艺术作品》，王才勇译，江苏人民出版社2006年版，第76页。

（三）艺术规律和市场规律的协调发展

特定时代艺术生产和消费的矛盾运动，恰是文学变革的内在动力。解决矛盾的过程不仅是推动文学发展的过程，而且是新的理论产生的过程。如何在市场经济下促进文学的艺术价值和市场需求的协调发展？对这一问题的探究有助于增强中国形态对当代文坛的阐释力。

诚然，要使艺术规律和市场规律平衡发展并非易事，但也并非完全不可行。在当代文学生产实践中，已产生了一批既有较高艺术价值又有很好市场反响的优秀的影视作品。艺术家们运用消费者乐于接受的形式成功地将具有审美意蕴的作品呈现给读者和观众。这些作品从实践层面证明了艺术规律和市场规律的可融洽性，表明好的艺术作品既有利于提升人们的审美情趣又可以获得良好的经济效益。

进一步发掘文化经典的魅力，是探索艺术规律和市场规律结合的又一重要措施。尽管当代文学作品数量庞大，但经典仍是当代大众传媒语境中的半壁江山，且有不菲的经济效益。这些具有长久艺术魅力乃至世界影响的经典作品至今仍是人们重要的精神食粮，并且文化经典对当代文学活动具有源头性意义，一些优秀的著述和影视作品的改编均源于经典。文化经典和大众文化的结合不仅使经典焕发出活力，而且有助于提升文学的精神品格。

充分认识艺术消费对文学的制约，有效地利用和发挥市场在文学生产和传播中的作用，是实现艺术规律与市场规律协调的又一路径。在中国当代文学活动中，消费过程越来越发挥出其潜在的支配和操纵力量。重视艺术消费的功用，以主动的姿态和新的理念参与文化市场的运作和艺术产品的策划，正成为当代文学活动的必经之路。我们看到，一些成功的优秀之作之所以获得很好的市场反响，就在于其团队具有清晰的市场定位和务实的市场推广策略，并对转型期读者或观众群的生存心态与欣赏兴趣有着准确把握。关注市场预测、市场引导的消费需求，力求赢得更广泛的受众，成为市场经济条件下文学艺术兴盛的条件。

三、未来的艺术生产

当今的文学活动实际上已成为马克思所说的艺术生产了。而今天的规模和位置较之马克思那个年代，已发生了很大的变化。我们尝试把艺术生产在整个生产活动中的变迁分为三个阶段：马克思所处时代的艺术生产属于第一个阶段，19 世纪中叶，马克思根据剩余价值规律的理论把艺术生产界定为与资本交换的精神劳动。当时的艺术生产在资产阶级生产方式中处于从属地位，资本的增值主要靠工业生产。20 世纪中叶以来为第二个阶段，这一阶段艺术生产的整个生产过程和运营模式发生了相当大的改变，特别是以文化产业为代表的艺术生产异军突起，它们的标准化、产业化的生产方式以及所代表的意识形态，尽管遭到西方马克思主义特别是法兰克福学派的批判，但艺术生产却昂首阔步走向前台，成为大众文化生活的主力军，并作为财富增值最快的产业成为当代社会经济发展的支柱产业之一。如今艺术生产又将步入一个新的阶段，未来的艺术生产阶段将呈现出个性化的特点，它逐步摒弃标准化的生产模式，多样化将成为市场新的增长点。

（一）个性化与艺术生产

随着消费大众艺术修养水平的不断提高，有创造性的、个性化的精神产品的市场需求将会不断增加，当今艺术生产面对的是"新的大众"，或者说是"众多的小众"。这些群体有着不同的审美追求，而鉴于艺术生产的目的以及艺术生产与市场的关系，艺术生产者须加强对市场格局的观察和对文化时尚的研究，力求做到因人而异，提供丰富且多样化的产品，分别满足不同层次的人们的精神需求。可以说，未来艺术生产的精准定位是艺术生产发展的必经之路。

就当代中国而言，由于地域和经济发展上的差异，特别是人们社会地位、审美观念和欣赏趣味的不同，对艺术产品的需求必然是多元的。其实，如今艺术生产已经开始尝试这种点对点的服务了。1979 年，邓小平在《在中国文学艺术工作者第四次代表大会上的祝词》中就提倡："雄伟和细腻，严肃和诙谐，抒情和哲理，只要能够使人们得到教育和启发，得到娱乐和美的享受，都应当在我们的文艺园地里占有自己的位置。英雄人物的业绩和普通人们的劳动、斗争和悲欢离合，现代人的生活和古代人的生活，都应当在文艺中得到反映。"① 这段话为文化的繁荣和艺术生产的个性化指明了方向。

---

① 邓小平：《在中国文学艺术工作者第四次代表大会上的祝词（一九七九年十月三十日）》，载《邓小平文选》第 2 卷，人民出版社 1994 年版，第 210 页。

精神产品是世界上最丰富的东西，冲破标准化批量化的桎梏，发展个性化的艺术生产是未来社会的常态。

（二）综合性与艺术生产

不同于传统的艺术创作，艺术生产是一个综合性的生产活动。就生产本身而言，尽管艺术生产保留着个体生产的某些特点，但团队协作已成大势，畅销书的运作，影视剧的策划和热播，特别是创意产业公司，都是以团队方式进行的。尤其是进入互联网时代以后，以信息技术为基础的艺术生产，将对艺术创作和艺术接受产生深刻影响，并极大地促进艺术的普及。随着艺术和互联网的携手，艺术创作日益成为大众的生活方式，生产者和消费者的身份开始模糊，每个人的生产都已具有一定社会性质的生产，"他的生命表现，即使不采取共同的、同他人一起完成的生命表现这种直接形式，也是社会生活的表现和确证"①，孤立的个人已不可能完成整个艺术生产的全过程。

就文学批评而言，当艺术生产成为一种重要的生产方式的情况下，艺术生产的运行机制就不仅仅体现在分配和流动所形成的产业链中，而进入更为广阔的综合性研究，艺术与文化、艺术与技术、艺术与贸易等都将进入艺术生产的研究视野，这些关系如何处理将在一定程度上制约或促进艺术生产的健康发展。

（三）公益性与艺术生产

在当今社会，资本的类型和盈利空间大大扩展，文化资本作为一种新型资本，成为市场的宠儿。为实现文学艺术的繁荣，既要善于运用市场的机制以增强艺术生产的活力，又应避免市场的盲目性和无序性，这就需要在体制和机制上开拓创新，培育健全成熟的文化市场，使艺术生产在受到市场制约的同时有所超越。在这个过程中，艺术生产的公益性被提上议事日程。对于一些"曲高和寡"的高雅或严肃的艺术产品，公共财政需要扶持。除必要的

---

① 马克思：《1844年经济学哲学手稿》，载《马克思恩格斯文集》第1卷，人民出版社2009年版，第188页。

审核和审查之外，有关决策部门应该鼓励和资助那些严肃的、有创意的艺术生产活动，给予创作者以勇气、信心和机会，特别是对于一些精品力作需要有足够的耐心支持艺术家长期潜心创作。同时，国家及相关机构也应该对一些非营利的公益性的文化部门如博物馆、图书馆等给予相应的财政支持，通过普及公共文化设施以提高受众的文化素质。与此相应的是，中国形态应以积极的姿态参与到整个艺术生产活动中，用一种新的审美理念去正视市场经济条件下艺术生产的性质和发展，促使艺术生产与艺术消费的良性循环，用"批评的力量"影响和指导人们对文学艺术现象的判断。

高科技的迅猛发展和互联网的普及，为人们自由地发展自己的才能和志趣提供了广阔的平台和空间。如果说资本主义生产方式条件下的艺术生产是以人的异化为代价的话，那么，理想的艺术生产的目的就是为了人的全面解放，使艺术能力成为每个人多方面能力的一种。可以设想，当分工不再成为一种强制，当越来越多的人可以在艺术领域里享受充分展示才能的快乐时，文学的资本属性将会逐渐淡化，而这样就与马克思所设想的人的全面自由解放联系起来了，这正是当代文学活动的目标和发展方向。

第七章　中国形态的价值判断研究

　　文学批评的价值判断即对文学作品作出评价。坚持文学批评的价值判断既是马克思主义文学批评与生俱来的使命，又是当代中国社会和文化建设之必需。文学批评要发挥对现实的影响力，就需要通过评价文学作品对社会发声，在重塑社会理想的过程中帮助公众反思自身。

　　价值判断中价值的内涵虽然与马克思主义哲学、政治经济学有一定关联（经典马克思主义在研究价值问题时涉及主客体关系，其中就表达了价值选择的倾向），但其含义更接近马克思关于价值的词源考证，其含义是"可敬的，有价值的，贵重的，受器重的"[①]。中国形态的价值判断重建主要围绕人的全面解放展开，探讨文学作品的多种价值维度。我们希冀通过对价值判断这一问题的研究，建立以马克思的社会理想为基础的中国形态的价值判断维度，更好地维护和推动中国社会和文化的健康发展。

第一节　文学批评呼唤价值判断

　　在当今中国文坛，文学批评的价值判断功能受到严重挑战，中国文学批评一度面临着价值失范的困惑和话语权的焦虑。关于文学批评的价值判断重

---

①　马克思曾对"价值"一词的各种文字 Value（英文）、Valeur（法文）、Wert（德文）等作过词源学的考察，发现"价值"一词词义的表述在不同语种中有所差异，"价值"（Wert）这个词最早与梵文 Wer 有关，由 Wer 派生出的德文、英文、荷兰文、立陶宛文以及哥特文、古德文、盎格鲁–撒克逊文，含义是"可敬的，有价值的，贵重的，受器重的"。（参见《马克思恩格斯全集》第 26 卷第 3 册，人民出版社 1974 年版，第 327 页。）

建的问题成为中国文学批评界又一个不可回避的现实课题。

一、当今价值判断的弱化和迷失

尽管文学批评的价值判断十分重要且无处不在，但从批评实践看，当代文坛文学批评的价值判断功能弱化甚至迷失是不争的事实，其主要表现为以下三种情况。

（一）价值判断的缺席

价值判断的缺席这一现象主要表现为只关注文学的娱乐性而价值判断处于失语状态，或者说文学批评自动放弃了对精神层面的揭示和追求。"这是一个娱乐之城，在这里，一切公共话语都日渐以娱乐的方式出现，并成为一种文化精神。我们的政治、宗教、新闻、体育和商业都心甘情愿地成为娱乐的附庸，毫无怨言，甚至无声无息，其结果就是我们成了一个娱乐至死的物种"①，甚至面对完全忽视人的尊严的作品，如有些影视和"行为艺术"，表现的对弱者的嘲弄或展示一些令人作呕的血腥场面，文学批评也似乎与市场形成合谋，躲避崇高，消解理性价值。若民众思想沉沦、良莠不分，丧失思考力和价值判断的能力，整个社会必然堕落。

（二）价值判断的失范

如果说文学批评的缺席主要受金钱的摆布而趋向娱乐的话，那么第二种情况——价值尺度的失范就不是空缺而是泛滥了。它主要表现为对作品的一些颠倒黑白或奇谈怪论的评价，失去了基本的批评伦理。由于当今自媒体的便利，每个网民都可以成为评论家，这既有促使文学批评普及的一面，又有泥沙俱下的一面。有的人为博眼球，在网上故作惊人之语，对作品的评价滑稽可笑。还有些评论牵强附会，不负责任，基本价值观念被消解乃至被颠倒，甚至有些评论是对政治和道德的绑架。

---

① ［美］尼尔·波兹曼：《娱乐至死》，章艳译，广西师范大学出版社 2004 年版，第 4 页。

（三）价值判断的弱化

第三种情况又与第二种不同，文学批评似乎是以一种正面的布道者的形象出现，但其评述往往缺乏足够的说服力，对现实问题的阐释能力弱化，或者说给人以苍白或虚假的感觉。有些评论读起来气壮如牛，但通篇空洞无物；而还有一些说教则不仅不能给人以启迪，反而让人觉得面目可憎。

这些情况都表明，我们的文学批评正在丧失价值判断的能力。若取消了对文学的评判，不仅整个文坛良莠不分，而且构成了文学批评存在的合法化危机。

二、价值判断缺失的现实语境

关于价值判断缺失的问题须放在当代语境下加以探讨。20 世纪 80 年代以来，文学批评面临着与以往非常不同的文艺状况、社会现实和文化格局。随着西方各种批评方法的涌入和市场经济带来的物质诱惑，文学批评中的价值判断一度被放逐，故在对作家作品的评价上出现了一系列问题，这些问题的出现需要逐一加以审视和辨析。

（一）阐释优先对价值判断的回避

从批评理论的角度看，阐释功能和价值判断功能是文学批评最主要的两种功能。20 世纪后期，出于对庸俗社会学的反感，加上众多西方文学批评方法的引进，文本阐释一度成为文学批评最突出的功能，中国文学批评领域出现了"解释的狂欢"。阐释优先导致了对价值判断的冷落和回避。

西方 20 世纪诸多文学批评流派的一个突出特点就是阐释优先。尽管这些批评流派在批评主张和批评方法上不尽一致，但都从不同角度表现出对语言的兴趣和对阐释的青睐。如新批评推崇语义分析，突显批评的阐释功能，燕卜逊的《含混七型》一书对诗歌语言多义性的解析就是其中最为典型的代表之一。弗洛伊德的精神分析则是一种充分阐释作家作品潜在的无意识和性欲的批评模式，而在对作家作品无意识特别是性本能的阐释中，几乎没有道德评价、历史评价和社会评价的位置。解构主义批评更是将阐释作为旗帜，它所做的无非就是以文本为轴心的永无止境的阐释。米勒曾表示："'解构主义'既非虚无主义，亦非形而上学，而只不过就是作为阐释的阐释而已。"① 文学批评成为没有终点的"播散""踪迹"。连主张恢复历史维度的新历史主义批评也认为，鉴于语言的虚构性质，历史是解释的而不是发现的结果。

除突出文学批评的阐释功能外，这些文学批评方法还构成了观照文学作品的不同维度，从而在一定程度上形成了文学价值判断的多重性。如标举语义分析的新批评致力于诗歌语言语义的开掘，而结构主义则探寻着故事下面的结构，女权主义批评则突出性别的优势和反抗，还有把意义交给读者的接受美学和读者反应批评，以及主张复数的小历史叙述的新历史主义批评，如此等等。这些文学批评流派及其所具有的文学批评方法犹如多棱镜一般反射出了文学作品的不同层面、不同色彩，促使文本意义的多样性乃至游移不定。而文本多重意义的呈现实际上构成了对文学批评价值判断的混乱。

这些批评方法是否真远离了价值判断？答案是否定的。只要仔细推敲和深入分析，就会发现每种批评方法都暗含了价值判断，且不论女性主义批评、新历史主义批评、后殖民批评这些意识形态鲜明的批评流派具有价值判断，单说那种明确表示只是阐释不作价值判断的精神分析批评，它的这一表态本身就内含一种立场和态度，并且精神分析本身就是通过对理性和道德的颠覆来实现其批评理念的，用弗洛伊德自己的话说，无意识和性本能这两个命题与"理性的成见"和"道德的或美育的成见"相冲突，因此"最足以触怒全人类"②。即使标举文本自足性的结构主义和解构主义批评本身，也非完全没有价值判断，前者是对现实的逃避，其口号"结构、结构，就是不要战斗"，即通过从现实回到语言的"象牙塔"中以显示对现实的疏离，而后者则通过解构一切来表现对现实的反抗。从这个意义上，阐释本身就有价值判断，正如赫什所说："文学评论中唯独不可避免的价值判断即必然隐含在阐

---

① ［美］J.希利斯·米勒：《作为寄主的批评家》，老安译，载王逢振等编：《最新西方文论选》，漓江出版社 1991 年版，第 167 页。

② ［奥］弗洛伊德：《精神分析引论》，高觉敷译，商务印书馆 1984 年版，第 8 页。

释中的价值判断。"① 至于多种批评方法观照下的文本所呈现的不同意义和变化则只能说明这些阐释都具有判断的意味,只是哪些阐释更为合理而已。也正是基于文学批评的现状,建构一套既有主导性又有兼容性的价值判断体系就成为中国形态的当务之急。

(二) 多元价值观对价值判断的冲击

除文学批评本身的原因导致价值判断的多样和含混外,市场经济和后现代思潮也对文学批评的价值判断造成了较大的冲击。当今社会金钱拜物教盛行,人们的价值追求、心理状况都在发生变化,对经济、物质生活的追逐在某种程度上超过了对知识、精神的追求,不择手段地挣钱被视为当然。同时,市场经济的发展正在改变社会的文化需求与格局。随着大众文化的兴起和文化产业的商品化趋势,当代文坛更趋向于娱乐性的文化消费,出现了重感官与舆论效应的综艺价值取向。特别是在西方后现代思潮的影响下,传统的道德理想和审美尺度遭到消解,如在对待爱情、婚姻和家庭关系上,往往有不同的价值取向。"白头偕老"是一种美谈,而"不欢又不散、不即又不离"是否就道德呢? 当代社会的这些"文化症候"必然会波及文学批评,由此带来当代中国文学批评价值判断上的困境。

尽管如此,文学批评在市场经济条件下是否真的不能对文学作品作出价值判断呢? 这个问题同样需要作具体辨析。应该说,虽然市场经济中对金钱的膜拜具有与精神生产相敌对的一面,但市场经济也为艺术生产提供了条件,并且成熟的市场经济可以对人们的价值判断起到规约作用。因此,文学创作和批评中价值观的削弱不能完全归因于市场经济。同理,将价值判断的失衡归结为后现代思潮的冲击也有失公允。后现代所倡导的多元平等给人们带来了选择的自由,在一定程度上表现出对人的尊重和解放,在多元价值观面前,最重要的是主体的判断和选择。

归根结底,对主体的要求就成为价值判断的前提。价值判断的缺失更多的是与人性中的弱点有关,特别是原始资本积累时期所导致的良心丧失,用

---

① [美] 约·舒尔特-萨斯:《文学评价》,载 [加] 马克·昂热诺等:《问题与观点——20 世纪文学理论综论》(修订版),史忠义、田庆生译,河南大学出版社 2010 年版,第 287 页。

鲁迅的话说，即需要反思"国民性"问题。构建文学批评价值判断的重点就在于建立一种合乎人性的最高的"善"，帮助国人反思自身的存在方式，形成一种有序的自我约束和互相约束的机制。

三、重建价值判断的必要性

针对中国当今文学创作和批评的价值判断缺失和失范的问题，我们不得不再次正视文学批评价值判断的必要性。文学批评价值判断的消退和失范固然有诸多原因，但中国的文学批评家也需要自省，价值判断的缺失与文学批评界没有很好地重视和研究文学批评的价值问题不无关系。面对大众文化的崛起、批评方法多元化带来的融通困难，以及文化研究对传统研究范式的冲击，中国形态迫切需要通过确立新的批评理念和研究标准，以提高应对现实挑战的能力。

文学批评的价值判断是文学批评实现自身存在和价值的一种方式。价值判断是文学批评的应有之义。文学批评要发挥作用，就离不开对文学作品的价值判断。中国马克思主义文学批评尤其需要价值判断，这是与马克思主义文学批评的性质分不开的。作为一种与社会有着密切关系的批评类型，文学批评的价值判断提示我们，不应该过分注重文学批评在方法上的革新，而更应该关注其与生俱来的使命感和责任感。

文学批评价值判断的重建也是当今文化建设之必需。价值判断体现了文学批评对文学创作的引导作用，直接关涉社会的健康发展和文化需求，因此就不再仅限于文学批评的范围了，而是进入中国文化建设的轨道。就文学作品而言，它不仅能给人以精神愉悦，而且能潜移默化地改变人的精神世界。文学批评价值判断的最重要的功能就在于推动和传播精神文化生产和消费，帮助人们更好地认识世界，认识自身，并激发向善的追求。中国形态的价值判断也是民族振兴的需要。如何提升国民素质，文学有着不可推卸的责任。笔者非常赞同这一观点，中国现代化所追求的不仅仅是富国强兵，更是核心价值的重建和文化精神的提升。从这个意义上，对文学作品作出恰当的价值判断对于人们的思想和行为具有影响和导向作用。

简言之，坚持文学批评的价值判断对于弘扬民族优秀文化传统，增强文化认同，提升民族自豪感和凝聚力，提高各族人民的文化素质都具有重要意义。而如何避免那种苍白无力或面目可憎的价值判断，就需要提供理论上的思考，也正是价值重建的意义所在。

第二节　马克思恩格斯的社会理想与价值判断

面对当今文学创作和批评的价值判断缺失和失范，重建文学批评的价值判断就成为必需。而价值判断的建构与社会理想直接相关。如果社会理想缺失，就会直接导致文学创作和批评中的价值观念混乱，乃至整个社会的沉沦。因此，构建什么样的社会理想，这个问题就不仅是文学创作和文学批评应该思考的问题，而且是对整个社会的拷问。

社会理想一般指对未来美好生活的设计和向往。历史上中外哲人为了探寻人类的幸福，曾设计过人类社会的多种理想状态。如柏拉图建立了"理想国"，莫尔塑造了"乌托邦"，中国的陶渊明构想了一个"桃花源"，近代的一些仁人志士则向往"大同世界"。这些思想家和文人点燃了人们对未来的憧憬，但有些设计过于理想化和虚幻化，大多囿于蓝图中，鲜有遵循这些社会理想所从事的变革现实的实践。

要讨论社会理想仍然需要回到经典马克思主义，是马克思恩格斯使社会主义从空想变为科学，他们的社会理想就内含一种价值论的立场。马克思恩格斯关于社会理想的观点主要见于《1844年哲学经济学手稿》《德意志意识形态》《神圣家族》，尤其是在《共产党宣言》中，他们的社会理想是在同"真正的社会主义"等派别的论争中形成和阐明的。① 与那些脱离实际高高在上的理论主张不同，马克思的社会理想是与无产阶级的终极目标和革命斗争实践紧密相连的。"马克思主义有一种理想因素，即暗含着价值设定和终极目

---

① 恩格斯认为："真正的社会主义""主张靠'爱'来实现人类的解放，而不主张用经济上改革生产的办法来实现无产阶级的解放，一句话，它沉溺在令人厌恶的美文学和泛爱的空谈中了。"（参见《马克思恩格斯文集》第4卷，人民出版社2009年版，第275—276页。）

标；在具体情况中，这可以被定义为自由、幸福、美好社会、共产主义。"①
我们要讨论的价值重建正是基于经典马克思主义的社会理想，即对资本主义
制度的批判和对未来特别是对人性完善的追求。

一、对资本主义的批判和超越

经典马克思主义的社会理想具有历史的向度，是在批判和超越资本主义
的基础上形成和发展的。在流寓巴黎时期，马克思阅读了英法等国主要思想
家有关政治和经济的著述，特别是接受了圣西门和傅立叶等人的学说，在此
基础上，马克思开始思考人类"往何处去"的问题。在后来的研究中，马克
思还通过对古希腊城邦国家的建制研究，还原未来社会的雏形。

（一）对资本主义制度的批判

马克思恩格斯是站在资本主义的对立面也就是从批判资本主义的立场来
阐述社会理想的，"消灭现存状况的现实运动"的批判精神是其重要环节。
在《德意志意识形态》中，马克思恩格斯指出："共产主义对我们来说不是
应当确立的状况，不是现实应当与之相适应的理想。我们所称为共产主义的
是那种消灭现存状况的现实的运动。这个运动的条件是由现有的前提产生
的。"②也就是说，经典马克思主义的社会理想是立足现实社会，以批判当时
的"资产阶级社会以及相应的物质生活条件和相当的政治制度为前提的"③，
即通过对资本主义的批判推出一个新世界。

在《神圣家族，或对批判的批判所做的批判》中，马克思指出，资本主
义剥夺了无产阶级的一切，无产阶级必须反抗："由于在已经形成的无产阶
级身上，一切属于人的东西实际上已完全被剥夺，甚至连属于人的东西的外

---

① ［英］伯尔基：《马克思主义的起源》，伍庆、王文扬译，华东师范大学出版社 2007 年版，
第 13 页。
② 马克思、恩格斯：《德意志意识形态》，载《马克思恩格斯文集》第 1 卷，人民出版社
2009 年版，第 539 页。
③ 马克思、恩格斯：《共产党宣言》，载《马克思恩格斯选集》第 1 卷，人民出版社 2012 年版，
第 428 页。

观也已被剥夺，由于在无产阶级的生活条件中集中表现了现代社会的一切生活条件所达到的非人性的顶点，由于在无产阶级身上人失去了自己，而同时不仅在理论上意识到了这种损失，而且还直接被无法再回避的、无法再掩饰的、绝对不可抗拒的贫困——必然性的这种实际表现——所逼迫而产生了对这种非人性的愤慨，所以无产阶级能够而且必须自己解放自己。但是，如果无产阶级不消灭它本身的生活条件，它就不能解放自己。如果它不消灭集中表现在它本身处境中的现代社会的一切非人性的生活条件，它就不能消灭它本身的生活条件。"① 由于资本主义剥夺了"一切属于人的东西"，因此无产阶级革命就成为必然。同时，马克思对资本主义社会"非人性"的批判，对于我们反思自身的生存状况仍具有重要的启示意义。

与之相关的是异化劳动的问题。尽管马克思对劳动的性质在不同时期有过不同的理解和解释，但在资本主义条件下，马克思认为资本主义把劳动变成雇佣劳动，这是一种片面的劳动、非人性的劳动，即异化劳动。对于这些非人性的异化劳动，马克思给予了犀利的揭露和批判，他希望通过人的自由的、创造的活动取代雇佣劳动并逐步消除异化，实现劳动解放。批判异化劳动就成为经典马克思主义社会理想的一个重要组成部分。

（二）对资本主义的辩证超越

在批判现存资本主义制度的基础上，经典马克思主义的社会理想又表现出对资本主义的辩证性超越。马克思恩格斯是从资本主义现实和资本主义全球化的趋势中推断出共产主义社会到来的。事实上，共产主义社会是建立在以资本主义所创造的一切物质条件基础上，尽管它在最初阶段还往往带有它脱胎而来的那个旧社会的痕迹。"这个自由的社会的首要条件应当是现存社会的所有成就，尤其是它们在科学和技术方面的成就。这些成就一旦由屈从于压迫的奴婢地位解放出来，它们就会为消除全球的贫困与劳苦而竭尽全力。"②

---

① 马克思、恩格斯：《神圣家族，或对批判的批判所做的批判》，载《马克思恩格斯文集》第1卷，人民出版社 2009 年版，第 261—262 页。

② ［美］赫伯特·马尔库塞：《审美之维》，李小兵译，广西师范大学出版社 2001 年版，第 98 页。

在未来社会里，随着生产力的极大发展和财富的大量涌现，造成人的发展片面性的旧的分工模式被淘汰，人们将摆脱那种终身固定于某种职业的桎梏，实现人的全面自由的发展。恩格斯在《共产主义原理》中这样描绘共产主义："由社会全体成员组成的共同联合体来共同地和有计划地利用生产力；把生产发展到能够满足所有人的需要的规模；结束牺牲一些人的利益来满足另一些人的需要的状况；彻底消灭阶级和阶级对立；通过消除旧的分工，通过产业教育、变换工种、所有人共同享受大家创造出来的福利，通过城乡的融合，使社会全体成员的才能得到全面发展，——这就是废除私有制的主要结果。"① 恩格斯指出的未来社会颇让人们激动。

经典马克思主义的社会理想不是靠空喊就能实现的。马克思恩格斯把共产主义作为一种"现实的运动"，而这种运动需要一代又一代人不断努力。幸福是靠奋斗出来的，正是社会实践才使社会理想真正与人发生联系。社会理想也只有得到大多数人的信奉并身体力行，社会才有凝聚力。而在这个过程中，"无产者在这个革命中失去的只是锁链。他们获得的将是整个世界"②。

二、马克思论人的全面发展

马克思恩格斯社会理想的核心是人的解放和全面发展，在《1844 年经济学哲学手稿》中讨论私有财产与共产主义时，马克思指出，共产主义是使"人以一种全面的方式，就是说，作为一个完整的人，占有自己的全面的本质"③。在后来的《资本论》中，更是明确提出共产主义社会是"一个更高级的、以每一个个人的全面而自由的发展为基本原则的社会形式建立现实基础"④。

---

① 恩格斯：《共产主义原理》，载《马克思恩格斯文集》第 1 卷，人民出版社 2009 年版，第 689 页。
② 马克思、恩格斯：《共产党宣言》，载《马克思恩格斯选集》第 1 卷，人民出版社 2012 年版，第 435 页。
③ 马克思：《1844 年经济学哲学手稿》，载《马克思恩格斯文集》第 1 卷，人民出版社 2009 年版，第 189 页。
④ 马克思：《资本论》第 1 卷，载《马克思恩格斯文集》第 5 卷，人民出版社 2009 年版，第 683 页。

（一）人是社会关系的总和

依据唯物史观的基本原理，马克思恩格斯关于人的研究主要不在于人的自然属性而在于人的社会属性。在《关于费尔巴哈的提纲》中，马克思指出："人的本质不是单个人所固有的抽象物，在其现实性上，它是一切社会关系的总和。"①任何个体都不可能孤立存在，而是处在复杂的现实关系之中。"一个人的发展取决于和他直接或间接进行交往的其他一切人的发展……单个人的历史决不能脱离他以前的或同时代的个人的历史，而是由这种历史决定的。"②要理解人的本质和文学的价值，需要从现实出发，并以对社会关系的了解为前提。"人不是抽象的蛰居于世界之外的存在物。人就是人的世界，就是国家，社会。"③因此，"马克思的人学研究个人，不是从个人研究个人，而是在社会关系中研究个人"④。

并且，作为社会的人，即使与自然界发生关系，也存在一种社会关系，因为与自然斗争也要凭借社会的力量，即为了实现人与自然的关系而结成人与人的关系。"自然界的人的本质只有对社会的人来说才是存在的；因为只有在社会中，自然界对人来说才是人与人联系的纽带，才是他为别人的存在和别人为他的存在，只有在社会中，自然界才是人自己的合乎人性的存在的基础，才是人的现实的生活要素。"⑤有人从生物学的角度谈论妇女，认为妇女问题不是社会问题，而是"性别问题"，恩格斯指出，这样的妇女是"失掉一切'历史发展'特点的'妇女'"，并用嘲讽的语气说："那就让巴尔先生把这个'容易感触到和看清楚的'雌类人猿，连同其一切'自然本能'抱进自己的被窝里去吧。"⑥恩

---

① 马克思：《关于费尔巴哈的提纲》，载《马克思恩格斯文集》第1卷，人民出版社2009年版，第505页。

② 马克思、恩格斯：《德意志意识形态》第1卷，载《马克思恩格斯全集》第3卷，人民出版社1960年版，第515页。

③ 马克思：《〈黑格尔法哲学批判〉导言》，载《马克思恩格斯选集》第1卷，人民出版社2012年版，第1页。

④ 袁贵仁：《马克思的人学思想》，北京师范大学出版社1996年版，第17页。

⑤ 马克思：《1844年经济学哲学手稿》，载《马克思恩格斯文集》第1卷，人民出版社2009年版，第187页。

⑥ 恩格斯：《致保尔·恩斯特（1890年6月5日）》，载《马克思恩格斯全集》第37卷，人民出版社1971年版，第412页。

格斯认为，妇女问题同样受到经济和历史的影响。

基于人与社会存在种种关系，经典马克思主义社会理想中的自由是一种处于社会关系中的自由，即人在与他人的关系中需要有相应的契约，用马克思的话说："这种自由使每个人不是把他人看做自己自由的实现，而是看做自己自由的限制。"① 也就是说，人的自由不是为所欲为，而是以规则和契约为前提的。马克思的这一论述很好地解释了人的自由与社会契约的辩证关系，个人自由的前提是不妨碍他人。

（二）每个人而不是"一个人"

作为社会的人，他又是特定的、具体的，是在一定社会关系中从事实践活动的人。这一点是经典马克思主义与黑格尔的重要区别。黑格尔在谈到人的时候，指的"不是具体的东西，而是抽象的东西，即观念、精神等等"。② 马克思恩格斯明确表示："我们的出发点是从事实际活动的人，而且从他们的现实生活过程中还可以描绘出这一生活过程在意识形态上的反射和反响的发展。"③ 具有社会属性的人"首先应当避免重新把'社会'当做抽象的东西同个体对立起来。个体是社会存在物。因此，他的生命表现，即使不采取共同的、同他人一起完成的生命表现这种直接形式，也是社会生活的表现和确证"④。

在《共产党宣言》中，马克思提出了人们非常熟悉的一句话："代替那存在着阶级和阶级对立的资产阶级旧社会的，将是这样一个联合体，在那里，每个人的自由发展是一切人的自由发展的条件。"⑤ 这里有两层含义：一是强调"每个人"为一切人的基础，没有每个人，也就没有一切人；二是每

---

① 马克思：《论犹太人问题》，载《马克思恩格斯文集》第 1 卷，人民出版社 2009 年版，第 41 页。

② 马克思、恩格斯：《神圣家族，或对批判的批判所做的批判》，载《马克思恩格斯文集》第 1 卷，人民出版社 2009 年版，第 265 页。

③ 马克思、恩格斯：《德意志意识形态》，载《马克思恩格斯文集》第 1 卷，人民出版社 2009 年版，第 525 页。

④ 马克思：《1844 年经济学哲学手稿》，载《马克思恩格斯文集》第 1 卷，人民出版社 2009 年版，第 188 页。

⑤ 马克思、恩格斯：《共产党宣言》，载《马克思恩格斯选集》第 1 卷，人民出版社 2012 年版，第 422 页。

个人又需要形成一个"自由的联合体"，人作为社会的产物，不可能只存在一个孤立的个人，就如同一个数字没有意义一样。经典马克思主义的社会理想的前提是每个人的自由发展，而每个人的自由发展则与一切人的自由发展联系在一起。需要特别强调的是，这里的每个人不是"一个人"，关于这一观点，马克思在《〈黑格尔法哲学批判〉导言》中的一段话可以作为注脚："希腊哲学家中间有一个是西徐亚人①，但西徐亚人并没有因此而向希腊文化迈进一步。"②一个西徐亚人不可能代替他的族人全部迈进希腊文化，马克思关于每个人不是"一个人"的理论需要引起关注和进一步研究。

（三）人的全面解放不能脱离感性

马克思所说的人的全面解放不仅希望通过人的自由的、创造的活动取代雇佣劳动，而且指出的是人的全面解放。在《1844年经济学哲学手稿》中，马克思指出，人的解放"不应当仅仅被理解为直接的、片面的享受，不应当仅仅被理解为占有、拥有。人以一种全面的方式，就是说，作为一个完整的人，占有自己的全面的本质。人对世界的任何一种人的关系——视觉、听觉、嗅觉、味觉、触觉、思维、直观、情感、愿望、活动、爱，——总之，他的个体的一切器官"③等等，都在此列。这就是说，人的解放不仅仅指人的现实解放，即改造不合理的现实社会关系，占有物质和获得生存自由；也不限于摆脱精神上的束缚压抑，拥有自由意志。人的解放必须包括感性的解放，即"人的一切感觉和特性的彻底解放"④。人类不仅需要创造对象世界的丰富性，而且也需要创造与此相适应的感觉的丰富性，在现实的感性生活中肯定自己。

在今天，在"计算、度量、利润等占主导的金钱交易中"（詹姆逊语），强调感性的解放具有现实的针对性。人们身处喧嚣急躁的社会之中，受财富

---

① 莎士比亚《哈姆莱特》第3幕第1场中的人物。——引者注

② 马克思:《〈黑格尔法哲学批判〉导言》，载《马克思恩格斯选集》第1卷，人民出版社2012年版，第9页。

③ 马克思:《1844年经济学哲学手稿》，载《马克思恩格斯文集》第1卷，人民出版社2009年版，第189页。

④ 马克思:《1844年经济学哲学手稿》，载《马克思恩格斯文集》第1卷，人民出版社2009年版，第190页。

和权力的影响，往往忽视个人的内心修养，而后者对人来说更为重要。当然，强调人的感觉的丰富性并不是任凭情感泛滥，欲望横流，而是更新个人的感性活动，真正实现人的身心和谐。

为了创造"具有丰富的、全面而深刻的感觉的人"①，马克思还提出"人也按照美的规律来构造"②的思想，这就与审美联系起来了。文学活动作为一种审美活动，在人的感觉的解放上具有不可替代的作用，"在发展人的精神生活，完善人性的建构，促使'人的复归'的过程中，起了一种其他任何东西都无法代替的作用"③。它可以使人们在创造性的、快乐的劳动中获得"有音乐感的耳朵、能感受形式美的眼睛"④。而审美过程所体现的自由和愉悦将成为实现完整的人的重要前提。

马克思对社会理想的阐述虽有不同的角度，但其特性是非常鲜明的，即以人类的全面解放为愿景。有人认为马克思的社会理想是不可实现的"乌托邦"，这需要商榷。马克思的社会理想是立足对资本主义制度的批判来展望社会发展趋势的，具有强烈的现实感，这也正是马克思主义区别于仅着眼于未来的空幻的"乌托邦"之处。同时就理想而言，它本身就是一个不在场的存在，这正是理想的魅力。马克思在《资本论》第3卷谈论"自由王国"时也是把它置于此岸性的物质生产领域的"彼岸"，这样它才能成为鼓励人们向上的一种指南，再则，正因为经典马克思主义的社会理想与现实存在距离，所以才需要反思，才需要奋斗。经典马克思主义的社会理想既是改造社会的理论预设和前瞻，又可指导和转化为人的历史创造活动，而这正是真正的马克思主义者与那些主要在文化或语言领域寻求变革的形形色色的马克思主义者的区别所在。在这个意义上，伊格尔顿明确表示"马克思主义并没有过时"。

---

① 马克思：《1844年经济学哲学手稿》，载《马克思恩格斯文集》第1卷，人民出版社2009年版，第192页。

② 马克思：《1844年经济学哲学手稿》，载《马克思恩格斯文集》第1卷，人民出版社2009年版，第163页。

③ 童庆炳：《文学审美特征论》，华中师范大学出版社2000年版，第246页。

④ 马克思：《1844年经济学哲学手稿》，载《马克思恩格斯文集》第1卷，人民出版社2009年版，第191页。

理想的实现是一个过程，既然人性的复归体现为不断追求人性完善的现实性过程，那么人性的不完善在一定意义上就是绝对的了。人性有诸多弱点，需要不断地揭露和抨击，这恰是中国形态的价值判断需要格外关注和审视之处。鉴于人性的完善是一个永无止境的过程，所以人的解放始终处于对生命和生活意义的追问中。

第三节　中国形态与价值判断维度的重建

经典马克思主义的社会理想不仅揭示了人类社会发展的必然趋势，而且为中国形态的价值判断提供了理论支撑。不过，经典马克思主义的社会理想虽然指向未来，但毕竟受到当时或之前的历史语境的制约和影响。今天的中国社会发展迅猛，社会结构发生了很大变化，"我国社会主要矛盾已经转化为人民日益增长的美好生活需要和不平衡不充分的发展之间的矛盾"[①]。这一主要矛盾的转化成为中国形态发展马克思主义社会理想的契机。如今，对建设文学批评价值判断的呼声愈加强烈，中国形态大有可为，体现在批评理论建设上，就是对价值判断的维度作出新的设想和阐释。

一、价值判断的三个维度

关于文学批评的价值判断维度，不少学者有过专门的研究和探索，并列出了文学作品价值的多个层面和多个维度。不过，若面面俱到，将是一个极为广阔和复杂的天地。中国形态的价值判断重建将以马克思恩格斯的社会理想为内核和基准，从文学作品是否满足人民群众的精神文化需求、是否有利于促进人的全面发展、是否符合人类社会的发展趋势等方面来考察文学作品

[①]　习近平：《决胜全面建成小康社会　夺取新时代中国特色社会主义伟大胜利——在中国共产党第十九次全国代表大会上的报告》，人民出版社 2017 年版，第 11 页。

价值的合理性和优劣。具体来说，拟将价值判断的价值域设计为三个基本维度，即人的维度、社会维度和审美维度，以期从核心要素中抽取具有普遍性的价值因素，形成一套主导且兼容的价值判断体系。

（一）人的维度

文学批评的主要对象——文学作品的价值是一个多因素的复合体，但其核心因素是人和人的生活。价值判断重建的人的维度从起点到终点都是围绕人的活动来开展的，它要从文学批评中凸显出"人"来。尽管"文学可以伴随着社会的政治、经济、文化、语言、艺术、科技的变化而变化，可以不断出现种种前所未有的形态和样式。但有一点是不会改变的，文学是为了人而创造的，是为了不断提高人的自我认识、提升人的生存状态和精神境界而存在和发展的"①。需要重申的是，人的维度的"人"既不是大写的抽象的人，又不是某个"个人"，而是"自由人的联合体"。并且这里的"人"是现实的人、具体的人，是有七情六欲的人。昆德拉说"哲学和科学忘记了人的存在"②，而文学恰是对人的存在的弥补，文学作品是否有利于人的自我觉醒和自我反思成为价值判断中的人的维度的尺度。

人的维度首先考察的是对人的生命的尊重、对人的尊严的维护和对公平正义的追求。这些都关乎生命的价值和人生的意义，这是批评家的底线。"人性中似乎有一种不会轻易向那些厚颜无耻的权力低头的勇气"③，这就是人的尊严。一些伟大的作品之所以具有恒久的价值和超越性，就在于它充盈着对人的尊严的维护和高扬。如果文学作品完全漠视人的生命和尊严，毫无敬畏之心，那理所当然地应该受到批评甚至抵制。

从尊重生命这个角度看，未来主义的右翼代表马里内蒂（Filippo Tommaso Marinetti）的《埃塞俄比亚殖民战争宣言》对战争的称颂就应遭到抨击。他是这样描写战争的："战争是美的，因为它借助防毒面具、令人生畏

---

① 狄其骢、王汶成、凌晨光：《文艺学通论》，高等教育出版社 2009 年版，第 51 页。
② [捷] 米兰·昆德拉：《小说的艺术》，孟湄译，生活·读书·新知三联书店 1992 年版，第 3 页。
③ [英] 特里·伊格尔顿：《马克思为什么是对的》，李杨等译，新星出版社 2011 年版，第 86 页。

的扩音器、喷火器和小型坦克，建立了人对他所征服机器的统治；战争是美的，因为它实现了人们使躯体带上金属光泽的梦想；战争是美的，因为它使机关枪火焰周围缀满了一片茂密的草坪；战争是美的，因为它把步枪的射击、密集的炮火和炮火间歇，以及芬芳的香味和腐烂的气味组合成了一首交响曲。"①

无论未来主义在文学艺术史上的地位如何，也无论战争对促进科技腾飞起到了多么强有力的作用，但从对生命的尊重的角度来衡量，这些颂词都是很难苟同的，因为这个《埃塞俄比亚殖民战争宣言》完全无视千万人的生命。并且马里内蒂在对战争的礼赞中已经没有了正义与非正义的区别，混淆了崇高与卑劣。如今这种带有法西斯美学倾向的影片在电影市场有所抬头，有些影片宣扬或美化杀戮，一枪爆头变成了"烟花绽放"，甚至有的电影借助"灭霸"式的人物通过随机消灭一半的生物来维系宇宙平衡。这些影片缺乏起码的对生命的尊重、怜惜、敬畏，若用中国形态的人的维度来衡量，都应该在抵制之列。

对人的生存状态的考量和反思是人的维度的又一个重要方面，这一维度主要围绕人的生存境遇展开，考察文学作品对人的描写是否合理，表现的是对人性的伸张，还是压制甚或扭曲。有些作品揭示了恶劣环境下人性的坚韧和善良，激发人们对美好未来的向往；有些作品尽管展示的是人生的荒诞，但它却促使人们惊醒和反思。反观有些作品，取笑弱势群体以博一笑，这类作品就其主导价值而言是不被认可的。

人的维度的更高追求是人的全面解放。根据马克思的社会理想，人的全面解放包括人的社会解放、精神解放和感觉解放，这个层次体现了批评家在对待社会和文学作品时的超越性。培养人们的高尚的情操和提升人们的审美趣味，这是文学和文学批评的神圣职责。就文学批评而言，批评家可以通过对作品的价值判断来影响人们的情操，提高人们的审美素养和审美能力。在马克思看来，只有精神层面和感觉层面的解放才能实现真正的解放。尤其在当今，要想过有尊严有梦想的生活，仅靠物质丰裕是远远不够的。

---

① 转引自［德］瓦尔特·本雅明：《摄影小史、机械复制时代的艺术作品》，王才勇译，江苏人民出版社 2006 年版，第 101 页。

　　这些方面构成了价值判断人的维度的主要方面。一部作品是否具有价值，与很多因素相关。不同风格和不同观念的文学作品，其价值也有差异。但其根本所在，就是考察它对人、对人生的态度如何。任何有助于实现人的全面发展的文学作品，就值得肯定和称赞，而任何不利于人的全面发展的作品，就需要辨析乃至批判。

（二）社会维度

　　价值判断的社会维度是将文学作品与社会历史联系起来。社会维度中的"社会"同样不是一个泛指的抽象概念，而是指特定历史时期的社会生活。文学作品是如何描写社会生活的，对社会生活的表现是否深刻，是否揭示出历史发展的必然性，是否有助于社会的进步，等等，是价值判断中的社会维度要考察的主要方面。

　　社会维度对作品的考察要求把文学作品置于特定时代和社会历史联系中，考察文学作品是否真实地描写现实关系，并且是否"对现实关系具有深刻理解"①。乔治·奥威尔（George Orwell）于 1945 年写的一篇文章《好的坏书》中批评了那种逃避现实的文学作品，认为有些作家虽然在艺术技巧上是一流的，但却不能长留于文学史的显著位置，而那些描写了特定时代生活的作品可能会流传得更长久。他说："我担保《汤姆叔叔的小屋》将比弗吉尼亚·伍尔夫或者乔治·莫尔的全部作品流传得更久远，尽管我不知道，从严格的文学标准判断，《汤姆叔叔的小屋》到底好在哪里。"② 这显然是从价值判断的社会维度来评价的，表明作为作家的奥威尔是很看重文学作品的认识功能的。

　　价值判断的社会维度不仅强调文学作品不能离开社会生活，更重要的是考察文学作品是如何描写社会现象，表达了哪些有价值的思想内容，如何表达人生哲理，等等。正如杜勃罗留波夫所说："真实是必要的条件，还不是作品的价值。说到价值，我们要根据作者看法的广度，对于他所接触到的那

---

① 马克思：《资本论》第 3 卷，载《马克思恩格斯文集》第 7 卷，人民出版社 2009 年版，第47 页。

② ［英］乔治·奥威尔：《好的坏书》，载《政治与文学》，李存捧译，译林出版社 2011 年版，第 265 页。

些现象的理解是否正确，描写是否生动来判断。"① 这里"作者看法的广度"
和对社会上"那些现象的理解"均属于价值判断的范围。如果一部作品除了
暴力和娱乐，显示不出任何有价值的思想，这类作品在价值判断上就会大打
折扣。正是从这一角度，杜勃罗留波夫对当时俄罗斯文坛上的一些不良倾向
作了尖锐的批判："有这样的作者，他们把自己的才能都献给歌颂色欲的场
面和各种放荡的行为；他们把色欲描写成这样子，如果人要相信他们，就会
觉得人类真正的幸福，只有在这里了。……还有另一批更加荒唐的作者，他
们歌颂穷兵黩武的封建领主底武功——这些领主使鲜血流成大河，烧毁城
市，掳掠自己的臣民。在对于这些强盗们赫赫武功的描写中，自然不会有彻
头彻尾的谎话；可是它们却被作者涂以这样的光彩，致以这样的赞美——这
些赞美清楚地证实，在这些歌颂它们的作者底心里，并没有什么人性的真实
的感情。由此可见，无论哪一种片面性和偏狭性都将妨碍艺术家去完整地观
察真理。"② 杜勃罗留波夫指出的问题在中国文坛也不同程度地存在，中国的
文学批评应该对宣扬暴力和展示色情的作品加以抵制。在当代社会，读者和
观众不仅希望从文学作品中看到对现实生活的关注，更希望文学承担起解决
自身精神困境的作用。

　　价值判断的社会维度必然要涉及作家的创作倾向，在创作中，作家无论
是欢呼或憧憬，愤怒或批判，怀旧甚或挽歌，都应以人民的利益为其基本价
值取向。经典作品之所以是经典，虽然与很多因素相关，但最核心和最基础
的则是里面所蕴含的思想，是对每个时代提出的问题的思考和回答，包括对
苦难的体悟、对生命的热爱、对历史的沉思、对理想的追求等。而有些作品
以横空出世的方式实现对过去的否定和颠覆，甚至躲避崇高；或者在某些已
经或即将失落的传统的精神价值上显示自己偏执的固守，作品犹如挽歌，这
些都需要在社会维度上加以审视。也正是在这些方面，显示出价值判断的必
要性。此外，作品所体现的作家思想的瑕瑜互见也需要具体分析。别林斯基
在分析普希金的作品时，一方面肯定《叶甫盖尼·奥涅金》是"俄国生活的

---

① [俄] 杜勃罗留波夫：《黑暗王国的一线光明》，载《杜勃罗留波夫选集》第 2 卷，辛未艾译，
　　上海译文出版社 1983 年版，第 362—363 页。

② [俄] 杜勃罗留波夫：《黑暗的王国》，载《杜勃罗留波夫选集》第 1 卷，辛未艾译，上海
　　译文出版社 1983 年版，第 274 页。

百科全书和高度人民性的作品"①，同时也指出了诗人在思想上存在平民与贵族的倾向奇怪地结合在一起的局限性。当然，文学作品中对生活的理解和评价通常包蕴在具体形象中，有些甚至连作家本人都未意识到。周扬在评价果戈理的小说《死魂灵》时说，当时俄国进步的知识分子看到果戈理《死魂灵》所描绘出来的地主对农奴的关系的恐怖真实，真切地感到废弃阻碍俄国发展的农奴制度已成为当务之急。而这正是果戈理《死魂灵》的价值所在，也许果戈理本人并没有意识到他的作品的力量。

（三）审美维度

审美维度同样是价值判断重建的重要组成部分，也是文学批评与其他人文社会科学活动的主要区别。审美维度不是纯个人的美学趣味，也不是完全没有高下之分的所谓"趣味无争辩"，而是批评主体根据文化传统、意识形态和时代特征对文学作品的审美价值所作的综合性判断。审美维度要考察的是文学作品是否具有艺术感染力和审美价值，具体包括作品是否具有美的结构和形式、作家艺术家的审美心理和创造精神如何等。此外，语言的表现力、构思的新颖性、技巧的多样性和风格的鲜明性等都属于审美维度的观照之列。

与对文学作品的政治、社会评价不同，审美维度侧重传递文学作品的美感。这就要求批评主体在评价作品时，也需要体验、感悟、想象，才能把自己对作品的感觉传达给读者，增加接受者审美快感的强度和深度。同时批评家也需要保持一定的心理距离，对情感加以控制。俞平伯先生在《〈人间词话〉序》中说："作文艺批评，一在能体会，二在能超脱。必须身居局中，局中人知甘苦；又须身处局外，局外人有公论。"说的就是这种情感距离。文学批评的任务要通过对作品的思想意蕴、结构技巧、文笔情趣等因素的分析，帮助读者充分感受作品的艺术价值。中国古代批评家常用形象比喻和意境描绘的方法，将作品的审美意蕴和批评者的美感领悟化为可触摸的形象画面。例如评谢诗用"出水芙蓉"、评颜诗用"错采镂金"就是很精当的表达。

---

① ［俄］别林斯基：《〈叶甫盖尼·奥涅金〉续》，载《别林斯基选集》第 4 卷，满涛、辛未艾译，上海译文出版社 1991 年版，第 628 页。

又如鲁迅的《狂人日记》发表后，起初不曾在文坛掀起波澜，后来茅盾发表了《评〈呐喊〉》一文，谈到了这篇小说的美感，使人们产生了一种别样的感觉。他说："只觉得受着一种痛快的刺戟，犹如久处黑暗的人们骤然看见了绚丽的阳光。这奇文中冷隽的句子，挺峭的文调，对照着那含蓄半吐的意义，和淡淡的象征主义的色彩，便构成了异样的风格，使人一见就感着不可言喻的悲哀的愉快。这种快感正象爱于吃辣的人所感到的'愈辣愈爽快'的感觉。"①

在引导人们领悟美的基础上，文学批评还需要辨别文学作品的审美品格，对作品的美丑作出判断，帮助人们形成健康的审美趣味。一位法国文学批评家在谈到理智的批评时说："批评的作用是什么呢？批评应该成为美的解释者，同时教给读者更好地区别美和更好地热爱美。"②小说评点家金圣叹曾说："吾最恨人家子弟，凡遇读书，都不理会文字，只记得若干事迹，便算读过一部书了。"③这种现象至今仍存在。审美维度应该通过分析和评价文学作品提高读者的审美欣赏能力，使读者从真正美好的东西中获得享受，激起人们创造美好生活的热情。同时，通过审美价值判断，抵制不良的或低级的审美趣味，如有些追求感官刺激的言情或打斗的作品。文学批评对这类作品应当从审美理想的角度给予必要的提示，使读者从声色之娱中走出来，净化和升华其审美趣味。

当代的审美价值判断受到来自多方面的严峻挑战，审美维度也不得不作相应调整。例如一些西方现代派作品，如法国新小说和意识流作品，它们往往打破时空常规，在叙事手法上出现多维和几何化的趋势，其作品犹如毕加索的女人肖像画，在同一幅人物面目特写上给出她的几个侧面。这些做法常常引起普通读者的不适，甚至出现审美反感。这些作品的背后其实有着深刻的社会原因和特异的艺术追求，价值判断的审美维度需要加以探讨和分析，以缓解读者与作品之间的紧张关系。又如那些标举非虚构的作品，它们通过对现实的逼真写照以拉近甚至泯灭与现实的距离。如何评价这些作品也给价

---

① 雁冰（茅盾）：《读〈呐喊〉》，《文学周报》1923年第91期。
② ［法］罗杰·法约尔：《批评：方法与历史》，怀宇译，百花文艺出版社2002年版，第250页。
③ 《金圣叹全集》（1），江苏古籍出版社1985年版，第22页。

值判断的审美维度带来了难题，有待在具体作品分析中加以探索。

人的维度、社会维度和审美维度虽各司其责，但实际上又是难以分割的，人的维度中就既有社会又有审美，社会维度、审美维度亦然，区别的目的只是从不同侧面构筑了价值判断重建的评价体系。不可否认，这些维度的设置并非尽善尽美，还存在一些矛盾和空白之处。例如，人性中的普遍性和特殊性的问题，如何评价那些超越特定社会内容和形式的艺术而今日仍被称为"经典"的作品，不同民族文化迥异的审美趣味是否存在优劣高低，等等，这些问题又构成了中国形态价值判断重建须进一步思考的契机。

二、价值判断与相关问题

价值判断不仅表现为共时的存在，而且也表现在历史的进程中。如果说上面三个维度构成了价值判断重建体系的共识部分的话，那么，当进入文学批评实践，就会发现价值判断的特殊性和复杂性，存在着价值的相对性和悖反性问题。因此，在对文学作品作价值判断时，需要在特定的历史语境下具体问题具体分析。关于这个问题，马克思在《资本论》第 1 卷指出："首先要研究人的一般本性，然后要研究在每个时代历史地发生了变化的人的本性"[①]。马克思主义经典作家关于"一般意义上的人性"和不同阶段的具体的人性的区分为解决价值判断的相关问题提供了方法论基础。

（一）价值判断与价值的相对性

文学价值的相对性是一个必然要碰到的问题，这种相对性是由评价主体、历史时期和文化环境特别是由文学作品本身的含混性决定的。在价值判断中，评价主体一般处于主导位置，不同主体出于不同的立场观念可能会对作品作出不尽相同的评价，出现多重评价并存的现象。尤其是不同文化背景的批评家，他们对作品的评价常常会因其历史传统和意识形态的差异而在作价值判断时大相径庭。不同时代的人们对作品的认识也会出现时代的差异，

[①] 马克思：《资本论》第 1 卷，载《马克思恩格斯文集》第 5 卷，人民出版社 2009 年版，第 704 页。

导致价值评判有所不同。同一作品因时代的变迁和主体立场的变化而声名鹊起或销声匿迹，也是文学史上的常态。再则，就文学作品而言，所体现的价值理念多种多样且富有个性。尤其是经典作品，不同时代批评家的解读往往不尽一致，在不断发掘新意的同时也可能出现某种程度上对意义的颠覆，越是伟大的作品越能体现出这一点。例如，海明威的《老人与海》就有"人可以被消灭但不能被打败"的硬汉精神和从中解读的"虚幻无益的自我求证"的虚无感，即以生命为赌注所获得的一堆鱼骨垃圾所显示的沮丧和荒诞。此外，不同民族和文化也会因其历史和传统的原因而对某些文学作品作出有歧义的价值判断，由此给价值判断带来相当的难度。

在对文学现象作价值判断时，须充分考虑批评主体的多样性、历史语境的具体性和文学作品的丰富性。对任何一部作品作价值判断，都需要与特定的历史时期和具体的批评实践结合起来。也许有些作品孤立或抽象地看，可以作出不同的判断，但是进入具体情境之后，还是可以分辨出妍媸好丑的。因此，从事文学批评的价值判断需要从特定的语境出发，作出恰当的价值判断。

（二）价值判断与价值悖反

中国形态价值判断中的另一个问题是文学作品所体现的价值本身所存在的悖反问题，也就是说，文学作品所体现的价值观念背后有反自身的因素，即肯定与否定同在。马克思很早就指出了这个问题。"在我们这个时代，每一种事物好像都包含有自己的反面。……我们的一切发明和进步，似乎结果是使物质力量成为有智慧的生命，而人的生命则化为愚钝的物质力量。"[①]的确如此，今天的人们在为高科技带来的新生活欢呼、在享受其带来的方便和舒适之时，也表现出对科技强烈的依赖性和各种能力的退化。

文学批评中价值悖反的突出例子是生态批评。生态批评作为探讨文学与自然环境之关系的批评，体现了对现代化的发展方式与生存方式的焦虑和批判·若生态批评走到极端，也可能与它的初衷相悖。在蕾切尔·卡森（Ra-

---

① 马克思：《在〈人民报〉创刊纪念会上的演说》，载《马克思恩格斯文集》第2卷，人民出版社2009年版，第580页。

chel Carson）的《寂静的春天》这部被誉为现代环保运动的发端之作的背后，我们看到的是由于禁用 DDT 而使非洲的上千万儿童死于疟疾。对立的成分总是在同一种子内发芽，日常生活中的现象包括文学作品在它存在之时就存在悖反的问题，包括常说的伦理道德，也不是永恒不变的。

（三）价值判断的普遍性

尽管中国形态的价值判断出现了一些错综复杂的问题，但内在的普遍价值仍是需要坚持的。一个文明的社会应该有一些需要共同遵守的社会公约，并拥有关于是非、善恶、美丑的基本价值尺度。文学批评也应如此，尽管文学作品可能见仁见智，也依然存在一些基本共识，经典作品之所以获得不同时代的认可，拥有千百年的魅力，这种文学作品的超越性实际上涉及价值判断的普遍性问题，因为这些经典作品中蕴含了人性美好的东西。中国形态的价值判断需要在差异性中寻求那些得到全社会绝大多数人认可的价值观念。

价值判断的这种普遍性不仅表现为共时的存在，而且也体现在历史的进程中，社会主义核心价值体系建设的实质就是价值共识建设，公平正义这些理念从来就不是资产阶级的专利，而是人类共同创造的文明成果。

综上所述，中国形态的价值判断是普遍性与特殊性的统一、共识性与差异性的统一。但无论是经典作品还是大众文化，尽管追求的审美风格不同，面向的对象有差异，但基本的价值取向应该有相通之处，这就是对人的尊重。可以说，对一部作品作价值判断最根本的准绳是考察这部作品是否有利于人的全面发展。在这一点上，不同文化之间并非完全不相通。

结　语

　　"马克思主义文学批评的中国形态研究"是一项具有挑战性的任务。作为对中国形态的当代建构，本书侧重于理论阐述而不是个案解读和分析。同时鉴于以往文学批评理论框架的固化和惯常化，本书在体例上不作体系性建构，而是采用从概念和问题入手的方式，通过这种新的路径，探讨中国形态的理论特质。

一

　　概念是理论的基石，是理论的特色和标识。每每说到某个流派或某个理论家，常常自然而然想到一些标志性的概念。譬如一提到"总体性"就想到卢卡奇，而说到"政治无意识"就跟詹姆逊联系在一起。就中国形态而言，本书提炼和推出的人民、民族、政治和实践这些核心概念自然就成为中国形态的理论内核和旗帜。这些概念虽非中国形态所独有，但由于它们在中国文学批评领域长期且广泛地运用，深深打上了中国的印记，已成为中国形态不可分割的重要组成部分。

　　长期以来，在马克思主义文学批评领域，人民、民族、政治等概念似乎属于常识性词汇，很少被人讨论和追问。但事实上，这些重要命题的内涵非常丰富，存在很多待解之处。在中国形态的理论建构中，笔者主要采用从抽象到具体的方法，首先提炼这些概念的理论内涵，并给予相对明确的阐述和说明，然后再将这些概念作为批评实践的重要维度用来观照作品，以更新和丰富马克思主义文学批评方法。通过对这些基本概念的纵横研究，以及这些概念与文学活动的关系撑起了中国形态的基本构架。对中国形态核心概念作初步的系统论述成为本书的特色之一。

直面现实、发现问题并提出应对策略是中国形态的重要任务。当今时代发生了前所未有的变化，如果说经典马克思主义文学批评研究的文学现象主要是工业化时代出现的现实主义作品的话，那么，我们今天面对的则是以资本和高科技为代表的全方位的文学活动。马克思主义文学批评的生命力就在于与时俱进，无视今天的文学活动，马克思主义文学批评就失去了它的阐释力和引导力。由于长期受到康德"无目的的合目的性"的影响，资本这个问题在以往文学理论教科书上很少论及，技术与文学的关系更是在传统文学研究的视野之外。问题是理论创造的契机，本书挑选了文学与科技、文学与资本、文学与价值等亟待在理论和实践中解决的时代课题，从中国当代现实出发，对这些时代课题作出有说服力的阐释和引导，参与当代文学和文化建设，而不是做"象牙塔"里的学问。展现在当今文学活动中中国形态的理论在场，是本书的又一价值所在。

就本书的结构而言，前四章主要提出和阐述中国形态几个核心概念，后三章研究当今文学活动中出现的新问题。在完成书稿之际，笔者将全书的理论和现实问题贯穿起来之后，发现它们都指向一个目的——人的全面解放。也就是说，中国形态始终是围绕人的全面解放这个终极目的建构的，而这正是中国形态诸多差异性中的普遍性所在。

二

在研究立场和态度上，本书自始至终具有明确的理念。

差异性研究是在处理中西文学关系时为应对全球化的冲击笔者提出的一种研究立场和策略。由于时代和语境的不同，中国形态必然与马克思主义文学批评的经典形态和其后的俄苏形态、西方形态存在差异，正是这种差异构成了建构不同形态的可能性。不过，对中国形态差异性的强调又不同于西方后结构主义、后现代主义那种绝对的"差异"。中国形态的差异并不意味着对立和冲突，而是通过显示区别以构成对话的基础。一方面，全球化语境下社会发展会有着某些共同的趋势和难题；另一方面，拥有不同文化传统和国情的马克思主义文学批评会作出不尽相同的抉择。差异性的"异"的核心是发现和生成一些有本土特色的理论话语，这正是中国形态最需要的东西，但差异性研究并不排除普遍性，差异性的目标是产生既能容纳民族的深层感受又具有普遍意义的中国马克思主义文学批评理论。

与西方马克思主义者主要对当代社会问题持批判态度不完全相同，中国形态的建构是批判性与建设性并存。一方面，中国形态的建构具有鲜明的问题意识，它能及时从中国当代文学活动中发现问题；另一方面，中国形态又不是仅仅只看到问题或指出问题，而是在研究问题中寻找解决的途径和策略，并强调理论的先导性和建设性。例如在文学和科技的关系中，与西方马克思主义主要着眼于对高科技的警惕和批判不同，中国形态更强调高科技对文学的革命性影响和科技的意识形态建构功能，并对未来社会作出具有前瞻性的分析。

特别要提到的是，中国形态的建构具有"海纳百川"的胸怀，在吸纳不同话语体系时秉承"学无中西"的理念，这体现了中国形态的文化自信。这种自信不仅体现在理论建构上，而且更重要的是体现在理论反思上。中国形态不仅根据中国国情的具体情况对经典马克思主义的一些观念或概念有所调整和发展，而且也从中国立场反思西方马克思主义，辨析和批判西方马克思主义对经典马克思主义的重构和遮蔽，并形成对西方马克思主义的某种超越，进而成为世界马克思主义文学批评领域的对话者和推动者。

三

中国形态的研究才刚刚起步，还有很多问题有待深入。

对经典马克思主义的研究是一个不断发现的过程。马克思主义经典著作博大精深，仿佛是一本刚刚打开的书，里面不仅有很多过去阅读中忽略或遗漏的精彩，而且即使有些部分已熟读多遍，重读时仍会涌出新的体会和感受。马克思恩格斯对资本主义所作的病理学诊断，他们所预言的人的解放的现实道路和前景，既成为我们反思历史和现实的思想武器，又成为我们思考人类社会未来的理论指南。

中国形态同样是一个不断发现、不断建构的过程。虽然丛书的"中国形态"是作为一个整体来命名的，但其内部有多样的复杂性，是一个充满张力的存在。无论是人民、民族、政治、实践，还是科技、资本和价值，每一个概念或问题都存在或多或少的歧义，都留有一些有待填补的空白。从某种意义上讲，这些概念或问题引发的思考甚或多于已经阐述的内容。现在中国每天都面临新的挑战，每天都有新的问题，有些问题还具有全球相关性，即西方的问题在影响中国，中国的问题也在影响世界。这些问题和挑战构成了一个巨大的理论场，未来的马克思主义文学批评中国形态如何应对这些问题，还有相当大的理论探索空间。

阿尔都塞说过：理论对实践有两种意义，一种是直接与实践发生关系，另一种则表现为指向还未付诸实践的领域，理论可以面向未来。中国形态实际上肩负着两重责任，一头扎根现在，一头指向未来。笔者不妨用阿尔都塞的这段话作为本书的结语："正如物理学并不停留于它的奠基人伽利略一样，马克思主义作为一门科学也不停留于马克思。马克思主义像任何科学一样是发展的，这在马克思生前就是如此。马克思的根本性发现促使了其他的新发现得以成为可能。否认发展的观点是十分轻率的观点。"① 马克思不是真理的终结者，而是开辟了通向真理的道路。在马克思之后，中国形态如何传接马克思主义文学批评的火炬，如何不断生长出具有影响世界或时代的理论，这些都需要长期且持之以恒的探索。

① ［法］路易·阿尔都塞：《保卫马克思》，顾良译，商务印书馆 2010 年版，第 49 页。

参考文献

一、经典文献

《马克思恩格斯文集》第 1—10 卷，人民出版社 2009 年版。

《马克思恩格斯选集》第 1—4 卷，人民出版社 2012 年版。

《马克思恩格斯全集》第 1—6、10、13、18、21、25、28、29、30、32、33、38 卷，人民出版社 1956—2018 年版。

《列宁专题文集》第 1—5 卷，人民出版社 2009 年版。

《列宁论文学与艺术》，人民文学出版社 1983 年版。

《列宁全集》第 11—13、15、29、39、40 卷，人民出版社 2017 年版。

《斯大林论民族问题》，民族出版社 1990 年版。

《毛泽东选集》第 1—4 卷，人民出版社 1991 年版。

《毛泽东著作选读》上、下册，人民出版社 1986 年版。

《毛泽东书信选集》，人民出版社 1983 年版。

《毛泽东文集》第 7、8 卷，人民出版社 1999 年版。

《毛泽东早期文稿》，湖南人民出版社 2008 年版。

《邓小平文选》第 1—3 卷，人民出版社 1993、1994 年版。

习近平：《决胜全面建成小康社会　夺取新时代中国特色社会主义伟大胜利——在中国共产党第十九次全国代表大会上的报告》，人民出版社 2017 年版。

习近平：《在中国文联十大、中国作协九大开幕式上的讲话》，人民出版社 2016 年版。

习近平：《在哲学社会科学工作座谈会上的讲话》，人民出版社 2016 年版。

习近平：《在文艺工作座谈会上的讲话》，人民出版社 2015 年版。

《十八大以来重要文献选编》（上、中），中央文献出版社 2014、2016 年版。

二、一般参考文献

1. 中文著作

陈学明、马拥军：《走近马克思——苏东剧变后西方四大思想家的思想轨迹》，东方出版社 2002 年版。

狄其骢、王汶成、凌晨光：《文艺学通论》，高等教育出版社 2009 年版。

董学文：《走向当代形态的文艺学》，高等教育出版社 1989 年版。

《费孝通全集》第 14 卷，内蒙古人民出版社 2009 年版。

冯雪峰：《雪峰文集》第 2 卷，人民文学出版社 1983 年版。

冯雪峰：《过来的时代：鲁迅论及其他》，生活·读书·新知三联书店 2014 年版。

龚育之：《论旗走笔》，学习出版社 1997 年版。

《胡乔木文集》第 2 卷，人民出版社 1993 年版。

胡亚敏：《叙事学》，华中师范大学出版社 2004 年版。

胡亚敏主编：《文学批评与文化批判》，华中师范大学出版社 2007 年版。

《蒋孔阳全集》第 3 卷，上海人民出版社 2014 年版。

《金圣叹全集》（1），江苏古籍出版社 1985 年版。

《李健吾创作评论选集》，人民文学出版社 1984 年版。

李四达编著：《数字媒体艺术概论》（第 2 版），清华大学出版社 2012 年版。

李泽厚：《马克思主义在中国》，生活·读书·新知三联书店 1988 年版。

李中一：《马克思恩格斯文艺学体系》，华中师范大学出版社 1994 年版。

梁启超：《饮冰室合集》第 3、11 册，中华书局 2015 年版。

《林纾诗文选》，曾宪辉选注，华东师范大学出版社 1990 年版。

刘纳：《嬗变：辛亥革命时期至五四时期的中国文学》（修订版），中国人民大学出版社 2010 年版。

《鲁迅全集》第 7 卷，人民文学出版社 2005 年版。

陆贵山：《宏观文艺学论纲》，辽宁大学出版社 2000 年版。

马戎主编：《"中华民族是一个"——围绕 1939 年这一议题的大讨论》，社会科学文献出版社 2016 年版。

钱谷融：《钱谷融文集·文论卷：文学是人学》，上海人民出版社 2013 年版。

任建树、张统模、吴信忠编：《陈独秀著作选》第 1 卷，上海人民出版社 1993 年版。

《孙中山选集》下卷，人民出版社 2011 年版。

孙伯鍨、张一兵主编：《走进马克思》，江苏人民出版社 2012 年版。

时殷弘：《国际政治——理论探究·历史概观·战略思考》，当代世界出版社 2002 年版。

童庆炳：《文学审美特征论》，华中师范大学出版社 2000 年版。

王逢振等编：《最新西方文论选》，老安译，漓江出版社 1991 年版。

王柯平主编：《跨世纪的论辩——实践美学的反思与展望》，安徽教育出版社 2006 年版。

王元骧：《文学理论与当今时代》，浙江大学出版社 2002 年版。

伍蠡甫、胡经之主编：《西方文艺理论名著选编》上卷，北京大学出版社 1985 年版。

伍蠡甫主编：《西方文论选》下卷，上海译文出版社 1988 年版。

《吴元迈文集》，上海辞书出版社 2005 年版。

徐迅：《民族主义》，中国社会科学出版社 1998 年版。

杨柄编：《马克思恩格斯论文艺和美学》上册，文化艺术出版社 1982 年版。

於可训、吴济时、陈美兰主编：《文学风雨四十年》，武汉大学出版社 1989 年版。

袁贵仁：《马克思的人学思想》，北京师范大学出版社 1996 年版。

郑忠超主编：《西方学者谈毛泽东》，新世纪出版社 1993 年版。

《周扬文集》第 1、3 卷，人民文学出版社 1984 年版。

朱立元：《理解与对话》，华中师范大学出版社 2000 年版。

朱立元：《马克思与现代美学革命：兼论实践存在论美学的哲学基础》，上海交通大学出版社 2016 年版。

苏联艺术研究院编：《艺术论集——马克思主义者对西方现代派文艺的评述》，姜其煌等译，文化艺术出版社 1987 年版。

2. 译著及外文著作

［德］西奥多·阿多诺等：《论瓦尔特·本雅明——现代性、寓言和语言的种子》，郭军等译，吉林人民出版社 2010 年版。

［德］瓦尔特·本雅明：《摄影小史、机械复制时代的艺术作品》，王才勇译，江苏人民出版社 2006 年版。

［德］瓦尔特·本雅明：《迎向灵光消逝的年代：本雅明论艺术》，许绮玲、林志明译，广西师范大学出版社 2011 年版。

［德］玛克斯·德索：《美学与艺术理论》，兰金仁译，中国社会科学出版社 1987 年版。

［德］黑格尔：《美学》第 1、2 卷，朱光潜译，商务印书馆 1979 年版。

［德］黑格尔：《法哲学原理》，范扬、张企泰译，商务印书馆 1979 年版。

［联邦德国］马克斯·霍克海默：《批判理论》，李小兵等译，重庆出版社 1989 年版。

［德］康德：《判断力批判》上、下卷，宗白华、韦卓民译，商务印书馆 1964 年版。

［德］康德：《实践理性批判》，韩水法译，商务印书馆 1999 年版。

［民主德国］于尔根·库钦斯基：《生产力的四次革命：理论和对比》，洪佩郁译，商务印书馆 1984 年版。

［德］叔本华：《叔本华美学随笔》，韦启昌译，上海人民出版社 2014 年版。

［法］路易·阿尔都塞：《保卫马克思》，顾良译，商务印书馆 2010 年版。

［法］罗兰·巴特：《S/Z》，屠友祥译，上海人民出版社 2000 年版。

［法］米歇尔·波德：《资本主义的历史：从 1500 年至 2010 年》，郑方磊、任轶译，上海辞书出版社 2011 年版。

［法］巴尔扎克：《巴尔札克论文选》，李健吾译，新文艺出版社 1958 年版。

［法］布尔迪厄：《文化资本与社会炼金术——布尔迪厄访谈录》，包亚明译，上海

人民出版社 1997 年版。

[法] 雅克·德里达:《马克思的幽灵:债务国家、哀悼活动和新国际》,何一译,中国人民大学出版社 1999 年版。

[法] 吉尔·德拉诺瓦:《民族与民族主义》,郑文彬、洪晖译,生活·读书·新知三联书店 2005 年版。

[法] 马克·第亚尼编著:《非物质社会——后工业世界的设计、文化与技术》,滕守尧译,四川人民出版社 1998 年版。

[法] 罗杰·法约尔:《批评:方法与历史》,怀宇译,百花文艺出版社 2002 年版。

[法] 让·拉特利尔:《科学和技术对文化的挑战》,吕乃基等译,商务印书馆 1997 年版。

[法] 让-弗朗索瓦·利奥塔:《后现代状况:关于知识的报告》,岛子译,湖南美术出版社 1996 年版。

[英] 弗朗西斯·马尔赫恩编:《当代马克思主义文学批评》,刘象愚等译,北京大学出版社 2002 年版。

[英] 约翰·弥尔顿:《为英国人民声辩》,何宁译,商务印书馆 2009 年版。

[法] 托马斯·皮凯蒂:《21 世纪资本论》,巴曙松等译,中信出版社 2014 年版。

[美] 本尼迪克特·安德森:《想象的共同体:民族主义的起源与散布》(增订版),吴叡人译,上海人民出版社 2011 年版。

[美] 丹尼尔·贝尔:《资本主义文化矛盾》,严蓓雯译,江苏人民出版社 2010 年版。

[美] 尼尔·波兹曼:《技术垄断:文化向技术投降》,何道宽译,北京大学出版社 2007 年版。

[美] 尼尔·波兹曼:《娱乐至死》,章艳译,广西师范大学出版社 2004 年版。

[美] 卡尔·博格斯:《政治的终结》,陈家刚译,社会科学文献出版社 2001 年版。

[美] 保罗·德曼:《解构之图》,李自修等译,中国社会科学出版社 1998 年版。

[德] 埃里希·弗罗姆:《寻找自我》,陈学明译,工人出版社 1988 年版。

[美] 约翰·霍洛韦尔:《非虚构小说的写作》,仲大军、周友皋译,春风文艺出版社 1988 年版。

[美] 赫伯特·马尔库塞:《审美之维》,李小兵译,广西师范大学出版社 2001 年版。

[美] 赫伯特·马尔库塞:《单向度的人——发达工业社会意识形态研究》,刘继译,上海译文出版社 2014 年版。

[美] 卡尔:《网路让我们变笨?》,王年恺译,猫头鹰出版社 2015 年版。

[美] 尼葛洛庞帝:《数字化生存》,胡泳、范海燕译,海南出版社 1997 年版。

[美] 阿尔温·托夫勒:《第三次浪潮》,朱志焱等译,生活·读书·新知三联书店 1983 年版。

[美] 罗伯特·K. G. 坦普尔:《中国:发明与发现的国度——中国科学技术史精华》,陈养正等译,21 世纪出版社 1995 年版。

［美］弗雷德里克·詹姆逊：《语言的牢笼 马克思主义与形式》，钱佼汝、李自修译，百花洲文艺出版社 2010 年版。

［美］詹明信：《晚期资本主义的文化逻辑》，张旭东编，陈清侨等译，生活·读书·新知三联书店 1997 年版。

［美］弗雷德里克·詹姆逊：《政治无意识》，王逢振、陈永国译，中国社会科学出版社 1999 年版。

［美］弗雷德里克·詹姆逊：《文化转向》，胡亚敏等译，中国社会科学出版社 2000 年版。

［美］F.R.JAMESON：《詹姆逊文集（第 1 卷）·新马克思主义》，王逢振主编，中国人民大学出版社 2004 年版。

［美］雷纳·韦勒克：《近代文学批评史（1750—1950）》第 3 卷，杨自伍译，上海译文出版社 1997 年版。

［英］伯尔基：《马克思主义的起源》，伍庆等译，华东师范大学出版社 2007 年版。

［英］以赛亚·伯林：《卡尔·马克思》，译林出版社 2018 年版。

［英］希·萨·伯拉威尔：《马克思和世界文学》，梅绍武等译，生活·读书·新知三联书店 1980 年版。

［英］托尼·本尼特：《形式主义和马克思主义》，曾军等译，河南大学出版社 2011 年版。

［英］卡尔·波普尔：《猜想与反驳：科学知识的增长》，傅季重等译，中国美术学院出版社 2003 年版。

［美］大卫·哈维：《跟大卫·哈维读〈资本论〉》第 1 卷，刘英译，上海译文出版社 2014 年版。

［英］霍布斯：《论公民》，应星、冯克利译，贵州人民出版社 2003 年版。

［英］史蒂芬·霍金、列纳德·蒙洛迪诺：《时间简史》（普及版），吴忠超译，湖南科学技术出版社 2006 年版。

［英］安东尼·吉登斯：《现代性与自我认同》，赵旭东、方文译，王铭铭校，生活·读书·新知三联书店 1998 年版。

［英］乔治·奥威尔：《政治与文学》，李存捧译，译林出版社 2011 年版。

［英］安东尼·史密斯：《民族主义——理论、意识形态、历史》（第二版），叶江译，上海人民出版社 2011 年版。

［英］亚当·斯密：《亚当·斯密全集》第 2 卷，商务印书馆 2014 年版。

［英］珍妮特·沃尔芙：《艺术的社会生产》，董学文等译，华夏出版社 1990 年版。

［英］特里·伊格尔顿：《马克思主义与文学批评》，文宝译，人民文学出版社 1980 年版。

［英］特里·伊格尔顿：《历史中的政治、哲学、爱欲》，马海良译，中国社会科学出版社 1999 年版。

[英] 特里·伊格尔顿：《文学原理引论》，文化艺术出版社 1987 年版。

[英] 特里·伊格尔顿：《马克思为什么是对的》，李杨等译，新星出版社 2011 年版。

[加拿大] 马克·昂热诺等主编：《问题与观点：20 世纪文学理论综论》（修订版），史忠义、田庆生译，河南大学出版社 2010 年版。

[加拿大] 德克霍夫：《文化肌肤——真实社会的电子克隆》，汪冰译，河北大学出版社 1998 年版。

[俄] 别林斯基：《别林斯基论文学》，梁真译，新文艺出版社 1958 年版。

[俄] 别林斯基：《别林斯基选集》第 1、3 卷，满涛译，上海译文出版社 1979 年版。

[俄] 杜勃罗留波夫：《杜勃罗留波夫选集》第 1、2 卷，辛未艾译，上海译文出版社 1983 年版。

[奥] 弗洛伊德：《精神分析引论》，高觉敷译，商务印书馆 1984 年版。

[意] 葛兰西：《论文学》，吕同六译，人民文学出版社 1983 年版。

[捷] 米兰·昆德拉：《小说的艺术》，孟湄译，生活·读书·新知三联书店 1992 年版。

[匈] 卢卡奇：《卢卡奇文学论文集》，中国社会科学出版社 1980 年版。

[匈] 卢卡奇：《历史与阶级意识——关于马克思主义辩证法的研究》，杜章智等译，商务印书馆 1992 年版。

[荷兰] E. 舒尔曼：《科技文明与人类未来：在哲学深层的挑战》，李小兵等译，东方出版社 1995 年版。

[古希腊] 亚里士多德：《政治学》，吴寿彭译，商务印书馆 1965 年版。

[古希腊] 亚里士多德：《形而上学》，吴寿彭译，商务印书馆 2011 年版。

[古希腊] 亚里士多德：《尼各马可伦理学》，廖申白译注，商务印书馆 2003 年版。

Gilles Deleuze & Félix Guattari, *Kafka: Pour Une Litterature Mineure*, Paris: Les Éditions De Minuit, 1975.

Gregory Claeys（ed.）, *Encyclopedia of Modern Political Thought*（Volume 1）, Los Angeles & London: CQ Press, 2013.

Liah Greenfeld, *Nationalism: Five Roads to Modernity,* Cambridge: Harvard University Press, 1993.

Smith, A. D., "The Nation: Invented, Imagined, Reconstructed?", *Millennium: Journal of International Studies*, 20（3）, 1991.

3. 报刊论文

沈雁冰：《创作的前途》，《小说月报》第 12 卷 7 号，1921 年 7 月 10 日。

沈雁冰：《读〈呐喊〉》，《文学周报》1923 年第 91 期。

费孝通：《关于民族问题的讨论》，《益世报·边疆周刊》1939 年第 19 期。

《文艺为人民服务，为社会主义服务》，《人民日报》1980 年 7 月 26 日。

王树民：《中华名号溯源》，《中国历史地理论丛》1985 年第 1 期。

胡亚敏：《以彼新理 助我行文》，《外国文学研究》1988 年比较文学专号。

陆梅林：《回顾与反思——记十年来若干文艺理论论争》，《文艺理论与批评》1991 年第 3 期。

陆梅林：《马克思主义文艺学论纲》，《文学评论》1994 年第 4 期。

华辛芝：《马克思、恩格斯关于民族问题的著作概述》，《世界民族》1998 年第 2 期。

孟悦：《〈泰晤士评论〉：民族主义与社会主义》，《读书》1998 年第 6 期。

赖大仁：《关于马克思主义文学批评的当代形态》，《中国人民大学学报》1999 年第 4 期。

[美] J.希利斯·米勒：《全球化时代文学研究还会继续存在吗?》，国荣译，《文学评论》2001 年第 1 期。

范景中：《贡布里希：中国文化令我深爱》，《中华读书报》2001 年 12 月 12 日。

童庆炳：《马克思主义文学理论的基石》，《东疆学刊》2004 年第 4 期。

单世联：《文化、政治与文化政治》，《天津社会科学》2006 年第 3 期。

黄现璠、甘文杰、甘文豪：《试论西方"民族"术语的起源、演变和异同（二)》，《广西社会科学》2008 年第 2 期。

张永清：《政治·革命·文学——对改革开放 30 年文学与政治关系的反思》，《西北大学学报（哲学社会科学版)》2009 年第 6 期。

张亚军：《从深阅读到浅阅读的变迁》，《贵州大学学报(社会科学版)》2011 年第 6 期。

丁帆：《有"社会良知"和深邃思想的文学批评》，《南方文坛》2014 年第 1 期。

周宪：《时代的碎微化及其反思》，《学术月刊》2014 年第 12 期。

韩少功：《当机器人成立作家协会》，《读书》2017 年第 6 期。